Wörlen · Kokemoor | Sachenrecht

Sachenrecht
mit Kreditsicherungsrecht

Begründet von
Dr. iur. Rainer Wörlen (†)
ehemals Professor an der Fakultät Wirtschaftsrecht
der Fachhochschule Schmalkalden

unter Mitarbeit von
Dr. iur. Karin Metzler-Müller
Professorin an der
Hessischen Hochschule für Polizei und Verwaltung

fortgeführt von
Dr. iur. Axel Kokemoor
Professor an der Fakultät Wirtschaftsrecht
der Fachhochschule Schmalkalden

8., überarbeitete und verbesserte Auflage

Verlag Franz Vahlen München 2012

www.vahlen.de

ISBN 978 3 8006 3902 1

© 2012 Verlag Franz Vahlen GmbH
Wilhelmstraße 9, 80801 München
Druck: Druckhaus Nomos
In den Lissen 12, 76547 Sinzheim

Satz: R. John + W. John GbR, Köln
Umschlagkonzeption: Martina Busch, Grafikdesign, Fürstenfeldbruck

Gedruckt auf säurefreiem, alterungsbeständigem Papier
(hergestellt aus chlorfrei gebleichtem Zellstoff)

»Die Beharrlichkeit auf den
Besitz
gibt uns in manchen Fällen
die größte Energie.«

»Taste aber nur einer das
Eigentum
an, und der Mensch mit seinen Leidenschaften
wird sogleich da sein.«

(Johann Wolfgang von Goethe)

Vorwort

Das vorliegende Lernbuch soll Studenten der Rechts- und Wirtschaftswissenschaften den Einstieg in das Sachenrecht und eine komprimierte Wiederholung vor Prüfungen erleichtern.

Es wurde von meinem Freund und Kollegen *Rainer Wörlen* begründet, der am 3. November 2009 unerwartet im Alter von 63 Jahren verstarb. Von der dritten bis zur siebenten Auflage prägte auch *Karin Metzler-Müller* als Mitautorin in wesentlichen Teilen dieses Buch, die fünf der weiteren Wörlen'schen Werke als Autorin fortführt.

Charakteristisch für das »Sachenrecht« – wie auch die anderen »Lernbücher« *Rainer Wörlens* – ist sein didaktisches Konzept des »Lernens im Dialog«, das mit Spaß am Lernen den *aktiven* Einstieg in ein Rechtsgebiet ermöglichen soll. Es hat sich seit vielen Jahren bewährt und lässt *Rainer Wörlen* in dieser (»seiner«) Buchreihe weiterleben.

Den Studierenden, die mit diesem Buch arbeiten, sei die Lektüre des folgenden Auszugs aus Wörlens »Vorwort zur ersten Auflage – zugleich eine Arbeitsanleitung« wärmstens auch zur Arbeitserleichterung empfohlen!

Kontinuität in der Konzeption und behutsamer Wandel in den Details – so lassen sich die Folgen des Bearbeiterwechsels am besten umreißen. Gliederungsteile wurden modifiziert und vielen Themengebieten kurze Prüfungsschemata vorangestellt. Auf aktuellen Stand zu bringen waren Rechtsprechung und Literatur. In der Brandung hektischer Gesetzgebungsflut ist das Sachenrecht traditionell ein Fels der Beständigkeit. Mit dem Risikobegrenzungsgesetz vom 18.08.2008 und dem Gesetz zur Einführung des elektronischen Rechtsverkehrs und der elektronischen Akte im Grundbuchverfahren vom 11.08.2009 gab es aber auch hier Änderungen. Zu berücksichtigen waren insbesondere die neuen Regelungen über die Sicherungsgrundschuld sowie hinsichtlich der BGB-Gesellschaft im Grundbuchrecht.

Konstruktiv-kritische Anregungen und »Fehlermeldungen« nehme ich stets dankbar und gern entgegen. Meine Anschrift lautet: Fachhochschule Schmalkalden, Fakultät Wirtschaftsrecht, Blechhammer, 98574 Schmalkalden, Fax: 03683/688 98 6103, E-Mail: a.kokemoor@fh-sm.de.

Schmalkalden, im Oktober 2011 *Axel Kokemoor*

Auszug aus dem Vorwort zur 1. Auflage
– zugleich eine Arbeitsanleitung

Der in meinen Büchern »BGB AT«, »Schuldrecht AT« und »Schuldrecht BT« behandelte Stoff wird als bekannt vorausgesetzt.

Den Studierenden soll der Stoff hier wie dort nicht in einem vortragsähnlichen Monolog nahegebracht werden, sondern – wie es in der praxis- und anwendungsbezogenen Lehre an Fachhochschulen üblich ist – in Form eines »Lehrgesprächs«. Ihnen soll anhand von zur Thematik hinführenden Fragen Gelegenheit gegeben werden, sich zunächst *eigene Gedanken* zu machen, bevor sie die Antworten lesen, die den Stoff lehrbuchartig darbieten.

Bei der Darstellung des Stoffes wird weitgehend die sogenannte »Fall-Methode« angewandt: »Das Recht« wird in der Praxis des täglichen Lebens von Rechtsfällen (Rechtsstreitigkeiten) beherrscht; so liegt es nahe, eine praxis- und anwendungsbezogene Lehre am »Fall« zu orientieren. Ein Fall endet regelmäßig mit einer Frage, und zu dieser Frage sollten die Studierenden bei der Durcharbeitung dieses Buches – *auch ohne besondere Aufforderung – zunächst eigene Überlegungen anstellen,* bevor sie weiterlesen.

Erfolgreiches Lernen bedeutet schließlich nicht nur **Lesen** und **Nachdenken,** sondern immer und immer wieder: **Wiederholen!** Um den Studierenden Gelegenheit zu geben, zu überprüfen, was von dem Gelesenen im Gedächtnis geblieben ist, werden ihnen am Ende von Teilabschnitten Stoffgliederungsübersichten, Merksätze und Prüfungsschemata dargeboten. Sollte man bei der Lektüre dieser Überschriften feststellen, dass man der Zusammenfassung nicht ohne Schwierigkeiten folgen kann, sollte man tunlichst zurückblättern, um den Stoff nachzuarbeiten! Gegebenenfalls mache man sich Notizen, um einem »Problem« anhand von vertiefender Literatur nachzugehen.

Juristische »Probleme« werden in diesem Buch bewusst nicht ausführlich erörtert. In einem juristischen Einführungswerk, das angehenden Juristen und Wirtschaftswissenschaftlern einen ersten *Einstieg* geben soll, haben ausführliche Zitate wie »BGHZ« oder »BGH NJW« ebenso wenig zu suchen, wie solche von umfangreichen »Klassiker«-Lehrbüchern oder dickleibigen Kommentaren!

Um Missverständnisse dieser »Kritik« zu vermeiden: Solche Zitate haben dann in Einführungswerken wie dem vorliegenden »nichts zu suchen«, wenn sie dazu dienen sollen, die Studierenden zu animieren, einen angesprochenen »Meinungsstreit« zu einem juristischen »Problem« durch die Lektüre dieser Zitate (z.B. »vgl. dazu Palandt/ *Bassenge*, § 932, Rn. 17«, m.w.N. zum Meinungsstreit) nachzuarbeiten! Das trägt meist eher zur Verwirrung als zur Klärung bei. Zur Nacharbeitung des hier dargebotenen Stoffes dienen die konkreten Literaturhinweise »Zur Vertiefung« am Ende von Abschnitten innerhalb des Textes.

Wenn aber »*Palandt*«, ein sog. »Lehrbuchklassiker«, ein BGH-Urteil, ein ganz spezieller Zeitschriftenaufsatz u.a. in meinen Fußnoten dennoch manchmal erscheinen, dann nur, um – der Zitierwahrheit entsprechend – zu belegen, dass die eine oder andere Passage den Formulierungen dieser zitierten Werke nachempfunden wurde (weil man es selbst nicht mehr treffender ausdrücken kann) ... [Dennoch: In den Neuauflagen aller meiner Werke gebe ich nun öfter »m.w.N.« – Hinweise für die, die »Appetit« bekommen haben ...]

Damit die Studierenden durch die Fußnoten in diesem Buch nicht unnütz vom Lernen abgehalten werden, empfehle ich, wie folgt zu verfahren: **Betrachten Sie nur die fett gedruckten Fußnotentexte als Pflichtlektüre!**

Den kursiv gedruckten Fußnotentexten sollten Sie nur nachgehen, wenn Sie Zeit und Interesse haben, etwas mehr zu erfahren, als in den Prüfungen von Ihnen verlangt wird.

Die mager gedruckten Fußnotentexte brauchen Sie überhaupt nicht zu lesen (= »Belege«/Zitierwahrheit)!

Schließlich soll diese »Einstiegsliteratur« bei der Stoffvermittlung auch schon an die zivilrechtliche, gutachtliche Denkweise heranführen, deren Beherrschung für die Anfertigung von Prüfungsklausuren geboten ist. Bisweilen wird der Stoff, den ein Fall vermitteln soll, daher in gutachtenähnlicher Form »klausurmäßig« aufbereitet.

Hierzu möchte ich den Studierenden dringend raten, meine *»Anleitung zur Lösung von Zivilrechtsfällen«* (vgl. Literaturverzeichnis), wenn noch nicht geschehen, nach dem dort im Vorwort unterbreiteten Arbeitsvorschlag durchzuarbeiten! Das bedeutet: Alle Klausuren sind nach Lektüre des Sachverhalts in der vorgegebenen Bearbeitungszeit **selbst** zu lösen. Das »**Lesen**« einer solchen »Anleitung« reicht nicht aus! Um die Klausurentechnik zu erlernen und nicht ewig Anfänger zu bleiben, gibt es nur einen »schmerzlichen« Weg: immer wieder Klausuren schreiben!

Es ist kein Zufall, dass in diesem Vorwort so häufig vom *»Arbeiten«* (= *Durch*arbeiten, *Nach*arbeiten – auch *Vor*arbeiten kann nicht schaden!) die Rede ist. Es soll ja zugleich eine *Arbeits*anleitung sein!

»Ohne Arbeit kein Erfolg!« oder »Ohne Fleiß kein Preis!« sind nicht etwa Allgemeinplätze, sondern reine Wahrheit, »nichts als die Wahrheit!« Das Arbeiten (Synonym: Studieren!) kann dieses Buch, wie auch andere, nicht ersetzen. Es kann und soll die Arbeit aber etwas erleichtern und auflockern!

Bevor Sie mit der Lektüre beginnen, noch ein letzter Ratschlag, der, obwohl eigentlich selbstverständlich, nicht oft genug gegeben werden kann: **Lesen Sie jede zitierte Vorschrift (= §!) sorgfältig durch.** Wenn Sie dieses Buch durcharbeiten, ist die ständige Benutzung (Lektüre) eines Textes des BGB unerlässlich. Empfehlenswert ist die Anschaffung der **neuesten Auflage** der Textsammlung »Bürgerliches Gesetzbuch« der Reihe Beck-Texte im dtv (Nr. 5001) mit einer lesenswerten Einführung von *Köhler* oder die umfassendere NWB-Textausgabe »Wichtige Gesetze des Wirtschaftsprivatrechts« mit einer Einführung von *Güllemann.* Den Hinweis »*Lesen!*« werden Sie im Text dieses Buchs immer wieder finden. Wenn ich die Wichtigkeit der Gesetzeslektüre in meiner *»Anleitung zur Lösung von Zivilrechtsfällen«* noch mit dem Satz »Die halbe Juristenwahrheit steht im Gesetz« unterstrichen habe, so möchte/muss ich dem noch hinzufügen:

»Die Hälfte aller Fehler in juristischen Anfängerklausuren könnte vermieden werden, wenn die Bearbeiter die zitierten Vorschriften (genauer) lesen würden.«

Köln, im Dezember 1991 *Rainer Wörlen*

Inhaltsverzeichnis

Vorwort	VII
Auszug aus dem Vorwort zur 1. Auflage – zugleich eine Arbeitsanleitung	VIII
Verzeichnis der Übersichten	XVII
Abkürzungsverzeichnis	XIX
Literaturverzeichnis	XXIII
1. Kapitel. Einführung und allgemeine Grundsätze	1
I. Grundbegriffe	1
1. Eigentum	1
2. Besitz	2
3. Bewegliche und unbewegliche Sachen	4
4. Beschränkte dingliche Rechte	5
II. Sachenrechtliche Grundsätze	6
1. Typenzwang der Sachenrechte	6
2. Publizitätsgrundsatz (Offenkundigkeitsprinzip)	6
3. »Bestimmtheitsgrundsatz« (»Spezialitätsgrundsatz«)	6
4. Abstraktionsprinzip	7
III. Exkurs: Sachenrecht in den neuen Bundesländern	11
2. Kapitel. Besitz	13
I. Begriff	13
II. Unmittelbarer und mittelbarer Besitz	13
III. Schutz des Besitzers	14
1. Gewaltrechte des unmittelbaren Besitzers	14
2. Besitzschutzansprüche	16
3. Kapitel. Eigentum	21
I. Wesen des Eigentums	21
1. Privatrechtliche Schranken des Eigentums	22
2. Öffentlich-rechtliche Schranken des Eigentums	24
II. Mehrheit von Eigentümern	25
1. Miteigentum nach Bruchteilen	25
2. Gesamthandseigentum	27
III. Herausgabeanspruch des Eigentümers	29
1. Voraussetzungen des Herausgabeanspruchs	30
2. Eigentumsvermutung gem. § 1006	32
3. Abwicklung des Herausgabeanspruchs	33
4. Konkurrenzen	34
IV. Ansprüche des Eigentümers auf Nutzungsherausgabe und Schadensersatz	37
1. Haftung nach Rechtshängigkeit und Bösgläubigkeit	37
2. Ansprüche auf Nutzungsherausgabe	38
3. Schadensersatzanspruch	39
4. Konkurrenzen	41

V. Ansprüche des Besitzers auf Ersatz von Verwendungen	42
1. Begriff der Verwendung	43
2. Geltendmachung der Verwendungsersatzansprüche	45
3. Wegnahmerecht	46
4. Konkurrenzen	46

4. Kapitel. Eigentumserwerb an beweglichen Sachen ... 49
    I. Rechtsgeschäftlicher Eigentumserwerb ... 49
        1. Eigentumserwerb vom Berechtigten ... 49
            a) Einigung und Übergabe (§ 929 S. 1 BGB) ... 49
            b) Einigung »ohne« Übergabe (§ 929 S. 2) ... 51
            c) Einigung und Besitzkonstitut (§§ 929 S. 1, 930) ... 51
            d) Einigung und Abtretung des Herausgabeanspruchs (§§ 929 S. 1, 931) ... 53
        2. Gutgläubiger Eigentumserwerb vom Nichtberechtigten ... 54
            a) Nichtberechtigter und guter Glaube ... 54
            b) Gutgläubiger Erwerb durch Einigung (und Übergabe) (§§ 929 S. 1, 932 I 1 und 929 S. 2, 932 I 2) ... 55
            c) Gutgläubiger Erwerb bei Besitzkonstitut (§§ 929 S. 1, 930, 933) ... 57
            d) Gutgläubiger Erwerb bei Abtretung des Herausgabeanspruchs (§§ 929 S. 1, 931, 934) ... 57
            e) Ausschluss des gutgläubigen Erwerbs ... 60
    II. Gesetzlicher Eigentumserwerb ... 64
        1. Ersitzung ... 64
        2. Verbindung und Vermischung ... 65
            a) Verbindung einer beweglichen Sache mit einem Grundstück ... 65
            b) Verbindung mehrerer beweglicher Sachen ... 66
            c) Vermischung und Vermengung ... 67
        3. Verarbeitung ... 68
        4. Ausgleichsansprüche bei Verbindung, Vermischung und Verarbeitung ... 69
            a) Bereicherungsanspruch ... 69
            b) Aufgedrängte Bereicherung ... 71
            c) Konkurrenzen ... 71
        5. Eigentumserwerb an Schuldurkunden ... 72
        6. Aneignung und Eigentumsaufgabe ... 74
        7. Jagd- und Fischereirechte ... 75
        8. Fund ... 75

5. Kapitel. Schutz gegen Eigentumsstörungen ... 79
    I. Beseitigungs- und Unterlassungsanspruch nach § 1004 ... 79
        1. Beeinträchtigung des Eigentums ... 79
        2. Störer ... 80
        3. Keine Duldungspflicht (Rechtswidrigkeit) ... 81
        4. Rechtsfolgen ... 82
    II. Nachbarrecht ... 83
        1. Anwendungsbereich ... 83
        2. Immissionsschutz ... 84

	3. Überbau	88
	4. Notweg	90
	5. Sonstige nachbarschützende Vorschriften	90
III.	Konkurrenz zwischen Privatrecht und öffentlichem Recht	90

6. Kapitel. Grundstücksrecht 93
    I. Erwerb des Eigentums (und anderer Rechte) an Grundstücken . 93
        1. Einigung 93
        2. Eintragung ins Grundbuch 95
    II. Grundbuch und Grundbuchamt 95
        1. Formelles und materielles Grundstücksrecht 95
        2. Elektronisches Grundbuch 96
        3. Inhalt und Aufbau des Grundbuchs 97
           a) Überblick 97
           b) Aufschrift 99
           c) Bestandsverzeichnis 100
           d) Erste Abteilung 104
           e) Zweite Abteilung 106
           f) Dritte Abteilung 108
    III. Eintragung von Rechten in das Grundbuch 110
        1. Eintragungsantrag 111
        2. Antragsberechtigung 111
        3. Eintragungsbewilligung 112
        4. Einigungsnachweis 112
        5. Voreintragung des Betroffenen 114
    IV. Gutgläubiger Erwerb des Eigentums und von anderen Rechten an Grundstücken 115
        1. Grundsatz 115
        2. Gesetzliche Vermutung für die Richtigkeit von Grundbucheintragungen 115
    V. Grundbuchberichtigungsanspruch 116
    VI. Widerspruch gegen die Eintragung 116
    VII. Vormerkung 118
        1. Zweck der Vormerkung 118
        2. Wirkung der Vormerkung 119
    VIII. Rangverhältnis unter mehreren Grundstücksrechten 120

7. Kapitel. Kreditsicherungsrechte 123
    I. Überblick 123
    II. Kreditsicherheiten an beweglichen Sachen und Rechten 124
        1. Pfandrecht an beweglichen Sachen 124
           a) Gesetzliches Pfandrecht 124
           b) Pfändungspfandrecht 125
           c) Vertragliches Pfandrecht 125
              aa) Anwendungsbereich 125
              bb) Entstehung 126
              cc) Gutgläubiger Erwerb 128
              dd) Akzessorietät 129
              ee) Verwertung 130
              ff) Erlöschen 132

Inhaltsverzeichnis

            2. Sicherungsübereignung 133
            3. Eigentumsvorbehalt und Anwartschaftsrecht 139
            4. Pfandrecht an Rechten 140
                a) Bestellung und Übertragung des Pfandrechts 140
                b) Rechtsverhältnis vor der Pfandreife 142
                c) Rechtsverhältnis nach der Pfandreife 143
            5. Sicherungszession 143
                a) Überblick 143
                b) Rechtsform 144
                c) Verwertungsrecht 145
                d) Sicherungsglobalzession 145
            6. Factoring und Finanzierungsleasing 145
        III. Kreditsicherheiten an Grundstücken 147
            1. Hypothek 148
                a) Begriff 148
                b) Akzessorietät von Hypothek und Forderung 148
                c) Bestellung der Hypothek 149
                    aa) Briefhypothek 150
                    bb) Buchhypothek 150
                d) Besondere Hypothekenarten 151
                    aa) Sicherungshypothek 151
                    bb) Höchstbetragshypothek 151
                    cc) Eigentümerhypothek 151
                    dd) Gesamthypothek 152
            2. Grundschuld 152
            3. Rentenschuld 153

8. Kapitel. Andere Rechte an fremden Sachen 157
        I. Erbbaurecht 157
            1. Inhalt 157
            2. Bestellung 158
            3. Beendigung 159
        II. Dienstbarkeiten 160
            1. Überblick 160
            2. Bestellung der Dienstbarkeiten 161
            3. Inhalt der Dienstbarkeiten 162
            4. Schutz der Dienstbarkeiten 165
        III. Nießbrauch 167
            1. Überblick 167
            2. Nießbrauch an Sachen 167
                a) Bestellung des Nießbrauchs 167
                b) Rechte und Pflichten des Nießbrauchers 168
                c) Erlöschen des Nießbrauchs 168
            3. Nießbrauch an Rechten 169
                a) Gegenstand 169
                b) Nießbrauch an Forderungen 169
                c) Nießbrauch an Wertpapieren und Gesellschaftsanteilen .. 169
        IV. Vorkaufsrecht und Reallast 171
            1. Vorkaufsrecht 171

a) Begriff und Arten		171
b) Entstehung		173
c) Wirkung		173
d) Rechtsnatur		175
2. Reallast		176
a) Überblick		176
b) Entstehung		177
c) Rechte und Pflichten der Beteiligten		178

Sachverzeichnis 179

Verzeichnis der Übersichten

1:	Besitz und Eigentum	3
2:	Allgemeine Grundsätze des Sachenrechts	8
3:	Regelungen des Besitzes im BGB	19
4:	Wesen und Schranken des Eigentums	25
5:	Mehrheit von Eigentümern	29
6:	Herausgabeanspruch des Eigentümers	36
7:	Ansprüche des Eigentümers auf Nutzungen und Schadensersatz	42
8:	Ansprüche des Besitzers auf Ersatz von Verwendungen	47
9:	Rechtsgeschäftlicher Eigentumserwerb an beweglichen Sachen – Gutgläubiger Eigentumserwerb an beweglichen Sachen	62
10:	Sonstige Arten des Eigentumserwerbs an beweglichen Sachen	72
11:	Schutz gegen Eigentumsstörungen	83
12:	Bedeutung und Inhalt des Grundbuchs	110
13:	Eintragung von Rechten in das Grundbuch	114
14:	Eigentumserwerb an Grundstücken	117
15:	Vormerkung	120
16:	Rangverhältnis von Grundstücksrechten	122
17:	Pfandrecht	130
18:	Sicherungsübereignung	136
19:	Kreditsicherheiten an Grundstücken	154
20:	Erbbaurecht	160
21:	Dienstbarkeiten	166
22:	Nießbrauch	170
23:	Vorkaufsrecht	176
24:	Reallast	178

Abkürzungsverzeichnis

a	Ar (1 a = 100 m^2)
a.A.	anderer Ansicht
a.F.	alte Fassung (eines neugefassten Gesetzes)
ABlKR	Amtsblatt des Kontrollrates in Deutschland (Nr.1.1945-19.1948)
Abs.	Absatz
Abschn.	Abschnitt
ADSp.	Allgemeine Deutsche Spediteurbedingungen
AG	Aktiengesellschaft/Amtsgericht
AGB	Allgemeine Geschäftsbedingungen
AGBG	Gesetz zur Regelung der Allgemeinen Geschäftsbedingungen (AGB-Gesetz)
AJP/PJA	Aktuelle Juristische Praxis/Practique Juristique Actuelle (Zeitschrift)
AnwBl	Anwaltsblatt (Zeitschrift)
Art.	Artikel
AT	Allgemeiner Teil
Aufl.	Auflage
BauGB	Baugesetzbuch
BayBO	Bayerische Bauordnung
BB	Betriebs-Berater (Zeitschrift)
Bd.	Band
bearb.	bearbeitet
begr.	begründet
Begr.	Begründer
Bekl.	Beklagte/r
BGB	Bürgerliches Gesetzbuch
BGBl.	Bundesgesetzblatt
BGH	Bundesgerichtshof
BGHZ	Entscheidungen des Bundesgerichtshofs in Zivilsachen
BImSchG	Gesetz zum Schutz vor schädlichen Umwelteinwirkungen durch Luftverunreinigungen, Geräusche, Erschütterungen und ähnliche Vorgänge (Bundes-Immissionenschutzgesetz)
BJagdG	Bundesjagdgesetz
BNatSchG	Gesetz über Naturschutz und Landschaftspflege (Bundesnaturschutzgesetz)
BRAGO	Bundesrechtsanwaltsgebührenordnung (Bundesgebührenordnung für Rechtsanwälte)
BT	Besonderer Teil
BVerfG	Bundesverfassungsgericht
BVerfGE	Entscheidungen des Bundesverfassungsgerichts
bzgl.	bezüglich
bzw.	beziehungsweise
DDR	Deutsche Demokratische Republik
d.h.	das heißt
ders.	derselbe
dtsch.	deutsch
dtv	Deutscher Taschenbuch-Verlag
DVO	Durchführungsverordnung
EGBGB	Einführungsgesetz zum Bürgerlichen Gesetzbuche
ErbbauVO	VO über das Erbbaurecht
ErbbauRG	Erbbaurechtsgesetz

Abkürzungsverzeichnis

ErbR	Erbrecht
ERVGBG	Gesetz zur Einführung des elektronischen Rechtsverkehrs und der elektronischen Akte im Grundbuchverfahren sowie zur Änderung weiterer grundbuch-, register- und kostenrechtlicher Vorschriften
etc.	et cetera
EuroEG	Euro-Einführungsgesetz
EV	Eigentumsvorbehalt
evtl.	eventuell
f.	folgende (Seite)/für
FamR	Familienrecht
ff.	folgende (Seiten)
FluLärmG	Gesetz zum Schutz gegen Fluglärm
FlurbG	Flurbereinigungsgesetz
Fn.	Fußnote
frdl.	freundlich/e/r
G/Ges.	Gesetz
GBl.	Gesetzblatt
GbR	Gesellschaft des bürgerlichen Rechts
GBO	Grundbuchordnung
GBV	Verordnung zur Durchführung der Grundbuchordnung (Grundbuchverfügung)
gem.	gemäß
GG	Grundgesetz f. d. Bundesrepublik Deutschland
ggf.	gegebenenfalls
GKG	Gerichtskostengesetz
GrEStG	Grunderwerbssteuergesetz
HGB	Handelsgesetzbuch
h.M.	herrschende Meinung
ha	Hektar (1 ha = 100 a = 10 000 m²)
Hrsg.	Herausgeber
hrsg.	herausgegeben
HS	Halbsatz
i.d.F.	in der Fassung
i.d.R.	in der Regel
InsO	Insolvenzordnung
i.S.d.	im Sinne der/des
i.S.v.	im Sinne von
i.V.m.	in Verbindung mit
JA	Juristische Arbeitsblätter (Zeitschrift)
Jura	Juristische Ausbildung (Zeitschrift)
JuS	Juristische Schulung (Zeitschrift)
Kap.	Kapitel
KG	Kommanditgesellschaft
Kl.	Kläger/in
Komm.	Kommentar
KRG	Kontrollratsgesetz
lat.	lateinisch
LdR	Lexikon des Rechts (8-bändige Loseblattsammlung)
m.w.N.	mit weiteren Nachweisen
MüKo	Münchener Kommentar

n.F.	neue Fassung
NJW	Neue Juristische Wochenschrift (Zeitschrift)
OHG	offene Handelsgesellschaft
OLG	Oberlandesgericht
qm	Quadratmeter
Rn.	Randnummer(n)
RegVBG	Registerverfahrensbeschleunigungsgesetz
RGBl.	Reichsgesetzblatt
Rpfleger	Der Deutsche Rechtspfleger (Zeitschrift)
RSG	Reichssiedlungsgesetz
RR	Rechtsprechungs-Report Zivilrecht (in NJW)
Rspr.	Rechtsprechung
s.	siehe
S.	Satz/Seite(n)
SachR	Sachenrecht
ScheckG	Scheckgesetz
SchR	Schuldrecht
s.o.	siehe oben
s.u.	siehe unten
sog.	sogenannt/e/er
StGB	Strafgesetzbuch
Teilbd.	Teilband
u.	und/unten
u.Ä.	und Ähnliche/s
u.a.	unter anderem/und andere
u.s.w.	und so weiter
u.U.	unter Umständen
v.	vom/von
v.a.	vor allem
Var.	Variante
vgl.	vergleiche
VO	Verordnung
Volldg.	Vollendung
Vorbem.	Vorbemerkung
VVG	Ges. über den Versicherungsvertrag (Versicherungsvertragsgesetz)
WEG	Gesetz über das Wohnungseigentum und das Dauerwohnrecht (Wohnungeigentumsgesetz)
WG	Wohngemeinschaft
WHG	Wasserhaushaltsgesetz
WM	Wertpapier-Mitteilungen – Zeitschrift für Wirtschafts- und Bankrecht
z.B.	zum Beispiel
zit.	zitiert
ZJS	Zeitschrift für das Juristische Studium
ZPO	Zivilprozessordnung
ZVG	Gesetz über die Zwangsversteigerung und die Zwangsverwaltung

Literaturverzeichnis

Alpmann/Brockhaus	Fachlexikon Recht, 2. Aufl. 2005
Alpmann und Schmidt	Sachenrecht 1, 17. Aufl. 2011 (Veltmann); Sachenrecht 2, 15. Aufl. 2010; Sachenrecht 3, 14. Aufl. 2006 (Alpmann); Schuldrecht BT 3, 16. Aufl. 2010 (Alpmann-Pieper)
Baur/Stürner	Sachenrecht, 18. Aufl. 2009
Beckert/von Drygalski/Friedl u.a.	Formularbuch Recht und Steuern, 6. Aufl. 2008
Beck/Samm/Kokemoor (Hrsg.)	Gesetz über das Kreditwesen, Loseblatt-Kommentar, Stand: September 2011
Brehm/Berger	Sachenrecht, 2. Aufl. 2006
Conrad	Deutsche Rechtsgeschichte, Bd. I: Frühzeit und Mittelalter, 2. Aufl. 1962
Creifelds (Begr.)	Rechtswörterbuch, 20. Aufl. 2011
Demharter	Grundbuchordnung, Komm., 27. Aufl. 2010
Duden	Das Fremdwörterbuch, 10. Aufl. 2010
ders.	Deutsches Universalwörterbuch, 6. Aufl. 2006
Eckert	Sachenrecht, 4. Aufl. 2005
Erman (Hrsg.: H.P. Westermann)	Handkommentar zum Bürgerlichen Gesetzbuch, Bd. II, 12. Aufl. 2008 – zit.: Erman/*Bearbeiter*
Fingerhut (Hrsg.: Kroh)	Formularbuch für Verträge (Buch und CD-ROM), 12. Aufl. 2009 (zit.: Fingerhut/*Bearbeiter*)
Gerhardt	Mobiliarsachenrecht, 5. Aufl. 2000
ders.	Immobiliarsachenrecht, 5. Aufl. 2001
Gottwald	BGB Sachenrecht (Prüfe Dein Wissen), 15. Aufl. 2010
Grunewald	Bürgerliches Recht, 8. Aufl. 2009
Gursky	Klausurenkurs im Sachenrecht, 12. Aufl. 2008
Habersack	Examens-Repetitorium Sachenrecht, 6. Aufl. 2010
Heck	Grundriß des Sachenrechts, 1930 (Neudruck 1958)
Helms/Zeppernick	Sachenrecht I: Mobiliarsachenrecht, 2010
Hk-BGB (Schriftleitung: Schulze)	Bürgerliches Gesetzbuch – Handkommentar, 6. Aufl. 2009 (zit. Hk-BGB/*Bearbeiter*)
Holzer/Kramer	Grundbuchrecht, 2. Aufl. 2004
Hütte	Sachenrecht I, 3. Aufl. 2006 [vgl. unten *Schmidt*]
Jauernig (Hrsg.)	Bürgerliches Gesetzbuch – Kommentar, 13. Aufl. 2009 (zit.: Jauernig/*Bearbeiter*)
Kindl/Feuerborn	Bürgerliches Recht für Wirtschaftswissenschaftler, 2006
Kirchner/Butz	Abkürzungsverzeichnis der Rechtssprache, 6. Aufl. 2007
Koch/Löhnig	Fälle zum Sachenrecht, 2008
Korenke	Bürgerliches Recht, 2006
Kropholler	Studienkommentar BGB, 10. Aufl. 2007

Literaturverzeichnis

Lange/Schiemann	Fälle zum Sachenrecht, 6. Aufl. 2008
Lüke	Sachenrecht, 2. Aufl. 2010
Martinek (Hrsg.)	juris Praxiskommentar BGB, Band 3, Sachenrecht, 4. Aufl. 2009
Medicus/Petersen	Bürgerliches Recht, 22. Aufl. 2009 (zit.: Medicus BR)
Michalski/Schulenburg	Zivilrechts-Skripten Sachenrecht, Bd.1, Allgemeine Prinzipien, Besitz, Eigentum, Anwartschaftsrecht, Beseitigungs- und Unterlassungsanspruch, 2000
dies.	Zivilrechts-Skripten Sachenrecht, Bd.2, Eigentümer-Besitzer-Verhältnis, Nießbrauch, Pfandrecht: Eigentümer-Besitzer-Verhältnis, Nießbrauch und Pfandrecht, 2000
Münchener Kommentar (Hrsg.: Säcker/Rixecker)	zum Bürgerlichen Gesetzbuch, Bd. 6: Sachenrecht (§§ 854–1296), 5. Aufl. 2009 – zit. MüKo/*Bearbeiter*
Nawratil	BGB leicht gemacht, 30. Aufl. 2008
Neuner	Sachenrecht, 3. Aufl. 2008
Palandt (Begr.)	Bürgerliches Gesetzbuch, Kommentar, 70. Aufl. 2011 – zit.: Palandt/*Bearbeiter*
Prütting	Sachenrecht, 34. Aufl. 2010
Reinicke/Tiedtke	Kreditsicherung, 6. Aufl. 2011
Rumpf-Rometsch/Dräger	Die Fälle. BGB-Sachenrecht, Teil 1, 3. Aufl. 2011
Rumpf-Rometsch	Die Fälle. BGB-Sachenrecht, Teil 2, 4. Aufl. 2008
Schade	Wirtschaftsprivatrecht; Grundlagen des Bürgerlichen Rechts sowie des Handels- und Wirtschaftsrechts, 2. Aufl. 2009
Schaffrin	Sachenrecht I, 2001
Schapp/Schur	Sachenrecht, 4. Aufl. 2009
Schellhammer	Sachenrecht nach Anspruchsgrundlagen, 3. Aufl. 2009
Schmidt	Sachenrecht II, 5. Aufl. 2011 [vgl. oben *Hütte*]
Schöner/Stöber	Grundbuchrecht, 14. Aufl. 2008
Schreiber	Sachenrecht, 5. Aufl. 2008 (zit. *Schreiber*)
Schünemann	Wirtschaftsprivatrecht, 6. Aufl. 2011
Schwabe	Sachenrecht – Materielles Recht und Klausurenlehre, 6. Aufl. 2010
Staudinger (Begr.)	J. v. Staudingers Kommentar zum Bürgerlichen Gesetzbuch, Drittes Buch Sachenrecht: §§ 985–1011; 15. Aufl. 2006, zit.: Staudinger/*Bearbeiter*
Ullrich	Wirtschaftsrecht für Betriebswirte, 6. Aufl. 2008
Vieweg/Röthel	Casebook Sachenrecht, 2. Aufl. 2011
Vieweg/Werner	Sachenrecht, 5. Aufl. 2011
Vieweg/Neumann/Regenfus	Examinatorium Sachenrecht, 2. Aufl. 2010
Weber, H.	Kreditsicherheiten – Recht der Kreditsicherungsgeschäfte, 7. Aufl. 2002
Weber, R.	Sachenrecht I – Bewegliche Sachen, 2. Aufl. 2010
ders.	Sachenrecht II – Grundstücksrecht, 2. Aufl. 2008

Westermann	Sachenrecht, 7. Aufl. 1998 (begr. von Harry Westermann (†), fortgeführt von H.P. Westermann, Gursky und Eickmann) – zit.: *Westermann*
ders.	Grundbegriffe des BGB. Eine Einführung anhand von Fällen (begründet von Harry Westermann (†), fortgeführt von H.-P. Westermann), 16. Aufl. 2004 – zit.: *Einführung*
Westermann, H.-P.	BGB-Sachenrecht, 11. Aufl. 2005
Wieling	Sachenrecht, 5. Aufl. 2007
Wilhelm	Sachenrecht, 4. Aufl. 2010
Willers	Standardfälle Sachenrecht, 3. Aufl. 2009
Wolf/Wellenhofer	Sachenrecht, 25. Aufl. 2010
Wörlen	Handelsrecht – mit Gesellschaftsrecht, 10. Aufl. 2010 (zit.: HR)
ders.	Rechtsfolgen- und Rechtsgrundverweisungen im BGB, LdR 13/495 (S. 1–10), Februar 2006
ders./Schindler	Anleitung zur Lösung von Zivilrechtsfällen, 9. Aufl. 2009 (zit.: Anleitung)
Wörlen/Metzler-Müller	BGB AT – Einführung in das Recht, Allgemeiner Teil des BGB, 11. Aufl. 2010 (zit.: BGB AT)
dies.	Schuldrecht AT, 10. Aufl. 2011 (zit.: SchR AT)
dies.	Schuldrecht BT, 10. Aufl. 2011 (zit.: SchR BT)

1. Kapitel. Einführung und allgemeine Grundsätze

Das im Buch 3 des BGB[1] geregelte Sachenrecht umfasst die §§ 854–1296.   1

Wie in jedem neuen Rechtsgebiet sollten Sie sich zuerst einen Überblick über die Grobstruktur verschaffen, indem Sie die Inhaltsübersicht Ihres Gesetzestextes aufschlagen. Dort sehen Sie, dass das Buch Sachenrecht in acht Abschnitte gegliedert ist, die wiederum in verschiedene Titel untergliedert sind.

I. Grundbegriffe

1. Eigentum

Besonders ausführlich, nämlich in über 100 Paragrafen, ist im dritten Abschnitt das   2
Eigentum geregelt.

- ■* Überlegen Sie, aus welchem Grund diese ausführliche Regelung des Eigentums vorgenommen wurde!
- ▷ Das Eigentum an Sachen ist das umfassendste Herrschaftsrecht des Sachenrechts und zählt zu den garantierten und geschützten Grundrechten unserer Verfassung (Grundgesetz).
- ■ In welcher Vorschrift des Grundgesetzes die Eigentumsgarantie verankert ist, wis-   3
sen Sie vielleicht bereits. Denken Sie einen Moment nach!
- ▷ Antwort: Fußnote[2]!

Mit der Eigentumsgarantie ist zugleich die Freiheit des Eigentums verbunden, aber auch die Möglichkeit, das Eigentum des Einzelnen zum Wohle der Allgemeinheit einzuschränken (»Sozialbindung des Eigentums«). Mit dem Grundgesetz wollen wir uns aber im Rahmen dieser Darstellung nicht weiter befassen, sondern beim Sachenrecht des BGB bleiben!

Auch im Sachenrecht existiert eine Vorschrift, die die Freiheit des Eigentums regelt: 4
§ 903 S. 1[3] (lesen)! Aus dieser Beschreibung der Befugnisse des Eigentümers wird eine

---

1 Zu »Aufbau und Systematik des BGB« vgl. *Wörlen/Metzler-Müller*, BGB AT, Rn. 57–61.
* » ■ « bedeutet immer, auch wenn das nicht jedesmal ausdrücklich erwähnt wird: Achtung! Erst selbst nachdenken, bevor Sie weiterlesen! Der Pfeil (» ▷ «) weist auf die Antwort hin ...
2 **Art. 14 GG** (*Eigentum, Erbrecht und Enteignung*):
(1) Das Eigentum und das Erbrecht werden gewährleistet. Inhalt und Schranken werden durch die Gesetze bestimmt.
(2) Eigentum verpflichtet. Sein Gebrauch soll zugleich dem Wohle der Allgemeinheit dienen.
(3) Eine Enteignung ist nur zum Wohle der Allgemeinheit zulässig. Sie darf nur durch Gesetz oder aufgrund eines Gesetzes erfolgen, das Art und Ausmaß der Entschädigung regelt. Die Entschädigung ist unter gerechter Abwägung der Interessen der Allgemeinheit und der Beteiligten zu bestimmen. Wegen der Höhe der Entschädigung steht im Streitfalle der Rechtsweg vor den ordentlichen Gerichten offen.
3 **Alle §§ ohne Bezeichnung sind solche des BGB!**

»Definition« des Begriffes Eigentum hergeleitet, die Sie im Laufe Ihres bisherigen Studiums bereits kennengelernt haben könnten.[4]

- Was ist »Eigentum«?
▶ Eigentum ist die *rechtliche* Herrschaft einer Person über eine Sache.[5] § 903 A

2. Besitz

5 Im Gegensatz dazu steht, wie Sie ebenfalls wissen könnten, der Besitz. Dessen Definition ergibt sich unmittelbar aus dem Gesetz.

- Überlegen Sie, wie der Besitz definiert wird und aus welcher Vorschrift des Sachenrechts dies folgt!
▶ Besitz ist die *tatsächliche* Herrschaft einer Person über eine Sache, d.h. die Ausübung der tatsächlichen Gewalt über die Sache (§ 854 BGB – lesen!).[6]

Besitz und *Eigentum* sind zwei Zentralbegriffe des Sachenrechts.

Machen Sie sich die grundlegende Bedeutung dieser Begriffe anhand der folgenden Übersicht (1) klar.

---

4 Z.B. im Kontext des *BGB AT* oder einer *Einführung in das Recht*, vgl. etwa *Wörlen/Metzler-Müller*, BGB AT, Rn. 11, 256b.
5 Vgl. *Prütting*, Rn. 306 sowie unten, Rn. 42 ff.
6 Ausführlich dazu unten bei Rn. 23 ff.

I. Grundbegriffe

Übersicht 1

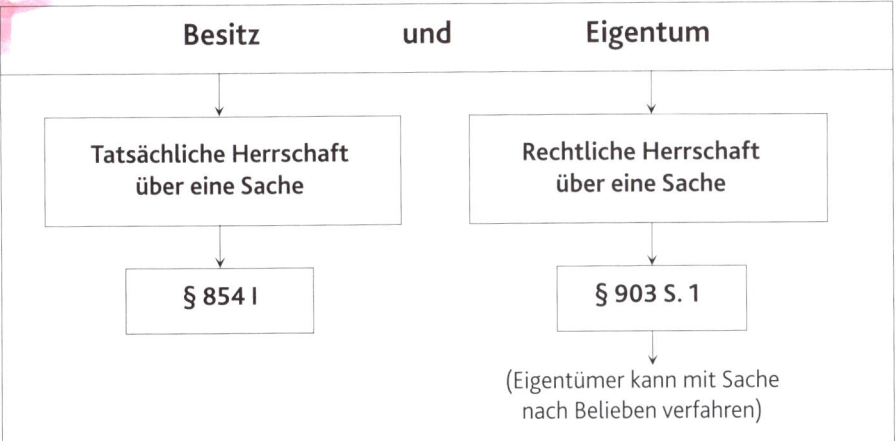

Besitz und Eigentum können bei einer Person (auch: Personenmehrheit) liegen oder sich auf verschiedene Personen verteilen.

Beispiele:

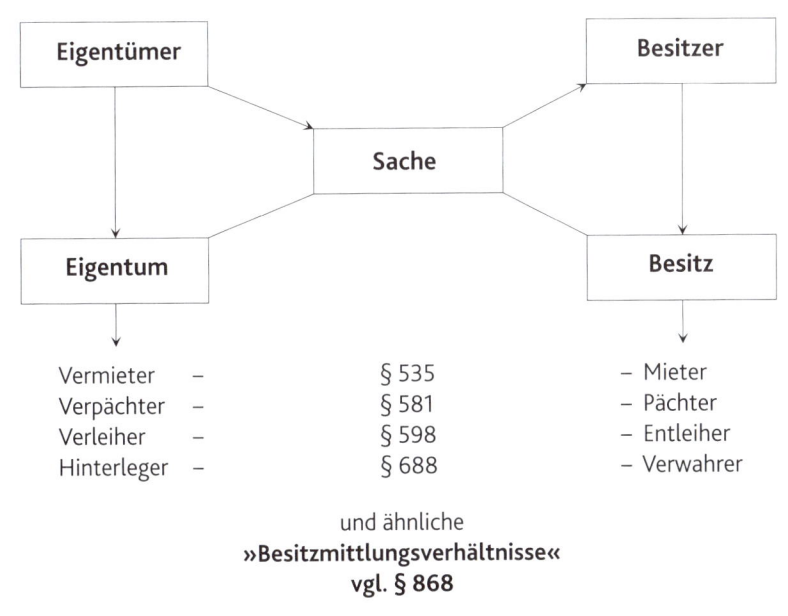

Vermieter	–	§ 535	– Mieter
Verpächter	–	§ 581	– Pächter
Verleiher	–	§ 598	– Entleiher
Hinterleger	–	§ 688	– Verwahrer

und ähnliche
»Besitzmittlungsverhältnisse«
vgl. § 868

Ähnlich auch:
Eigentumsvorbehalt – § 449

3. Bewegliche und unbewegliche Sachen

7 Im Sachenrecht wird einerseits dem Unterschied zwischen beweglichen Sachen (Mobilien) und unbeweglichen Sachen (Immobilien) Rechnung getragen, andererseits Gemeinsames »vor die Klammer gezogen«.[7]

Auch im Sachenrecht behielt der Gesetzgeber die Aufbausystematik bei, der er bezüglich des Allgemeinen Teils im Verhältnis zu den nachfolgenden vier Büchern des BGB[8] bzw. des Allgemeinen Schuldrechts im Verhältnis zum Besonderen Schuldrecht[9] gefolgt ist.

»Vor die Klammer gezogen« werden die Regelungen des Besitzes, allgemeine Vorschriften über Rechte an Grundstücken, Vorschriften über Inhalt und Arten des Eigentums sowie über Ansprüche aus dem Eigentum. Eine getrennte Regelung erfahren der Erwerb und Verlust des Eigentums und die beschränkt dinglichen Rechte.[10]

8 Wenn wir bewegliche von unbeweglichen Sachen für das Sachenrecht unterscheiden, sollte Ihnen der Begriff der »Sachen« bereits aus dem Allgemeinen Teil des BGB geläufig sein, der uns in den §§ 90 ff. darüber Näheres vermittelt.[11] Gemäß der Legaldefinition des § 90 sind Sachen also körperliche Gegenstände.

Sofern Sie sich an diese Vorschriften erinnern, wissen Sie, dass **unbewegliche Sachen** (»Immobilien«) *Grundstücke* sind.

- Sind nur Grundstücke unbewegliche Sachen? Zählen nicht auch Gebäude – denken Sie an den Immobilien-Anzeigenmarkt in den Wochenendausgaben der großen Tageszeitungen – zu den unbeweglichen Sachen? Überlegen Sie (vgl. §§ 90 ff.)!
- ▶ Im rechtlichen Sinn sind Gebäude keine selbstständigen unbeweglichen Sachen, sondern »wesentliche Bestandteile« von Grundstücken (vgl. § 94 I 1 – lesen!).
- Was versteht man – rechtlich – unter einem Grundstück?
- ▶ Grundstück im Rechtssinn ist ein räumlich abgegrenzter Teil der Erdoberfläche, der im Bestandsverzeichnis eines besonderen Grundbuchblattes eingetragen ist.[12]

Man bezeichnet Grundstücke auch als »Liegenschaften« und das Grundstücksrecht als »Liegenschaftsrecht«.

- Was sind bewegliche Sachen?
- ▶ Bewegliche Sachen sind alle Sachen, die nicht Grundstücke oder Bestandteile von Grundstücken sind!

---

7 *Baur/Stürner*, § 2 Rn. 16.
8 *Wörlen/Metzler-Müller*, BGB AT, Rn. 57–61.
9 *Wörlen/Metzler-Müller*, SchR AT, Rn. 2–5.
10 *Baur/Stürner*, § 2 Rn. 16.
11 Vgl. *Wörlen/Metzler-Müller*, BGB AT, Rn. 83–102.
12 Vgl. *Wörlen/Metzler-Müller*, BGB AT, Übersicht 12 (nach Rn. 86a); *Wolf/Wellenhofer*, § 17 Rn. 2.

I. Grundbegriffe

Die Unterscheidung von beweglichen und unbeweglichen Sachen hat besondere Bedeutung für die Art der **Eigentumsübertragung**.

- Wie und nach welcher sachenrechtlichen Vorschrift wird das Eigentum an **beweglichen** Sachen grundsätzlich übertragen? Überlegen Sie und suchen Sie nach der einschlägigen Vorschrift im Gesetz! Die einschlägigen sachenrechtlichen Vorschriften finden Sie allgemein am leichtesten, wenn Sie die Aufbausystematik im Sachenrecht verstanden haben.
- ▶ Grundsätzlich **durch Einigung** über den Eigentumsübergang und **Übergabe** der Sache gem. § 929 S. 1 – lesen![13]
- Versuchen Sie, ein Beispiel für eine Übereignung *ohne Übergabe* nach § 929 S. 2 (lesen!) zu bilden.
- ▶ Ein Vermieter, der Eigentümer der Mietsache ist, übereignet diese an den Mieter.
- Vielleicht wissen Sie auch schon, wie und nach welchen Vorschriften das **Eigentum an unbeweglichen** Sachen (Grundstücken) übertragen wird?
- ▶ Die Eigentumsübertragung an unbeweglichen Sachen vollzieht sich **durch Einigung** (»Auflassung«) und *Eintragung* ins Grundbuch gem. § 873 I i.V.m. § 925 I 1 (lesen!).[14]

Die Eigentumsübertragung an Grundstücken ist sozusagen doppelt »gesichert«: Zum einen durch die formale Eintragung ins Grundbuch, zum anderen durch die notarielle Beteiligung bei der Einigung (»Auflassung«), bei der Erwerber und Veräußerer gleichzeitig anwesend sein müssen (§ 925 I 1).

- Welche Überlegung des Gesetzgebers war wohl dafür maßgeblich, die Grundstücksübertragung nach solch strengen formalen Regeln ablaufen zu lassen?
- ▶ Der Grund liegt u.a. darin, dass Grundstücke i.d.R. von weitaus höherem wirtschaftlichen und »sozialen« Wert sind als bewegliche Sachen (= Warn- und Schutzfunktion).[15]

4. Beschränkte dingliche Rechte

Neben dem Eigentum als umfassendstes absolutes, dingliches Recht (= Vollrecht; § 903 S. 1) und dem Besitz an beweglichen oder unbeweglichen Sachen gibt es im Sachenrecht noch »beschränkte dingliche« Rechte.

- Haben Sie eine Vorstellung, welche Rechte damit gemeint sein könnten?
- ▶ Zum Beispiel ein **Pfandrecht** (§ 1204) an einer beweglichen Sache oder eine **Hypothek** (§ 1113) sowie eine **Grundschuld** (§ 1191) an einem Grundstück.

Beschränkt sind diese dinglichen Rechte im Verhältnis zum Vollrecht Eigentum, und zwar in doppelter Hinsicht:

Erstens beschränken sie die Stellung des Eigentümers, da er die Sache, an der ein solches Recht besteht, nur noch beschränkt verwerten kann.

Beispiel Pfandrecht[16]: Wenn Sie Ihre Uhr ins Pfandhaus bringen, bleiben Sie zwar Eigentümer dieser Uhr, können aber vorübergehend über die Uhr nicht verfügen.

---

13 Ausführlicher dazu unten Rn. 102 ff.
14 Ausführlicher dazu unten Rn. 222 ff.
15 Vgl. dazu *Wörlen/Metzler-Müller* BGB AT, Rn. 263.
16 Vgl. zum Pfandrecht ausführlich unten Rn. 256 ff.

Zweitens ist auch der Inhaber eines dinglichen Rechtes im Vergleich zu einem Eigentümer in seiner Verfügungsbefugnis beschränkt.

> **Beispiel Pfandrecht:** Der Pfandrechtsgläubiger darf während der vereinbarten Dauer der Verpfändung der Uhr über diese ebenfalls nicht verfügen, sondern muss sie verwahren.

Im Einzelnen werden wir einige der beschränkten dinglichen Rechte, v.a. Hypothek und Grundschuld, unten[17] ausführlicher behandeln.

II. Sachenrechtliche Grundsätze

1. Typenzwang der Sachenrechte

12 Dingliche Rechte wirken absolut, d.h. gegenüber jedermann. Das verlangt Rechtsklarheit!

Aus diesem Grund kennt das Gesetz nur eine begrenzte Zahl von Sachenrechten (= »numerus clausus« der Sachenrechte) mit gesetzlich zwingend vorgeschriebenem Inhalt. Sachenrechte unterliegen nicht der Gestaltungsfreiheit, die wir aus dem Schuldrecht bei Verträgen (vgl. § 311 I) kennen, sondern sie sind an die gesetzlich geregelten Typen gebunden. Man spricht in diesem Zusammenhang vom »Typenzwang der Sachenrechte«.[18]

2. Publizitätsgrundsatz (Offenkundigkeitsprinzip)

13 Da die dinglichen Rechte als absolute Rechte gegenüber jedermann wirken, müssen sie auch für jedermann erkennbar sein.[19]

Bei **beweglichen** Sachen wird diese Publizität in der Regel durch den *Besitz* erreicht.

> **Beispiel:** B ist Besitzer eines Fahrrads. Eines Tages erscheint E und verlangt das Fahrrad als sein Eigentum heraus. B kann nicht beweisen, dass – und wie – er das Fahrrad erworben hat. Dennoch würde B einen Prozess gewinnen, wenn E nicht beweisen kann, dass er Eigentümer des Rades ist.

- Woraus folgt dies?
  ▶ Dies folgt aus der Regelung des § 1006 I 1 (lesen!). Nach dieser gesetzlichen »Eigentumsvermutung« *gilt* der Besitzer einer beweglichen Sache als Eigentümer (»Fiktion«), solange nicht das Gegenteil bewiesen ist.
- Wodurch wird dem Publizitätsgrundsatz bei **unbeweglichen** Sachen (Grundstücken) Genüge getan?
  ▶ Durch die *Eintragung* der Eigentumsverhältnisse im Grundbuch – vgl. §§ 891, 892 (lesen!).

3. »Bestimmtheitsgrundsatz« (»Spezialitätsgrundsatz«)

14 Was sich dahinter verbirgt, verdeutlicht folgendes

> **Beispiel:** Bauer B verwahrt in seiner Scheune 100 Sack Weizen für seinen Nachbarn E, die im Eigentum des E stehen. Beim wöchentlichen Stammtisch im Dorf wird Doppelkopf mit relativ hohen Einsätzen gespielt. E schuldet dem B schließlich 150 €. E verkauft deshalb drei Sack Weizen

---

17 Rn. 312 ff.
18 S. *Prütting*, Rn. 20.
19 Ausführlich *Baur/Stürner*, § 4 Rn. 916.

an B, und die beiden einigen sich, dass damit die Spielschuld abgegolten ist und dass B Eigentümer von drei dieser 100 Sack Weizen sein soll.

- Ist dieser Eigentumsübergang gem. § 929 wirksam? Anders gefragt: Was ist zur Eigentumsübertragung an einer beweglichen Sache gem. § 929 erforderlich?
- Grundsätzlich Einigung und Übergabe (Grundfall § 929 S. 1).
- Sind diese in unserem Fall erfolgt?
- Zwar ist nur von der Einigung die Rede, aber die Übergabe ist gem. § 929 S. 2 (nochmals lesen!) entbehrlich, wenn der Erwerber schon Besitzer der Sache ist. Da B die Säcke in seiner Scheune verwahrt, ist dies der Fall.
- Dennoch ist die Übertragung des Eigentums an den drei Sack Weizen nicht wirksam; warum nicht?
- Der Gegenstand der Eigentumsübertragung ist in diesem Fall *nicht bestimmt* genug, da die Bezeichnung »drei Sack Weizen von hundert« nicht erkennen lässt, *welche* Säcke dem B gehören.

»Welche drei Säcke, ist doch egal«, könnte man sagen. Dass dies nicht gleichgültig ist, kann man unschwer erkennen, wenn man sich vorstellt, dass in der Doppelkopf-Nacht 50 Säcke Weizen gestohlen wurden!

- Worin liegt das Problem? (Überlegen Sie!)
- Fraglich ist, ob die für B bestimmten Säcke bei den 50 gestohlenen waren oder ob sie sich noch bei den 50 zurückgebliebenen Säcken befinden.

Die Eigentumsübertragung wäre wirksam gewesen, wenn die Säcke Nummern gehabt hätten und E und B sich darüber geeinigt hätten, dass z.B. die Säcke Nr. 98–100 dem B gehören sollten.

In unserem Fall wurde der »Bestimmtheitsgrundsatz« bzw. »Spezialitätsgrundsatz« des Sachenrechts nicht eingehalten. Dieser besagt, dass dingliche Rechte nur an beweglichen und unbeweglichen *Einzel*sachen, nicht aber an sog. Sachgesamtheiten bestehen können.[20]

4. Abstraktionsprinzip

Unter dem Abstraktionsprinzip versteht man die strenge rechtliche Trennung des sachenrechtlichen Verfügungsgeschäftes vom zugrundeliegenden schuldrechtlichen Verpflichtungsgeschäft. Die Wirksamkeit des Verfügungsgeschäftes ist abstrakt, also losgelöst, vom Verpflichtungsgeschäft und umgekehrt zu beurteilen.

15

Dieses nicht nur sachenrechtlich, sondern »allgemein« für die Klausur *äußerst* wichtige Prinzip wurde bereits ausführlich im BGB AT[21] behandelt und soll an dieser Stelle nur im Rahmen der zusammenfassenden folgenden Übersicht 2 dargestellt werden.

---

20 *Wolf/Wellenhofer*, § 2 Rn. 11.
21 Zur Wiederholung und Vertiefung *Wörlen/Metzler-Müller*, BGB AT, Rn. 243 ff.

1. Kapitel. Einführung und allgemeine Grundsätze

Übersicht 2

16

I. Grundbegriffe des Sachenrechts

1. Eigentum und Besitz → vgl. Übersicht 1

2. Bewegliche und unbewegliche Sachen

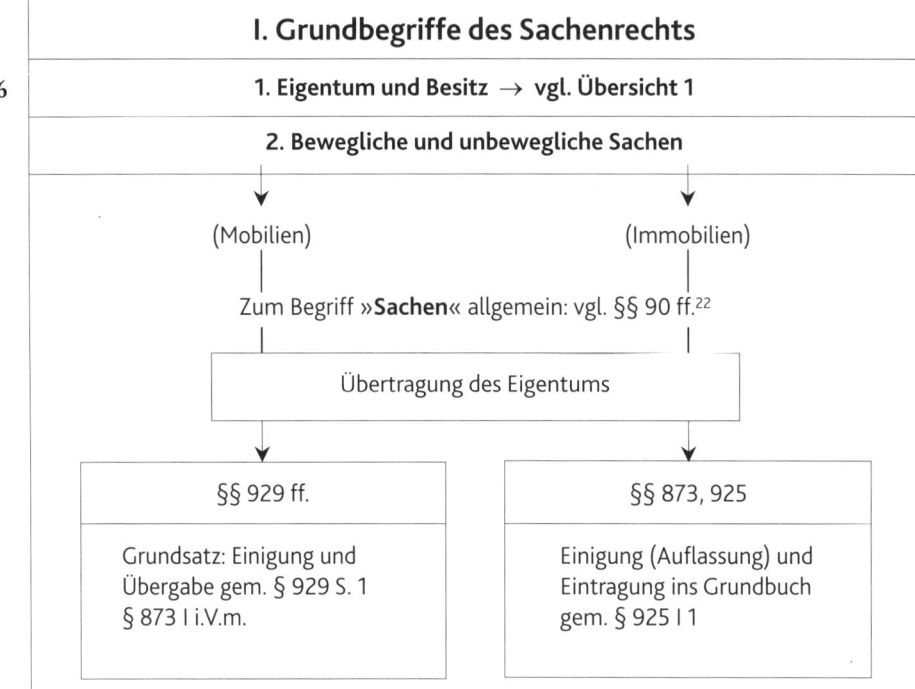

17

3. Beschränkte dingliche Rechte[23]

Beschränkte dingliche Rechte sind im Verhältnis zum umfassenden Herrschaftsrecht Eigentum (Vollrecht) »beschränkt«.

Beispiele:
- Grunddienstbarkeiten: §§ 1018 ff. (z.B. Recht, Leitungen zu legen; Gewinnung von Bodenbestandteilen – Kies, Lehm etc.)
- Nießbrauch: §§ 1030 ff. (Recht, Nutzungen zu ziehen)
- Vorkaufsrecht: §§ 1094 ff. (Vorkaufsberechtigter hat Vorrang vor anderen Grundstückskaufinteressenten)
- Reallasten: §§ 1105 ff. (wiederkehrende Leistungen, z.B. Lieferung von Naturalien; Wohnrecht – Landwirtschaft: »Altenteil«)
- Hypothek: §§ 1113 ff. (Grundstücksbelastung zur Sicherung einer Forderung in der Form, dass an Begünstigten Geldsumme zu zahlen ist – Nachweis der Forderung erforderlich)
- Grundschuld: §§ 1191 ff. (wie Hypothek ohne Nachweis der Forderung)
- Rentenschuld: §§ 1199 ff. (ähnlich wie Grundschuld; Unterschied: nicht einmalige Geldsumme, sondern zu regelmäßig wiederkehrenden Terminen)
- Pfandrecht: §§ 1204 ff. (an beweglichen Sachen und Rechten; ähnlich wie Hypothek bei Grundstücken)

---

22 S. dazu *Wörlen/Metzler-Müller*, BGB AT, Übersicht 12 (Rn. 86a) und Übersicht 13 (Rn. 102).
23 Unten 7. Kap. (Rn. 312 ff.) und 8. Kap. (Rn. 334 ff.).

Übersicht 2 *(Fortsetzung)*

II. Sachenrechtliche Grundsätze

1. **Typenzwang der Sachenrechte** 18

   Das Gesetz kennt nur eine begrenzte Zahl (numerus clausus) von dinglichen Rechten mit gesetzlich vorgeschriebenem Inhalt. Keine »Gestaltungsfreiheit« (wie im Schuldrecht – vgl. dort § 311 I)

2. **Publizitäts(Offenkundigkeits-)grundsatz** 19

   Dingliche Rechte wirken gegenüber jedermann und müssen auch für jedermann erkennbar sein.
   - *Bewegliche Sachen*: Besitz – vgl. § 1006 I 1 (Gesetzliche Eigentumsvermutung für Besitzer)
   - *Grundstücke*: Eintragung ins Grundbuch – vgl. Vermutung §§ 891, 892 und Grundbuchordnung[24]

3. **Bestimmtheits(Spezialitäts-)grundsatz** 20

   Dingliche Rechte sind nur an bestimmten *Einzel*sachen, nicht an sog. Sachgesamtheiten möglich – (nicht: »drei von 100 Sack Weizen«).

---

24 Dazu unten 6. Kap. (Rn. 196 ff.).

Übersicht 2 *(Fortsetzung)*

Sachenrechtliche Grundsätze

Abstraktionsprinzip

Inhalt: strenge **Trennung** von

- **Schuldrechtlichem Verpflichtungsgeschäft** (Grund-/Kausalgeschäft)
  - z.B. Kaufvertrag
  - § 433 I 1
  - Durch Verpflichtung des Verkäufers erwirbt Käufer nur einen *Anspruch* auf *Eigentumsverschaffung*, aber noch nicht Eigentum an der Sache

- **Sachenrechtlichem Verfügungsgeschäft** (Erfüllungsgeschäft)
  - Eigentumsübertragung an beweglicher Sache
  - § 929 S. 1
  - Eigentumserwerb erfolgt durch *Einigung* zwischen Veräußerer (hier: Verkäufer) und Erwerber (hier: Käufer) und *Übergabe* der Sache (»dinglicher Vertrag«)

Wirkung:
Jedes Rechtsgeschäft wird »**abstrakt**« (losgelöst) vom anderen Rechtsgeschäft betrachtet; das bedeutet:

- *Verpflichtungsgeschäft* kann wirksam sein
- *Verfügungsgeschäft* kann unwirksam sein

und (oder) umgekehrt!

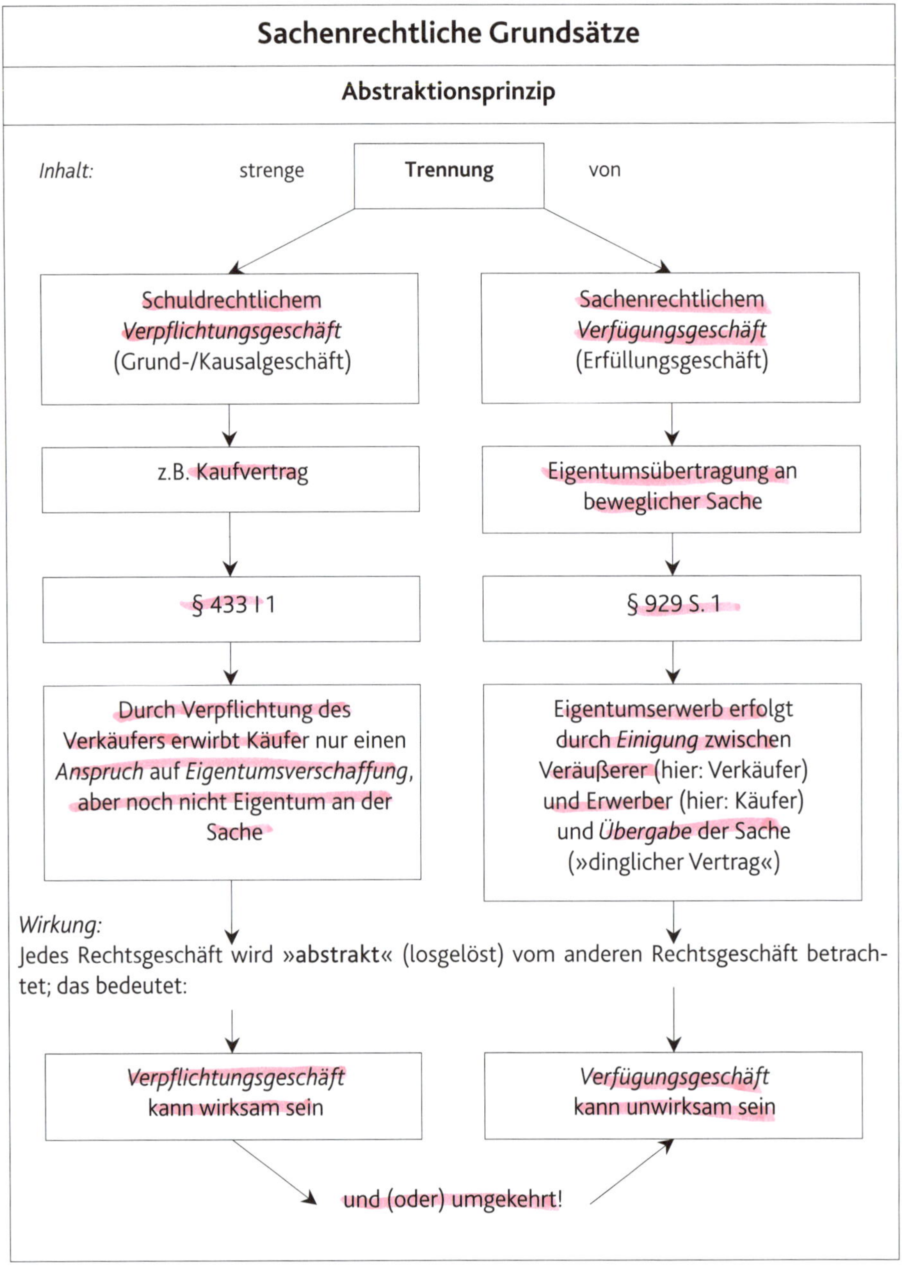

III. Exkurs: Sachenrecht in den neuen Bundesländern

In der früheren DDR gab es keinen einheitlichen Eigentumsbegriff, sondern es war (hierarchisch) zwischen dem *sozialistischen Eigentum* (Volkseigentum, Eigentum sozialistischer Genossenschaften, Eigentum der gesellschaftlichen Organisationen) einerseits und dem verbliebenen *persönlichen Eigentum* andererseits zu unterscheiden.[25]

22

Bei Grundstücken trennte die Eigentumslage häufig zwischen dem Boden und seinen Bestandteilen einschließlich der Gebäude.[26]

23

Insbesondere in den §§ 2, 2b, 2c, 4 und 5 des Art. 233 EGBGB finden sich Übergangsregelungen, die die genannten Besonderheiten fortschreiben.

24

Um den Umfang eines Grundrisses nicht zu sprengen, muss wegen weiterer Einzelheiten auf das Kapitel »Sachenrecht in den neuen Bundesländern« in der Vorauflage sowie auf weiterführende Literatur verwiesen werden.[27]

25

Literatur zur Vertiefung (Rn. 1–26): *Baur/Stürner*, §§ 2–4, 63; *Becker-Eberhard*, Der Übergang vom Sachenrecht der DDR zur Sachenrechtsordnung der Bundesrepublik Deutschland in den sog. neuen Bundesländern, Jura 1994, S. 577 ff.; *Petersen*, Das Abstraktionsprinzip, Jura 2004, 98; *ders.*, Der Minderjährige im Schuldrecht und Sachenrecht, Jura 2003, 399; *Schreiber*, Erster Teil; *ders.*, Beschränkte dingliche Rechte, Jura 2006, 270; *Prütting*, §§ 1–4, 5a; *Westermann*, Einführung, Kap. 14; *ders.*, §§ 1–4, 6; *Westermann*, H.P., § 1; *Wolf/Wellenhofer*, §§ 1, 2.

26

---

25 *Baur/Stürner*, § 63 Rn. 3, 4.
26 *Baur/Stürner*, § 63 Rn. 7 ff., 16.
27 Vgl. *Wörlen*, SachenR, 7. Aufl., Rn. 22–26; *Baur/Stürner*, § 63; s. ferner *Becker-Eberhard*, Jura 1994, 577.

2. Kapitel. Besitz

I. Begriff

Obwohl dies im alltäglichen Sprachgebrauch selten beachtet wird, ist der Besitz in rechtlicher Hinsicht streng vom Eigentum zu unterscheiden. Wenn Nichtjuristen (bzw. weniger »Rechtskundige«, als Sie es schon sind) gemeinhin vom »Hausbesitzer« sprechen, meinen sie damit zumeist den »Hauseigentümer«, der z.B. als Vermieter mehrerer Wohnungen eines Mietshauses gar nicht selbst in dem Haus wohnt.

In diesem Fall hat der Vermieter zwar noch die *rechtliche* Herrschaft (= Eigentum) über das Haus, er übt indessen nicht die *tatsächliche* Herrschaft (Gewalt) darüber aus und ist somit nicht (»unmittelbarer«) Besitzer des Hauses.

Lesen Sie noch einmal § 854 I, aus dem wir die Definition des Besitzes entnommen haben!

II. Unmittelbarer und mittelbarer Besitz

Aus der Umschreibung des Besitzes in § 854 I ergibt sich, wie soeben angedeutet, dass damit der »**unmittelbare Besitz**« gemeint ist.

Unmittelbarer Besitzer wird z.B. im Falle der Vermietung (vgl. § 535 I) einer Sache der Mieter, während der Vermieter (s.o.) Eigentümer bleibt!

Auf Übersicht 1 sind weitere Rechtsverhältnisse genannt, bei denen unmittelbarer Besitz und Eigentum auseinanderfallen: z.B. Pacht (§§ 581 ff.), Leihe (§§ 598 ff.) und Verwahrung (§§ 688 ff.).

Man bezeichnet diese und ähnliche Rechtsverhältnisse als »*Besitzmittlungsverhältnisse*«, die in § 868 erwähnt sind (Vorschrift lesen!). Die dort genannten[28] und »ähnliche« Verhältnisse[29] sind dadurch gekennzeichnet, dass der unmittelbare Besitzer vom bisherigen Besitzer (meistens war das der Eigentümer selbst – denkbar ist aber z.B. auch, dass ein Mieter die gemietete Sache verleiht...) ein Recht oder eine Pflicht zu seinem gegenwärtigen Besitz herleitet. Ist dies der Fall, ist gem. § 868 auch »der andere« (der vorherige Besitzer) immer noch »Besitzer«, und zwar »**mittelbarer Besitzer**«!

Bleiben wir bei dem einfachen Fall, dass der Eigentümer die ihm gehörende Sache verleiht oder vermietet. Er ist dann gem. § 868 auch mittelbarer Besitzer.

Entscheidend ist, dass der unmittelbare Besitzer seinen Besitz nicht nur für sich selbst, sondern auch für den anderen, im Beispiel für den Eigentümer, ausübt. Der unmittelbare Besitzer, der auch »*Besitzmittler*« genannt wird, muss sich bewusst sein und anerkennen, dass er die Sache nicht »ewig« behalten darf! Sobald der gute Wille des Besitzmittlers erlischt, weil er z.B. einfach beschließt, die gemietete oder geliehene Sache für sich zu behalten (= *Eigenbesitzwille*), erlischt auch der mittelbare Besitz des Eigentümers. Kennzeichen des mittelbaren Besitzes ist das Einigsein zwischen

---

28 Neben den bereits erwähnten auch **Nießbrauch** (§§ 1030 ff.) und **Pfandrecht** (§§ 1204 ff.).
29 **Außer der Leihe z.B. auch: Eigentumsvorbehalt (§ 449); u.U. Werkvertrag (§§ 631 ff.), Auftrag (§§ 662 ff.)** – Aufzählung bei *Palandt/Bassenge*, § 868 Rn. 9–11.

Eigentümer und unmittelbarem Besitzer darüber, dass der unmittelbare Besitzer die Sache »für den anderen« besitzt (= »*Fremdbesitzwille*«). Entschließt sich der Entleiher oder Mieter einer Sache anders, d.h., die Sache für sich zu behalten, begeht er eine Unterschlagung gem. § 246 StGB. Er hat dem Eigentümer zu diesem Zeitpunkt nicht nur die Sache als solche, sondern auch den mittelbaren Besitz entzogen.[30]

Unter der Voraussetzung aber, dass alles mit rechten Dingen zugeht, dass also der Eigentümer (bzw. der vorherige unmittelbare Besitzer) und der neue unmittelbare Besitzer sich über dessen »Fremdbesitz« einig sind, bleibt der Eigentümer gem. § 868 ebenfalls Besitzer (= mittelbarer Besitzer).

30 ■ Was meinen Sie, welches Ziel der Gesetzgeber bei dieser Gleichstellung vor Augen hatte?
▶ Der Grund für diese Gleichstellung ist u.a. Folgender: Besitz und Eigentum sind im BGB in verschiedenen Vorschriften, von denen wir noch einige kennenlernen werden, geschützt. Wird der Besitzer einer Sache bei der Ausübung seines Besitzes beeinträchtigt oder gestört, so kann sich das unter Umständen dahingehend auswirken, dass die Sache beschädigt oder ganz zerstört wird. Dagegen ist der Besitzer mit verschiedenen Ansprüchen gegen den Besitzstörer durch das Gesetz geschützt – §§ 861, 862.
Diese Ansprüche soll nach dem Willen des Gesetzgebers auch der Eigentümer (oder ein anderer rechtmäßiger vorheriger Besitzer) einer Sache, der den unmittelbaren Besitz einem anderen überlassen hat, gegen den Besitzstörer ausüben können. Damit nicht sämtliche Vorschriften, die der Gesetzgeber für »den Besitzer« geregelt hat, für den Eigentümer wiederholt werden müssen, hat man die Gleichstellung in § 868 vorgenommen.

Da die Definition des Besitzes in § 854 I, in dem von der »Erlangung der tatsächlichen Gewalt über die Sache« die Rede ist, nur den unmittelbaren Besitz betrifft, war diese Gleichstellung notwendig. Andernfalls würden die Rechte »des Besitzers« nur dem unmittelbaren Besitzer zustehen.

Dass es sich dabei nicht um graue oder spitzfindige Theorie handelt, wird das folgende Fallbeispiel zu den Rechten des Besitzers gegenüber dem Besitzstörer zeigen.

III. Schutz des Besitzers

1. Gewaltrechte des unmittelbaren Besitzers

> **Übungsfall 1**
>
> Der Autofahrer B lässt ein beschädigtes Mietfahrzeug am Straßenrand stehen, um die Werkstatt zu benachrichtigen, was einige Zeit in Anspruch nimmt. Als er zurückkommt, sieht er, wie der Dieb D sich soeben mit dem Autoradio davonmacht. B läuft hinter D her. Da er ihn nicht einholen kann, ergreift er einen am Straßenrand liegenden Knüppel, wirft ihn dem D gekonnt zwischen die Beine, so dass dieser hinfällt. Das Radio bleibt erstaunlicherweise, im Gegensatz zu D, unversehrt.

Frage: War B berechtigt, dem D den Knüppel zwischen die Beine zu werfen, um das Radio wiederzubekommen?

---
30 *Wolf/Wellenhofer*, § 4 Rn. 26.

III. Schutz des Besitzers

Wenn Sie den Fall aufmerksam gelesen haben, werden Sie möglicherweise bemerkt haben, dass ausnahmsweise einmal nicht nach einem Anspruch des B gegen D gefragt ist. Es geht nicht um die Frage, ob B von D ein Tun oder Unterlassen verlangen kann (§ 194 I), sondern konkret darum, ob B ein Recht hatte, dem D gegenüber Gewalt anzuwenden. Den Einstieg in die Lösung unseres Falles finden wir, wenn wir uns über die Rechtsstellung des B klar werden.

- Welche Rechtsstellung hat B (Überlegen Sie!)?
- ▶ B war zwar niemals Eigentümer, aber als Mieter des Autos ist er unmittelbarer Besitzer (§ 854 I).

Ob er es zum Zeitpunkt des Diebstahls auch noch war, werden wir gleich prüfen.

- Welche Vorschrift aus dem Besitzrecht kommt in Betracht, um das Handeln des B zu rechtfertigen? Überfliegen Sie die Überschriften der §§ 854 ff.!
- ▶ Wenn Sie den Sachverhalt unseres Falles noch im Gedächtnis haben, müssten Sie bei der Überschrift »Selbsthilfe des Besitzers« (§ 859) aufgemerkt haben. Lesen Sie also § 859 I und II!
- Welche Voraussetzungen müssen demnach erfüllt sein, damit B gegen D Gewalt anwenden durfte?
- ▶ Erste Voraussetzung des § 859 I ist, dass B **Besitzer des Autos, genauer des Autoradios,** gewesen ist.
- Trifft das zu?
- ▶ B hat das Auto samt Radio gemietet und war somit **unmittelbarer Besitzer** gem. § 854 I, da er die tatsächliche Gewalt über das Auto ausübte.
- Stimmt das wirklich, oder war der Besitz des B zum Zeitpunkt des Diebstahls schon beendet? Lesen Sie dazu § 856 (ganz)!
- ▶ B hat zwar, um die Werkstatt zu benachrichtigen, die Ausübung der tatsächlichen Gewalt vorübergehend aufgegeben. Dadurch wurde aber gem. § 856 II der Besitz nicht beendet. B war weiterhin Besitzer des Autos und des Radios, sodass die erste Voraussetzung von § 859 I erfüllt ist.
- Kurze Zwischenfrage in Erinnerung an den Allgemeinen Teil des BGB: Wie würden Sie das eingebaute Radio im Verhältnis zum Auto rechtlich qualifizieren?
- ▶ In diesem Fall stimmen der alltägliche und der juristische Sprachgebrauch überein: Das Radio ist als Autozubehör auch »Zubehör« im rechtlichen Sinne gem. § 97 (nicht etwa wesentlicher Bestandteil i.S.d. § 93!)[31].
- Welche zweite Voraussetzung muss erfüllt sein, damit B von seinem Selbsthilferecht gem. § 859 I Gebrauch machen durfte?
- ▶ D muss in »**verbotener Eigenmacht**« gehandelt haben!
- Welche Vorschrift darüber Auskunft gibt, wann verbotene Eigenmacht vorliegt, haben Sie beim Überfliegen des Gesetzes eben sicher gesehen?
- ▶ Was verbotene Eigenmacht ist, ergibt sich aus der Legaldefinition in § 858 I (lesen!). Schreiben Sie am besten § 858 I neben § 859.

> **Hinweis:** Um in der Klausur keine Vorschrift oder Voraussetzung zu übersehen und um Zeit zu sparen, sollten Sie Ihren Gesetzestext durch Paragraphenverweise und Unterstreichungen »aufbereiten«, soweit dies nach Ihrer Prüfungsordnung zulässig ist!

- Trifft dies in unserem Fall zu?

---

31 *Zur* Wiederholung s. *Wörlen/Metzler-Müller*, BGB AT, Übersicht 13 (Rn. 102).

2. Kapitel. Besitz

▶ D hat dem B ohne seinen Willen den Besitz entzogen. Die Besitzentziehung war auch nicht durch das Gesetz gestattet. Somit ist auch die zweite Voraussetzung von § 859 I erfüllt.

B war also dem D gegenüber berechtigt, gem. § 859 I Selbsthilfe unter Anwendung von Gewalt auszuüben. Diese Gewaltanwendung muss verhältnismäßig und angemessen sein.[32] In unserem Fall war der Wurf des Knüppels noch ein angemessenes Mittel, um den Diebstahl zu verhindern.

Nicht immer aber wird der Besitzer in der Lage sein, den Täter einer verbotenen Eigenmacht auf frischer Tat zu ertappen. Für diesen Fall gibt das Gesetz dem Besitzer Ansprüche auf Wiedereinräumung des Besitzes bzw. auf Beseitigung oder Unterlassung der Besitzstörung.

2. Besitzschutzansprüche

35 ■ Welchen Anspruch würden Sie geltend machen, wenn Sie sich als Mieter gegen Lärmbeeinträchtigungen eines Nachbarn wehren wollen?
▶ Den Anspruch auf Beseitigung der Störung.[33]

36 ■ Und was macht man, wenn man aus dem Urlaub kommt und feststellt, dass sich der Vermieter nunmehr in der vermieteten Wohnung ausgebreitet hat?
▶ Man klagt auf Wiedereinräumung des Besitzes.[34]

37 Wie Sie § 861 entnommen haben, ist Anspruchsberechtigter der frühere unmittelbare Besitzer und Anspruchsgegner der fehlerhaft Besitzende. Der Anspruch zielt auf Herausgabe der Sache, nicht auf Schadensersatz.

■ Nehmen Sie an, Ihr Sparbuch wurde gestohlen und der Dieb hat 1.000 € abgehoben. Können Sie diesen Betrag nach § 861 vom Dieb verlangen?
▶ Da § 861 keine Rechtsgrundlage für den Anspruch auf Herausgabe des abgehobenen Geldbetrages bietet, lautet die Antwort: nein!

■ Welche Ansprüche kommen indessen in Betracht? Nennen Sie genau (= Absatz, Satz, evtl. Halbsatz bezeichnen!) die möglichen Anspruchsgrundlagen aus zwei gesetzlichen Schuldverhältnissen!
▶ Denken Sie erst nach, bevor Sie Fußnote[35] lesen!

38 Die Besitzschutzansprüche müssen allerdings fristgemäß ausgeübt werden; Ausschlussfristen finden sich in §§ 861 II, 862 II und § 864.

■ Können Sie nunmehr auch dem kleinen Jungen (rechtlich!) helfen, dessen Drachen sich losgerissen hat und auf der Wiese des Bauern B landet, der allerdings dem Knaben verbietet, sein Eigentum zu betreten?

---

32 Palandt/*Bassenge*, § 859 Rn. 2.
33 **Gem. § 862.** – Ähnlich ist der Fall, in dem der Mieter einer Wohnung auf seinen Briefkasten einen Aufkleber anbringt: »Bitte keine Werbung, Handzettel oder dergleichen einwerfen«. Wenn die Firma XY trotzdem laufend Werbezettel einwirft, kann der Mieter Unterlassungsklage gem. § 862 I 2 erheben. In solchen Fällen hat der BGH den **Unterlassungsanspruch** bejaht (BGHZ 106, 229). – Zur unaufgefordert erhaltenen E-Mail (SMS/Fax/u.Ä.) s. *Palandt/Bassenge*, § 1004 Rn. 10 m.w.N.
34 **Anspruchsgrundlage: § 861** (lesen)
35 § 823 I (Schadensersatz wegen Eigentumsverletzung) und § 812 I 1 Var. 2 (Eingriffskondiktion) – s. hierzu *Wörlen/Metzler-Müller*, SchR BT, Rn. 360–370 und 390–400.

III. Schutz des Besitzers

- Hier hilft der Anspruch aus § 867 (lesen!), der dem Besitzer ein Verfolgungsrecht gibt.
- Welchen Anspruch hat der Junge, wenn der Bauer B den Drachen an sich genommen, also in Besitz hat?
- Überlegen Sie, bevor Sie Fußnote[36] lesen.

Es gibt auch Fälle, in denen weder dem Kläger noch dem Beklagten ein Recht zum Besitz zusteht oder ein solches von ihm nachgewiesen werden kann. Beispiel hierfür ist 39

Übungsfall 2

E muss beruflich für 15 Monate nach Südamerika und gibt deshalb seinen Pkw ins Autohaus des B zur Aufbewahrung. Gelegenheit macht Diebe: Der Angestellte A des B nimmt den Wagen heimlich mit, verkauft und übergibt ihn an den gutgläubigen K.

Da B dem E bei dessen Rückkehr den Pkw nicht zurückgeben kann und keinen Schadensersatz leisten will, fragt er Sie um Rat, ob er den K auf Herausgabe in Anspruch nehmen kann.

Hinweis: Gerade im Sachenrecht sollten Sie sich jedenfalls bei etwas komplexeren Fällen nach dem Lesen des Sachverhaltes zur graphischen Veranschaulichung eine Sachverhalts- und Personenskizze erstellen!

- Kommt § 861 zur Anwendung?
- Nein; denn K selbst hat keine verbotene Eigenmacht i.S.d. § 858 I begangen. Auch die Voraussetzungen des § 858 II 2 liegen nicht vor, da K die Fehlerhaftigkeit des Besitzes seines Vorgängers A nicht kennt.
- Lesen Sie § 1007 I! Greift diese Vorschrift ein? (Immer erst selbst nachdenken, dann weiterlesen!) 40
- Da § 1007 I voraussetzt, dass der Besitzer bei dem Erwerb des Besitzes nicht in gutem Glauben war, hilft auch diese Vorschrift dem B nicht weiter.

Die Lösung finden Sie in § 1007 II 1 (lesen!).

Da der Pkw dem B abhanden gekommen ist (lesen Sie hierzu § 935, auf den wir später nochmals zurückkommen[37]), kann B ihn auch vom gutgläubigen K herausverlangen.

Besitzschutz gibt es auch aufgrund Ihnen bereits aus dem Besonderen Schuldrecht 41 bekannter Vorschriften. Hierzu

---

Übungsfall 3

Dr. A betreibt im ersten Stock eines Miethauses seine ärztliche Praxis. Der Mieter M des Erdgeschosses veranlasst Bauarbeiten, die großen Lärm verursachen und dazu führen, dass Dr. A einen erheblichen Rückgang seiner Praxiseinnahmen verzeichnen muss.[38]

Welchen Anspruch hat Dr. A gegen M?

- Was wird Dr. A von M verlangen wollen?
- Da Dr. A aufgrund der Lärmbelästigung durch die von M verursachten Bauarbeiten einen Einnahmeverlust erlitten hat, wird er Schadensersatz verlangen wollen.

---

[36] **Anspruch auf Wiedereinräumung des Besitzes gem. § 861 I!**
[37] Ausführlicher unten Rn. 123.
[38] Ähnliche Fälle: BGHZ 73, 355 und 79, 232.

2. Kapitel. Besitz

- Kann er das mit der Besitzstörungsklage nach § 862 erreichen?
- ▶ Mit der Besitzstörungsklage kann nur Unterlassung der Bauarbeiten, aber kein Schadensersatz verlangt werden.
- Welche Anspruchsgrundlage für Schadensersatz kommt hier in Betracht?
- ▶ Ergebnis: Siehe Fußnote![39]

42 Diese Anspruchsgrundlage gewährt Schadensersatz bei schuldhafter und widerrechtlicher Rechtsgutsverletzung.

- Welches Rechtsgut im Sinne des § 823 I könnte hier verletzt worden sein?
- ▶ Es kommt die Verletzung eines »*sonstigen Rechts*«, also eines absoluten Rechts in Betracht. Zwar ist der Besitz kein absolutes Recht schlechthin, doch wird er einem solchen gleichgestellt, wenn er durch ein Recht zum Besitz eine Verstärkung erfahren hat.[40] Da der M schuldhaft und widerrechtlich den rechtmäßigen Besitz des Dr. A verletzt hat, muss er diesem Schadensersatz leisten.

Die Ansprüche aus den §§ 861 und 862 sollen nach dem ausdrücklichen Willen des Gesetzgebers gem. § 869 S. 1 dem mittelbaren Besitzer (i.d.R. meist dem Eigentümer der Sache) ebenfalls zustehen. Schreiben Sie sich also, soweit zulässig, § 869 an die §§ 861, 862!

43
- Was fällt Ihnen in diesem Zusammenhang auf, wenn Sie § 869 S. 1 nochmals lesen? (Überlegen Sie!)
- ▶ Das Selbsthilferecht des § 859 ist nicht genannt!

Nach herrschender Meinung (im Folgenden h.M.) steht das Selbsthilferecht aber auch dem mittelbaren Besitzer zu.[41] Sie können sich deshalb bei § 869 den § 859 an den Rand schreiben. Unterstreichen Sie außerdem im Text von § 869 die §§ 861, 862!

Um die Richtigkeit dieser Meinung zu verdeutlichen, brauchen wir unseren »Knüppel-Fall« (Übungsfall 1, Rn. 27) nur ein wenig abzuwandeln:

Nehmen wir an, dass B immer noch unterwegs ist, um die Werkstatt zu benachrichtigen. Zufällig kommt der Eigentümer und Vermieter des Wagens, E, vorbei, der den B persönlich kennt, und sieht, wie D sich mit dem Radio davonmachen will.

Es wäre kaum einzusehen, warum der Eigentümer und mittelbare Besitzer E tatenlos zusehen müsste, um später seinen Anspruch aus § 861 i.V.m. § 869 geltend zu machen, während der unmittelbare Besitzer B nach § 859 vorgehen und Selbsthilfe ausüben kann.

Die gleichen Rechte wie der Besitzer soll auch der »Besitzdiener« (vgl. §§ 855, 860 = lesen!), z.B. der Chauffeur der Cheflimousine, haben.

Wir wollen aber beim Besitzrecht nicht zu sehr ins Detail gehen, sondern uns anhand der folgenden zusammenfassenden Übersicht (3) nur die wichtigsten Arten des Besitzes sowie die Rechte des Besitzers merken und dann zum Eigentum übergehen.

---

39 § 823 I. Falls Sie das nicht mehr wussten: Lesen Sie *Wörlen/Metzler-Müller*, SchR BT, Rn. 390–405.
40 So die Rechtsprechung des BGH (u.a.: NJW 1991, 2420, 2421).
41 Statt aller: Palandt/*Bassenge*, § 869 Rn. 2 m.w.N.

Übersicht 3

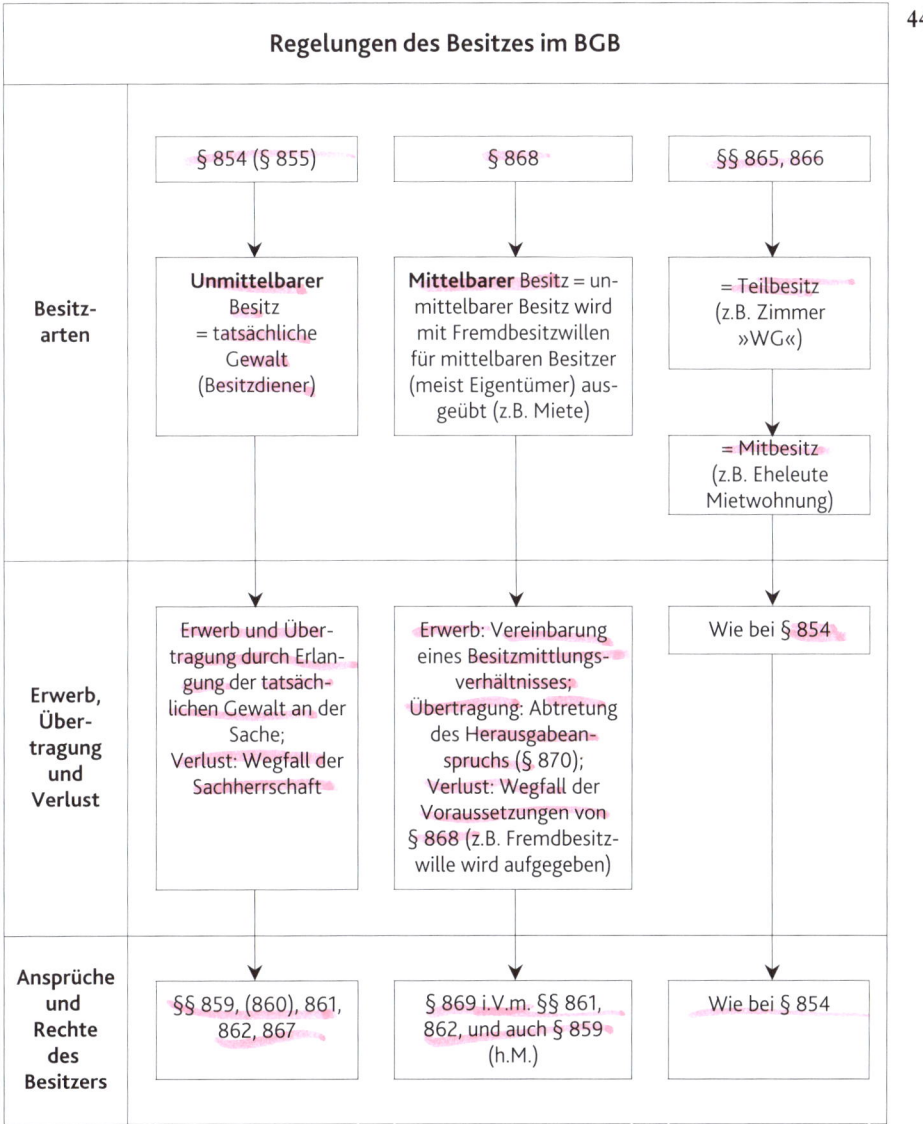

Übersicht 3 (Fortsetzung)

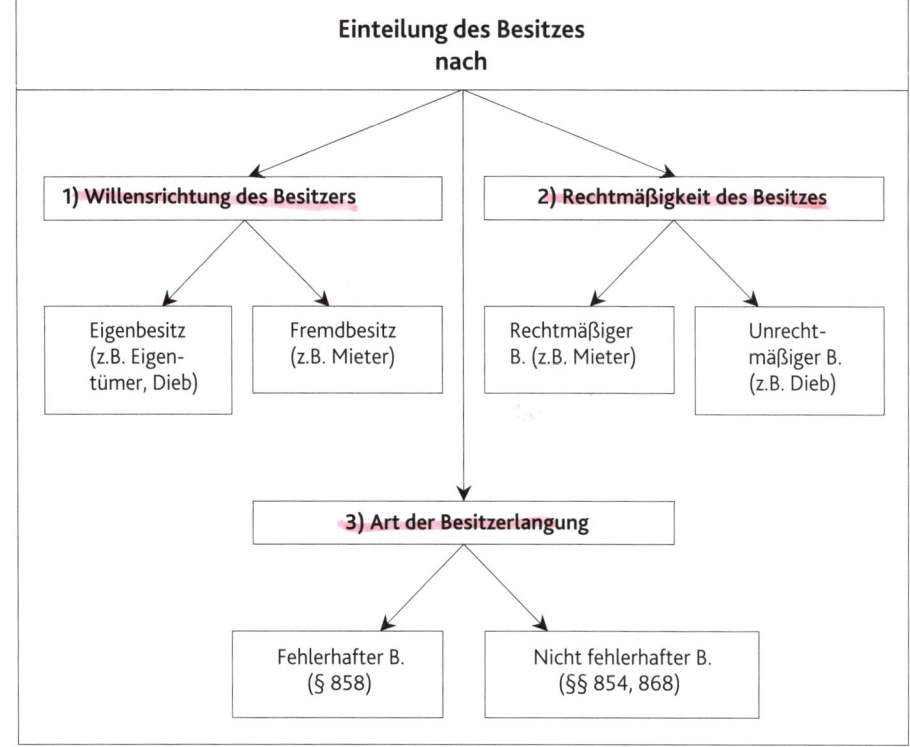

Literatur zur Vertiefung (Rn. 27–45): *Alpmann und Schmidt*, SachR 1, 1. Teil; *Baur/Stürner*, §§ 6–9; *Medicus*, Besitz, Grundbuch und Erbschein als Rechtsscheinträger, Jura 2001, 294; *Petersen*, Grundfragen zum Recht des Besitzes, Jura 2002, 160 u. 255; *Röthel/Sparmann*, Besitz und Besitzschutz, Jura 2005, 456; *Schreiber*, Zweiter Teil; *ders.*, Mittelbarer Besitz, Jura 2003, 682; *Prütting*, §§ 6–14; *Westermann*, Einführung, Kap. 1; *H.P. Westermann*, §§ 2 u. 3; *Wolf/Wellenhofer*, § 4–5.

3. Kapitel. Eigentum

I. Wesen des Eigentums

Die Bedeutung des Eigentums reicht weit über die Sphäre der Rechtsordnung hinaus. Das Privateigentum ist auch die Grundlage unserer heutigen Wirtschaftsordnung.[42]

Der in Art. 14 GG und den Länderverfassungen genannte Eigentumsbegriff umfasst alle vermögenswerten Rechtspositionen. Dazu zählen private subjektive Rechte vermögensrechtlicher Art und auch öffentlich-rechtliche Positionen, falls sie auf eigener Leistung und eigenem Kapitaleinsatz beruhen. Durch unsere Verfassung werden somit dingliche und obligatorische Rechte – wie z.B. Forderungen, Wertpapiere, Gesellschaftsanteile, Aktien, Patent- und Urheberrechte – als eigentumsfähige Rechtsgüter anerkannt.[43]

- Zur Wiederholung: Wo ist der privatrechtliche Eigentumsbegriff im BGB zu finden und auf was bezieht sich dieser?
- Das BGB enthält Regelungen für das Eigentum an Sachen, also an körperlichen Gegenständen (§ 90)[44], in § 903 S. 1.

Eigentum gibt es folglich nur an beweglichen Sachen und Grundstücken, nicht aber an anderen Gegenständen wie Forderungen, sonstigen Rechten oder geistigen Schöpfungen. Dieses umfassende Herrschaftsrecht besteht nur an individuell bestimmten Sachen und nicht an Sachgesamtheiten – wie z.B. an einem Betrieb.[45]

- Lesen Sie nochmals § 903 S. 1! Wie kann man die darin geregelten Befugnisse des Rechtsinhabers umschreiben?
- Dieser Vorschrift lassen sich zwei Richtungen entnehmen, in die das Eigentum wirkt: eine, die das Verhältnis des Eigentümers zur Sache regelt (= positive oder innere Befugnis) und eine, welche die Stellung des Eigentümers anderen gegenüber betrifft (= negative oder äußere Befugnis).[46]

Zur *positiven* Befugnis gehört insbesondere die Freiheit des Eigentümers, die Sache zu besitzen, zu nutzen, sie zu verbrauchen oder zu beschädigen. Er darf die Sache veräußern, belasten oder das Eigentum daran aufgeben. Durch die *negative* Befugnis soll das Eigentum vor unmittelbaren Einwirkungen Dritter geschützt werden. Der Eigentümer kann also das Betreten seines Grundstücks, die Benutzung, Wegnahme oder Beschädigung seiner Sache untersagen.[47]

---

[42] Ausführlich zu Geschichte und Bedeutung des Eigentums: *Prütting*, § 26.
[43] Vgl. *Schreiber*, Rn. 120. Nach der Rechtsprechung des BVerfG ist sogar das aus dem Mietvertrag folgende Besitzrecht des Mieters an seiner Wohnung Eigentum im Sinne von Art. 14 GG – so BVerfG NJW 1993, 2035.
[44] § 903 S. 2 wurde 1990 eingefügt und enthält eine besondere Verweisung auf den Tierschutz. S. dazu *Wörlen/Metzler-Müller*, BGB AT, Rn. 40.
[45] Vgl. oben Rn. 4 (»Spezialitätsgrundsatz«).
[46] *Prütting*, Rn. 307.
[47] *Prütting*, Rn. 307 f.

48   Mit diesem Wissen können Sie folgendes Problem[48] lösen:

> **Übungsfall 4**
>
> Der Käufer K lässt an seiner Armbanduhr der Marke Rolex durch einen Juwelier eine Brillant-Lünette und ein brillantbesetztes Ziffernblatt anbringen. Als die Uhr an das Unternehmen Rolex zwecks Reparatur geschickt wird, verweigert dieses die Herausgabe, solange die Veränderungen nicht auf Kosten des K entfernt werden.
>
> Welchen Anspruch hat K gegen das Unternehmen Rolex?

- Versetzen Sie sich in die Lage des K und überlegen Sie, was er vom Unternehmen Rolex verlangen wird!
▶ K möchte die Uhr wieder bekommen. Er wird also Herausgabe der Uhr verlangen.
- Nach welcher Vorschrift könnte K einen Herausgabeanspruch haben?
▶ K könnte gegen das Unternehmen Rolex einen Herausgabeanspruch nach § 985[49] haben (lesen!).

Ein Anspruch gem. § 985 ist gegeben, wenn K insbesondere Eigentümer der Uhr ist. Ihm steht nach § 903 S. 1 das Recht zu, mit seiner Sache nach Belieben zu verfahren. Das Rolex-Unternehmen muss also die vorgenommenen Veränderungen und damit eine mögliche Beeinträchtigung seines Markennamens hinnehmen. K ist weiterhin Eigentümer der Rolex und kann folglich seinen Herausgabeanspruch gem. § 985 gegenüber dem Unternehmen geltend machen.

Aus § 903 S. 1 ergibt sich durch die Formulierung »soweit nicht das Gesetz oder Rechte Dritter entgegenstehen«, dass das Eigentum kein schrankenloses Recht ist. Wir wollen uns deshalb die wichtigsten Beschränkungen vor Augen führen, um das Wesen des Eigentums besser zu verstehen:

1. Privatrechtliche Schranken des Eigentums

49   § 905 S. 1 verneint grundsätzlich räumliche Schranken für das Eigentum an einem Grundstück, da dem Eigentümer ein Recht auf den Raum über der Oberfläche und auf den Erdkörper unter ihr gewährt wird.

- Lesen Sie § 905 S. 2 und überlegen Sie, welche Einwirkungen der Eigentümer zu dulden hat. (Nennen Sie Beispiele!)
▶ Elektrische Leitungen über seinem Grundstück, Viadukte für Bahn oder Straße, Tunnelbauten, sofern nicht die Gefahr einer Senkung der Oberfläche besteht.[50]

Zudem ist die Ausübung des Eigentums durch das sog. Schikaneverbot eingeschränkt (§ 226 lesen!).

50   Nach § 904 darf der Eigentümer die Einwirkung eines anderen auf seine Sache nicht verbieten, wenn die Einwirkung zur Abwendung einer gegenwärtigen Gefahr notwendig und der drohende Schaden (der abgewendet werden soll und ohne die Ein-

---

48 Nach BGH NJW 1995, 1759.
49 Ausführlich zu § 985 unten Rn. 68 ff.
50 *Prütting*, Rn. 310.

wirkung eintreten würde) gegenüber dem Schaden, der aus der Einwirkung dem Eigentümer erwächst, unverhältnismäßig groß wäre. Zum sog. Notstand folgender

> **Übungsfall 5**
>
> Briefträger Toni (T) muss die Post dem Bauern B, der einen abgelegenen Bauernhof bewohnt, zustellen. Auf dem Weg dorthin greift ihn plötzlich der Hund des H an. Um die Hose und seine Gesundheit zu retten, bricht T eine Latte aus dem, dem B gehörenden, Gartenzaun und schlägt auf den Hund des H ein. H verlangt von T Schadensersatz wegen der Verletzung seines Hundes, B möchte Ersatz für seinen beschädigten Zaun. Zu Recht?

Bevor wir den Fall lösen, wollen wir zunächst die §§ 904 und 228, die den **Notstand** regeln, lesen.

- Vergleichen Sie beide Vorschriften! Worin liegt der Unterschied? (Erst die beiden Vorschriften genau prüfen, überlegen und dann die Antwort lesen!)
▶ Im Rahmen des § 228 muss die Gefahr von der *Sache selbst* drohen, auf die man einwirkt.
Bei § 904 braucht keine Gefahr von der Sache her zu drohen. Man benutzt eine fremde Sache, um die *von anderer Seite* her drohende Gefahr abzuwenden.
- Ist ein Schadensersatzanspruch des H gegen T gegeben? (Bitte kurz gutachtlich auf einem Konzeptzettel prüfen, bevor Sie weiterlesen!)
▶ H könnte von T Schadensersatz wegen Eigentumsverletzung gem. § 823 I verlangen.
Dadurch, dass T auf den Hund des H eingeschlagen hat, hat er ursächlich und vorsätzlich dessen Eigentum[51] verletzt. Die Tatbestandsmäßigkeit der Handlung ist somit gegeben. Fraglich ist, ob die Handlung widerrechtlich war. Dies ist nicht der Fall. Die Verletzung des Hundes war gem. § 228 S. 1 gerechtfertigt, da von dem Tier eine Gefahr ausging, die nicht anders abzuwenden war. Den T träfe nur dann eine Ersatzpflicht gem. § 228 S. 2, wenn er z.B. das Tier gereizt und dadurch die Gefahr verschuldet hätte. Damit handelte T nicht widerrechtlich. H hat also keinen Schadensersatzanspruch gem. § 823 I gegen T.
- Zwischenfrage: Wie nennt man den in § 228 geregelten Notstand?
▶ Antwort: § 228 regelt den sog. *defensiven* Notstand.[52]
- Ist das Beschädigen des Gartenzauns ebenfalls nach dieser Vorschrift gerechtfertigt?
▶ Da vom Zaun des B keine Gefahr ausging, ist das Abbrechen der Latte nicht nach § 228 sondern als *aggressiver* Notstand nach § 904 S. 1 gerechtfertigt.

B war zur Duldung verpflichtet. Die dem handelnden T drohende Gefahr (evtl. erhebliche Körperverletzung) war unverhältnismäßig groß gegenüber der Beschädigung des Gartenzauns. Deshalb war das Handeln des T rechtmäßig. Er muss aber den dem B entstandenen Vermögensschaden gem. § 904 S. 2 ersetzen.

Eigentumsbeschränkungen stellen – wie bereits oben angedeutet – auch Rechte an fremden Sachen dar, wie z.B. an Grundstücken Dienstbarkeiten, Nießbrauch, Vorkaufsrechte, Reallasten, Hypotheken, Grund- und Rentenschulden; an beweglichen

---

51 Tiere sind zwar keine Sachen, aber grundsätzlich wie solche zu behandeln, § 90a S. 1, 3, s. *Wörlen/Metzler-Müller*, BGB AT, Rn. 40 mit Fn. 47.
52 S. *Wörlen/Metzler-Müller*, SchR BT, Rn. 393.

Sachen Nießbrauch und Pfandrecht. Es handelt sich hierbei um echte Einschränkungen des Eigentumsinhalts.[53] Einschränkungen unter privatrechtlichen Gesichtspunkten ergeben sich auch aus dem Nachbarrecht.[54]

2. Öffentlich-rechtliche Schranken des Eigentums

54 Die **Enteignung** stellt den stärksten Eingriff in das Eigentum dar: Dadurch wird das Eigentum entzogen. Nach Art. 14 III GG ist eine Enteignung nur zum Wohl der Allgemeinheit zulässig; sie muss entweder unmittelbar durch Gesetz oder aufgrund eines Gesetzes durch Verwaltungsakt vorgenommen werden.[55] Das entsprechende Gesetz muss Art und Maß der Entschädigung regeln (sog. Junktim[56] zwischen Enteignung und Entschädigung).

Von einem enteignungsgleichen Eingriff spricht man, wenn ein Eingriff ins Eigentum ohne gesetzliche Grundlage erfolgt. Dieser hat nach ständiger Rechtsprechung zum Enteignungsrecht ebenfalls eine Entschädigung zur Folge, falls er nicht durch Rechtsmittel abgewendet werden konnte.[57]

Gesetzliche Eigentumsbeschränkungen stützen sich auf Art. 14 I 2 GG. Sie betreffen häufig den rechtsgeschäftlichen Verkehr, indem sie Genehmigungspflichten begründen oder den Eigentümer zu einem Dulden, Unterlassen oder auch zu einem Handeln zwingen – wie z.B. im BauGB, FlurbG und BImSchG.[58]

---

53 Näheres hierzu im 7. Kap. (Rn. 312 ff.) und 8. Kap. (Rn. 312 ff.).
54 Hierzu Rn. 162 ff.
55 Ausführlich hierzu einschließlich der geschichtlichen Entwicklung: *Prütting*, Rn. 315–321.
56 »Iunctim« (lat.) = vereinigt. Unter **Junktimklausel** versteht man die Bestimmung einer Rechtsnorm, dass eine im Rang unter ihr stehende Rechtsvorschrift eine bestimmte Regelung nur in Verbindung mit einer anderen Regelung treffen darf. **Beispiel: Art. 14 III 2 GG**, wonach eine Enteignung nur durch Gesetz oder aufgrund eines Gesetzes zulässig ist, das Art und Ausmaß der Entschädigung regelt.
57 *Westermann*, § 28 IV, 1.
58 *Prütting*, Rn. 321.

Übersicht 4

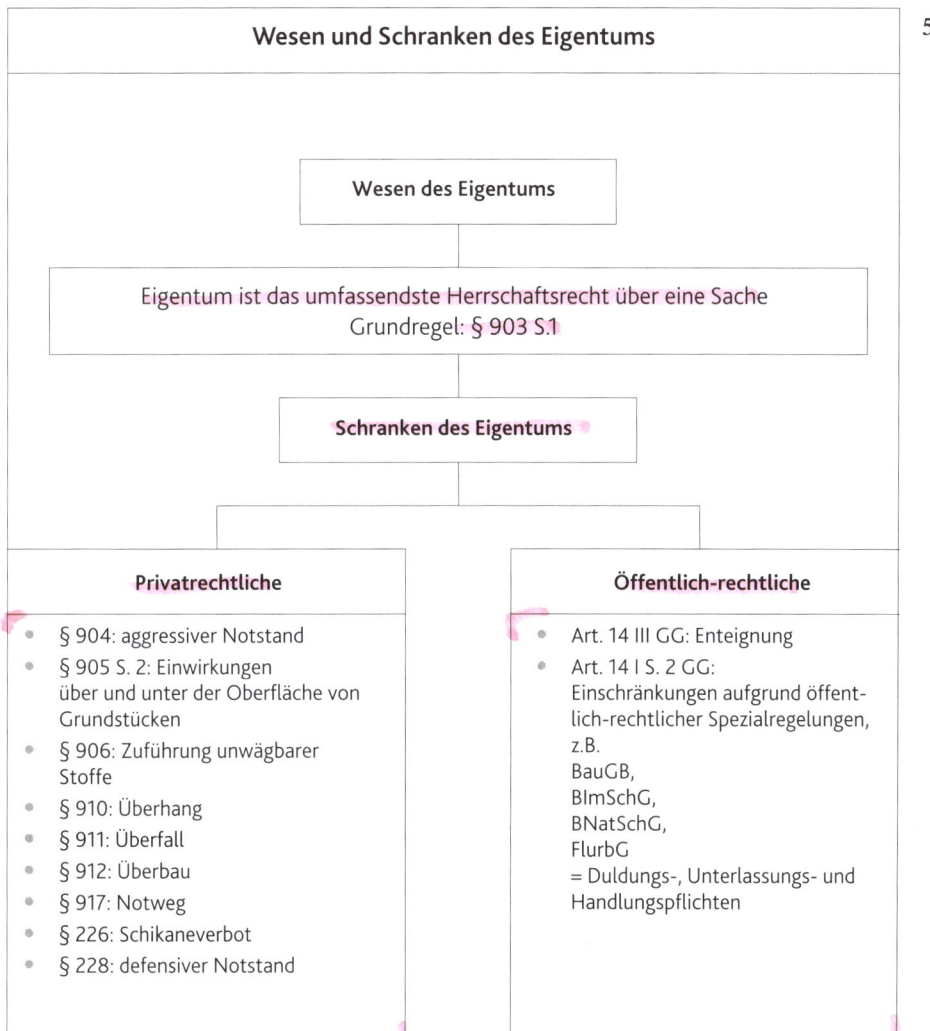

II. Mehrheit von Eigentümern

Meist steht das subjektive Eigentumsrecht einem einzigen Berechtigten zu; man bezeichnet dies als *Alleineigentum*. Das Eigentum an einer Sache kann allerdings auch mehreren Berechtigten zugewiesen sein, und zwar in der Form des *Miteigentums* nach Bruchteilen oder als *Gesamthandseigentum*.

1. Miteigentum nach Bruchteilen

Bei dieser Sonderform des Eigentums steht das Eigentum an einer Sache zwei oder mehreren Personen zu. Jedem Miteigentümer ist ein ziffernmäßig bestimmter Anteil am Eigentum zugewiesen (sog. *ideeller Bruchteil*). Es handelt sich um einen Anwendungsfall der Gemeinschaft nach Bruchteilen i.S.d. §§ 741 ff. Zusätzlich gelten die Vorschriften der §§ 1008 ff., die v.a. das Miteigentum an Grundstücken regeln. Zwischen dem Miteigentum nach Bruchteilen und dem Alleineigentum bestehen – bis auf den durch die Quote geregelten Umfang – keine wesentlichen Unterschiede.[59]

58 Miteigentum kann zum einen *kraft Gesetzes* entstehen. Beispiele hierfür sind die Verbindung nach § 947 I, die Vermischung und Vermengung (§ 948)[60] sowie »Grenzbäume« (§ 923) – Vorschriften lesen!

Der in der Praxis häufiger vorkommende Fall ist der, dass Miteigentum durch *rechtsgeschäftlichen* Erwerb begründet wird.

- ■ Wenn Sie an die »Zweisamkeit« von Personen denken, fällt Ihnen bestimmt ein Beispiel hierfür ein!
- ▶ Durch rechtsgeschäftlichen Erwerb entsteht Miteigentum, wenn ein im gesetzlichen Güterstand oder in Gütertrennung lebendes Ehepaar bzw. in eheähnlicher Gemeinschaft lebende Personen gemeinsam ein Grundstück erwerben. In diesem Fall sind sie z.B. Miteigentümer des Grundstücks mit je ½ Anteil.

Zur Verdeutlichung der Rechte und Pflichten der Miteigentümer lösen wir

Übungsfall 6

Die Oldtimerfans A, B, C und D erwerben gemeinsam einen Morris Minor. In der Freizeit benutzen sie den Wagen wochenweise – entsprechend einer getroffenen Vereinbarung – abwechselnd.

A, der das Auto vereinbarungsgemäß in jeder ersten Woche im Monat nutzen durfte, hat nach einigen Wochen keine Freude mehr an dem Pkw und will »aussteigen«. Geht das?

59 Lassen Sie uns zunächst überlegen, um welchen Zusammenschluss es sich hier handelt!

- ■ Besteht zwischen A, B, C und D evtl. eine **Gesellschaft bürgerlichen Rechts** (GbR) i.S.d. § 705 (lesen!)? Was ist hierfür außer einem Gesellschaftsvertrag Voraussetzung?
- ▶ § 705 setzt zudem voraus, dass diese vier Personen einen *gemeinsamen* Zweck erreichen wollen.
- ■ Stellt die gemeinschaftliche Nutzung des Pkw einen solchen Zweck dar?
- ▶ Die bloße gleichartige Beteiligung an dem Gegenstand ohne verabredete Förderung (z.B. durch Beiträge) eines weiteren gemeinsamen Zwecks genügt hierfür nicht.[61]

60 Es handelt sich somit bei den Oldtimerfans um eine bloße **Gemeinschaft nach Bruchteilen** (§§ 741 ff.), nicht jedoch um eine GbR. A, B, C und D sind also *Miteigentümer* des Morris zu je ¼ geworden (vgl. § 742).

- ■ Sofern der Wagen in die Werkstatt zur Inspektion muss, ist zu fragen, wer in welcher Höhe die entsprechenden Kosten zu tragen hat.

---

59 *Wolf/Wellenhofer*, § 3 Rn. 19 f.; BGHZ 35, 365, 368.
60 **Miteigentum nach Bruchteilen an beweglichen Sachen kommt vor allem bei Wertpapierbeständen in Betracht** (vgl. §§ 6 ff. Depotgesetz). Ansonsten ist dessen Bedeutung bei Mobilien gering, da es sich fast immer um einen schnell vorübergehenden Zustand handelt.
61 Palandt/*Sprau*, § 705 Rn. 3; s. allgemein zur GbR *Wörlen*, HR, Rn. 149 ff.

- Da nach § 748 jeder Teilhaber den anderen gegenüber verpflichtet ist, die Kosten der Erhaltung nach dem Verhältnisse seines Anteils zu tragen, haben A, B, C und D jeweils einen Betrag in Höhe von ¼ der Werkstattrechnung zu finanzieren.
- Kann A, der nicht mehr an der Wagennutzung teilhaben will, ohne die Zustimmung der anderen »aussteigen«, d.h., juristisch ausgedrückt, über seinen Anteil verfügen? Suchen Sie die entsprechende Vorschrift!
- Wenn Sie die Überschriften der §§ 741 ff. überflogen haben, werden Sie die Vorschrift gefunden haben, die in Fußnote[62] genannt ist.

Danach kann also jeder Teilhaber der Bruchteilsgemeinschaft über seinen Anteil verfügen.

- In welcher Form hat diese Verfügung zu erfolgen?
- Die Verfügung erfolgt in der Form, die für das Alleineigentum vorgeschrieben ist, also nach § 929 S. 1.

A könnte z.B. seinen Anteil an B übertragen, der dann zu ½ Eigentümer des Oldtimers würde. Da nach der Regelung der §§ 743 II, 745 III 2 jedem Miteigentümer ein seinem Anteil entsprechender Mitgebrauch an der Sache zusteht, kann B nunmehr für insgesamt zwei Wochen den Oldtimer benutzen.

- Gehen Sie davon aus, dass A seinen Miteigentumsanteil an E übereignet hat. Dieser möchte den Wagen allerdings immer Mitte des Monats fahren. Ist er an die von A, B, C und D getroffene Vereinbarung gebunden? (Lesen Sie im Gesetz nach, bevor Sie hier weiterlesen!)
- Da die vier ursprünglichen Miteigentümer durch eine entsprechende Vereinbarung die Verwaltung und Benutzung des Wagens geregelt haben (vgl. § 745 II), muss der Sonderrechtsnachfolger E gem. § 746 diese Bestimmung akzeptieren.[63]
- Könnte A auch eine Aufhebung der Gemeinschaft verlangen?
- A kann als Teilhaber jederzeit die Aufhebung der Gemeinschaft verlangen (vgl. § 749 I, den Sie sicher selbst schon gefunden hatten?).

Bei dem Oldtimer kommt eine Teilung in Natur (vgl. § 752) allerdings nicht in Betracht. Deshalb müsste der Pkw nach den Vorschriften über den Pfandverkauf (§§ 1233 ff.) veräußert und der Erlös unter den vier Oldtimerfans aufgeteilt werden (vgl. § 753 I 1).

2. Gesamthandseigentum

Wesentlich anders ist die Regelung des Eigentums zur gesamten Hand. Für diese Eigentumsart ist die Zugehörigkeit der Sache zu einer gesamthänderisch gebundenen Vermögensmasse kennzeichnend. Ein Gesamthandseigentum besteht nur in den gesetzlich angeordneten Fällen. Davon könnten Ihnen § 54 (nicht rechtsfähiger Verein) und §§ 705 ff. (GbR[64]) bereits bekannt sein.

Weitere Fälle sind: Die eheliche Gütergemeinschaft (§§ 1415 ff.), die fortgesetzte Gütergemeinschaft (§§ 1485 ff.) und die Miterbengemeinschaft (§§ 2032 ff.). Die han-

---

62 § 747 S. 1.
63 Bei Grundstücken ist eine zwischen den Miteigentümern geschlossene Vereinbarung nur verbindlich, wenn sie im Grundbuch eingetragen ist (vgl. § 1010 I).
64 Ausführlicher zum Gesamthandseigentum der GbR: *Wörlen*, HR, Rn. 158 ff.

delsrechtlichen Personengesellschaften OHG (§§ 105 ff. HGB) und KG (§§ 161 ff. HGB) sind ebenfalls Gesamthandsgemeinschaften. Neue und andere als die genannten Formen können nicht *rechtsgeschäftlich* geschaffen werden.

63 An jedem einzelnen im Gesamthandsvermögen befindlichen Gegenstand sind die Gesamthänder beteiligt. Gleichzeitig sind sie aber auch Inhaber des Gesamthandsvermögens selbst. Die gesamthänderische Bindung (exemplarisch § 719 I und § 2033 II lesen) bedeutet, dass ein Mitglied einer Gesamthandsgemeinschaft nicht über seinen Anteil an den einzelnen zum Gesamthandsvermögen gehörenden Gegenständen verfügen kann.

- Was ist der wesentliche Unterschied von Gesamthandseigentum und Miteigentum nach Bruchteilen hinsichtlich der Beteiligung am gemeinschaftlichen Vermögen?
- ▶ Der wesentliche Unterschied besteht darin, dass sich die Beteiligung des Gesamthänders an dem einzelnen Vermögensgegenstand nicht als quotenmäßig bestimmter Anteil darstellt.

Der Gesamthänder ist also Inhaber des ganzen Rechts, allerdings (wie Sie am Beispiel von § 719 I und § 2033 II gesehen haben) in der Ausübung seiner Herrschaftsmacht durch das Recht der anderen Teilhaber, das sich ebenfalls auf den ganzen Gegenstand richtet, eingeschränkt. Über einzelne Vermögensgegenstände können die Gesamthänder nur gemeinsam verfügen (z.B. hierfür § 2040 I lesen!).

64 Zur Vertiefung lösen wir folgenden

> **Übungsfall 7**
>
> Die Schwestern Dora und Emma haben ihren Großonkel beerbt. Der Nachlass besteht im Wesentlichen aus einem Hausgrundstück. Emma hat kein Interesse an der Immobilie und möchte ihren Anteil »versilbern«. Wie geht das?

- Überlegen Sie zunächst, um welche Eigentumsgemeinschaft es sich bei den Schwestern handelt!
- ▶ Die beiden sind als Erbengemeinschaft i.S.d. § 2032 eine Gesamthandsgemeinschaft.
- Kann Emma über ihren Anteil an dem Hausgrundstück verfügen?
- ▶ Nach § 2033 kann die Miterbin nicht über ihren Anteil am Hausgrundstück, wohl aber über ihren Anteil am gesamten Nachlass verfügen.

Die Miterbin könnte also ihre gesamte ererbte vermögensrechtliche Stellung durch notariellen Vertrag auf einen anderen übertragen.

65
- Überfliegen Sie die Vorschriften der §§ 2032 ff. und suchen Sie eine (praktische) Möglichkeit, wie die Schwestern ihr Erbe insbesondere am Hausgrundstück aufteilen können!
- ▶ In Betracht kommt zunächst die gemeinsame Veräußerung des Grundstücks (§ 2040 I).

Wenn die Miterben keine Einigung über die Aufteilung des Erbes erzielen, kann jeder Miterbe von dem anderen die Auseinandersetzung nach den gesetzlichen Regeln verlangen (§§ 2042 I und II, 752, 753), d.h. das Grundstück ist im Wege der Versteigerung zu verwerten (§ 753 I 1).

Das BGB kennt keine sonstigen Formen der Mehrheit von Eigentümern. Das Treuhandeigentum ist keine besondere Form der Mehrheit von Eigentümern, sondern ein Anwendungsfall der »fiduziarischen⁶⁵ Rechtsstellung«.⁶⁶ Der Treuhandeigentümer ist also Alleineigentümer. Dem Treugeber gegenüber hat er die schuldrechtliche Verpflichtung, von dem Treuhandeigentum nur zu bestimmten Zwecken Gebrauch zu machen.⁶⁷

66

Übersicht 5

67

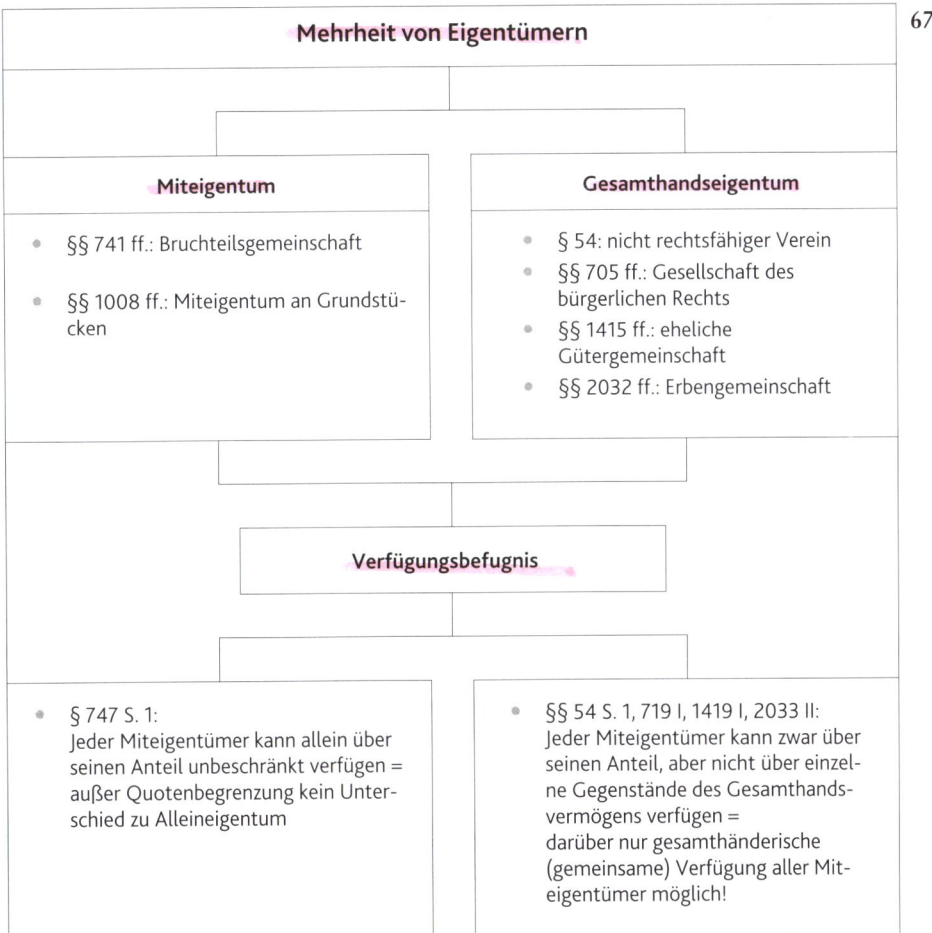

III. Herausgabeanspruch des Eigentümers

Die Befugnis des Eigentümers, mit der Sache nach Belieben zu verfahren (§ 903 S. 1), umfasst auch das Recht auf deren Besitz. Sofern dem Eigentümer der Besitz entzogen

68

---

65 Fiduziarisch = treuhänderisch.
66 So *Westermann*, § 29 I 3, s. auch *Wolf/Wellenhofer*, § 3 Rn. 22–25.
67 *Wolf/Wellenhofer*, § 3 Rn. 22.

ist, muss die Rechtsordnung dafür Sorge tragen, dass er wieder in den Besitz seiner Sache gelangt.

- Wissen Sie, welche Vorschrift dem Eigentümer einen Anspruch auf Herausgabe der Sache gegen den unrechtmäßigen Besitzer gibt? Wir hatten die Vorschrift bereits erwähnt!
- ▶ Ein Herausgabeanspruch gegen den unrechtmäßigen Besitzer ergibt sich aus der in Fußnote[68] genannten Vorschrift!

Im Gegensatz zu den *possessorischen*[69] Ansprüchen, die *aus dem Besitz* an der Sache entstehen und deshalb nur ein vorläufiges Recht schaffen können[70], erwächst der Herausgabeanspruch gem. § 985 aus einem *Recht zum Besitz*. Er bewirkt deshalb eine endgültige Besitzordnung und zählt zu den *petitorischen*[71] Ansprüchen. Der Anspruch aus § 985 wird auch als »dinglicher Herausgabeanspruch« bezeichnet.[72]

- Nach § 985 kann der Eigentümer »die Herausgabe der Sache verlangen«. Was ist unter »*Sache*« zu verstehen?
- ▶ Sachen sind nur körperliche Gegenstände (§ 90). Man unterscheidet (u.a.) bewegliche und unbewegliche Sachen (Grundstücke).[73]

Der Anspruch gem. § 985 besteht sowohl bei beweglichen als auch unbeweglichen Sachen. Bei Grundstücken ist der Anspruch auf Räumung gerichtet.[74] Der Grundstückseigentümer hat zusätzlich zu § 985 einen Grundbuchberichtigungsanspruch nach § 894, auf den wir später[75] noch näher eingehen.

Da das Eigentum ein dingliches, *absolutes* Recht ist, steht der Herausgabeanspruch nicht nur gegen einen einzelnen bestimmten Anspruchsgegner zu (wie bei den Schuldverhältnissen, relatives Recht), sondern gegen *jeden*, der in das Eigentum eingreift. Unabhängig davon, ob zwischen dem Eigentümer und ihm irgendein Vertragsverhältnis besteht.

1. Voraussetzungen des Herausgabeanspruchs

Prüfungsschema § 985

(1) Anspruchssteller ist **Eigentümer**
(2) Anspruchsgegner ist **Besitzer**
(3) Anspruchsgegner hat **kein Recht zum Besitz** § 986 BGB

a) Anspruchsberechtigt ist der **Eigentümer** der Sache im Zeitpunkt des Herausgabeverlangens.

- Wie kann der Eigentümer das Eigentum erlangt haben?

---

68 § 985!
69 Vom lat. possessio (Besitz) abgeleitet = den Besitz betreffend.
70 S.o. Rn. 31 ff.
71 Lat.: petitio = gerichtlicher Anspruch, Klage; hier: Ansprüche auf ein Besitzrecht.
72 Ausführlich hierzu: *Westermann*, § 30.
73 Näher dazu *Wörlen/Metzler-Müller*, BGB AT, Rn. 86 ff.
74 *Prütting*, Rn. 513 und 519.
75 Unten Rn. 235 f.

▶ Das Eigentum kann durch Rechtsgeschäft (§§ 929 ff.), durch Ersitzung (§§ 937 ff.), durch Verbindung, Vermischung, Verarbeitung (§§ 946 ff.), durch Aneignung (§§ 958 ff.) oder durch Gesamtrechtsnachfolge (z.B. Erbfolge) bzw. Hoheitsakt (z.B. Enteignung) erworben worden sein.[76]

Hinweis: Schreiben Sie sich in Ihrem Gesetzestext in § 985 über das Wort »Eigentümer«: §§ 929 ff. – Diese Paragrafen sind allerdings nur zu erörtern, wenn im Sachverhalt Anhaltspunkte dafür vorliegen, dass der Eigentümer einer Sache das Eigentum einem anderen (ggf. dem Besitzer) übertragen hat. Dann ist im Gutachten eine chronologische Prüfung empfehlenswert!

b) Anspruchsgegner ist der unmittelbare oder mittelbare **Besitzer** oder der Mitbesitzer.

Die Erfüllung des Herausgabeanspruchs gegen den *unmittelbaren* Besitzer hat zur Folge, dass die Sache dem Eigentümer übergeben wird, also ein Wechsel in der Person des unmittelbaren Besitzers eintritt. Der gegen den *mittelbaren* Besitzer gerichtete Herausgabeanspruch hat zum Inhalt, dass der mittelbare Besitzer seinen Herausgabeanspruch gegen den Besitzmittler an den Eigentümer abtritt.

c) Der Anspruchsgegner darf aber **kein Recht zum Besitz** haben. Nur der *unrechtmäßige* Besitzer ist zur Herausgabe verpflichtet. Das ergibt sich aus § 986 (lesen!).

Nach dieser Vorschrift kann also derjenige, der ein Recht zum Besitz hat, die Herausgabe der Sache verweigern. Das Besitzrecht muss gegenüber dem Eigentümer bestehen.

Näheres dazu vermittelt die Lösung unseres nächsten Übungsfalls.

70

Übungsfall 8

Hausverwalter H vermietet zwei Räume im Haus des Hauseigentümers E an B, mit dem er auch einen Mietvertrag schließt. E nutzte diese Räume zwar seit geraumer Zeit nicht, hatte es aber H nicht gestattet, diese zu vermieten. Nun beschließt E, die zwei Zimmer wieder selbst zu nutzen und verlangt von B deren Herausgabe. Zu Recht?

■ Dass hier als Anspruchsgrundlage § 985 zu prüfen ist, wissen Sie inzwischen. Was setzt der Herausgabeanspruch nach § 985 im vorliegenden Fall voraus?
▶ E müsste Eigentümer der Räume und B deren Besitzer ohne Recht zum Besitz sein.
■ Sind die Voraussetzungen gegeben?
▶ E ist nach wie vor Eigentümer des Hauses. Da B die zwei Zimmer nutzt, hat er die tatsächliche Sachherrschaft inne (vgl. § 854) und ist deshalb unmittelbarer Besitzer. Folglich liegen die Voraussetzungen für den Anspruch nach § 985 vor.
■ Was könnte B dem Herausgabeanspruch entgegenhalten?
▶ Ein **Recht zum Besitz** i.S.d. § 986 I 1, da B hinsichtlich der Räume einen Mietvertrag gem. § 535 abgeschlossen hat.
■ Wirkt dieser Mietvertrag auch gegenüber E?
▶ Den Mietvertrag hat H mit B abgeschlossen. Insofern bindet der Vertrag nur diese beiden Parteien und enthält kein Besitzrecht gegenüber E.

---

76 Vgl. zum Eigentumserwerb ausführlich Rn. 102 ff.

71 Somit steht dem B im Verhältnis zu E kein Recht zum Besitz zu. Er kann die Herausgabe nicht verweigern, sondern muss die Räume an E herausgeben.

Besitzrechte können aufgrund vertraglicher Vereinbarung (z.B. Mietvertrag, Leihvertrag, Pachtvertrag) und auch kraft öffentlichen Rechts[77] gegenüber dem Eigentümer bestehen. Ferner kann sich die Besitzberechtigung aus einer dinglichen Rechtsposition (z.B. Nießbrauch, Pfandrecht an beweglichen Sachen oder Dauerwohnrecht) ergeben. Umstritten ist, ob auch ein Zurückbehaltungsrecht nach § 273 oder § 1000 ein Besitzrecht i.S.d. § 986 begründet.[78]

2. Eigentumsvermutung gem. § 1006

72 Für die beweglichen Sachen wird, wie eingangs erwähnt, in § 1006 die *widerlegbare Vermutung* für das Eigentum des Besitzers aufgestellt. Diese Regelung ist dahingehend zu verstehen, dass die in Abs. 1 und 2 genannten Besitzer bei Erwerb dieses Besitzes Eigenbesitz begründet haben, hierbei unbedingtes Eigentum erworben und es während der Besitzzeit behalten haben. Die für Grundstücke vergleichbare Regelung finden wir in § 891.

§ 1006 dürfen Sie aber nur anwenden, wenn die Eigentumslage *ungeklärt* ist und auch nicht mit Hilfe von Beweismitteln geklärt werden kann. Dem Besitzer, dessen Eigentumsrecht bestritten wird, bleibt aufgrund dieser Vorschrift der Nachweis eines rechtswirksamen Erwerbs erspart. Hierzu

> **Übungsfall 9**
>
> V hat dem K einen Personalcomputer gegen Barzahlung verkauft. Bei Lieferung des Geräts bekundet K, die Rechnung unverzüglich zu begleichen. Da K trotz mehrerer Mahnungen nicht zahlt, behauptet V, den Computer habe er dem K unter Eigentumsvorbehalt geliefert – was K bestreitet. Aufgrund der sich widersprechenden Aussagen von K und V kann nicht geklärt werden, ob die Behauptung des V zutreffend ist.

Kann V von K, der nach wie vor den Rechnungsbetrag nicht zahlt, den Computer herausverlangen?

73 Wie Sie bereits gelernt haben, ist Voraussetzung des hier einschlägigen Herausgabeanspruchs gem. § 985, dass V der Eigentümer und K der Besitzer des Computers ohne Recht zum Besitz i.S.d. § 986 ist.

Da K die tatsächliche Sachherrschaft über den PC innehat, ist er unmittelbarer **Besitzer** (§ 854 I). Fraglich ist allerdings, ob V noch **Eigentümer** des Geräts ist.

- Könnte die *Eigentumsvermutung* des *§ 1006 I* zugunsten des K eingreifen?
▶ Da K von V gem. § 854 I den unmittelbaren Besitz erhalten hat, wird gem. § 1006 I zugunsten des K vermutet, dass er Eigenbesitz begründet und somit auch das Eigentum erworben hat.
- Kann V diese Vermutung *widerlegen*?

---

[77] So z.B. das Besitzrecht der Polizeibehörde aufgrund eines öffentlichen Rechtsverhältnisses, wenn die Behörde den verkehrswidrig abgestellten Pkw eines Bürgers abschleppen lässt. S. hierzu BGH NJW 1977, 628 f.; BVerwG NJW 1993, 1258 f.
[78] Zu diesem Spezialproblem bei Interesse: *Baur/Stürner*, § 11 Rn. 26a; *Wolf/Wellenhofer*, § 21 Rn. 28 m.w.N.

- Dies wäre der Fall, wenn V einen vereinbarten Eigentumsvorbehalt nachweisen könnte. Da er aber dem K den Computer übergab, ohne den Kaufpreis erhalten zu haben und auch bei der Besitzübertragung keine Vorbehalte hinsichtlich der Eigentumsverschaffung machte, ist eine Widerlegung der in § 1006 I geregelten Vermutung nicht möglich.
- Ergebnis unseres Falles?
- Erst nachdenken, dann Fußnote[79] lesen!

> **Abwandlung von Übungsfall 9**
>
> Gehen Sie davon aus, dass K und V zwei befreundete Kommilitonen sind. K hat von V den Computer erhalten und nutzt ihn nunmehr seit drei Monaten zur Anfertigung seiner Bachelorarbeit. Als V das Gerät mit der Begründung herausverlangt, er habe es K nur geliehen, entgegnet K, V habe ihm das Gerät geschenkt.

Ob der Personalcomputer zwecks Schenkung oder Leihe übergeben wurde, kann im Nachhinein nicht geklärt werden.

- Greift zugunsten des K die Vermutungsregel des *§ 1006 I* ein?
- Da K unmittelbarer Besitzer des Computers ist, besteht nach § 1006 I die Vermutung, dass er mit der Besitzbegründung Eigenbesitz erlangt hat und aufgrund dieser Eigenbesitzbegründung Eigentümer wurde.

74

Solange V diese Vermutung nicht *widerlegen* kann, wird zugunsten des K der Fortbestand des Eigentums angenommen, sodass eine Herausgabeklage des V nach § 985 ohne Erfolg wäre.

Zum Nachweis seines Eigentums kann sich der Eigentümer der gesetzlichen Vermutung des § 1006 II und III[80] (Vorschriften lesen!) bedienen. Zuvor muss er allerdings die zugunsten des jetzigen Besitzers sprechende Eigentumsvermutung des § 1006 I widerlegt haben.

3. Abwicklung des Herausgabeanspruchs

Die Pflicht zur Herausgabe obliegt dem Besitzer, solange er den Besitz innehat. Verliert er diesen oder überträgt er ihn auf andere, kann der Anspruch nach § 985 nicht mehr gegen ihn geltend gemacht werden. Evtl. kommen dann Ansprüche gem. §§ 987 ff. bzw. §§ 812 ff., 816 I 1, 951 in Betracht.[81] Dies gilt auch für Geld (Münzen, Banknoten), sofern sich dessen rechtliche Erscheinungsform – durch Wechseln, Einzahlung aufs Konto – ändert.[82]

75

Die Herausgabepflicht nach § 985 ist eine Holschuld, d.h., der Besitzer muss die Sache zur Abholung bereitstellen und die erforderlichen Kosten tragen.[83] Die Kosten der Abholung vom Herausgabeort trägt der Eigentümer.[84]

---

79 **V kann von K den Computer nicht nach § 985 herausverlangen!**
80 Beim Eigentum an beweglichen Sachen; bei Grundstücken gilt die gesetzliche Vermutung des § 891.
81 Vgl. *Wolf/Wellenhofer*, § 21 Rn. 17.
82 So die h.M., s. Palandt/*Bassenge*, § 985 Rn. 8 sowie *Westermann*, § 30 V.
83 BGH NJW 1988, 3264.

Nach § 197 I Nr. 1 verjährt der Eigentumsherausgabeanspruch nach 30 Jahren. Die Verjährung hat jedoch nicht den Verlust des Eigentums zum Inhalt, sondern gibt dem Besitzer nur die Einrede der Verjährung, also ein Leistungsverweigerungsrecht gem. § 214 I. Dieses muss vom Beklagten geltend gemacht werden und wird im Gerichtsprozess nicht von Amts wegen berücksichtigt.[85] Ein dauerhaftes Auseinanderfallen zwischen Eigentum und Besitz ist somit möglich.

4. Konkurrenzen

76 Eine echte Anspruchskonkurrenz[86] des § 985 besteht zu den dinglichen Herausgabeansprüchen des Besitzers nach §§ 861 I und 1007 I und II. Eine Herausgabe kann also aufgrund dieser drei Anspruchsgrundlagen gerechtfertigt sein. Ebenfalls ist eine Konkurrenz zu Herausgabeansprüchen gem. §§ 812 ff. und Schadensersatzansprüchen nach §§ 823 ff. möglich. Hierzu folgender

> **Übungsfall 10**
>
> Dem Eigentümer E wird vom Dieb D die Rolex (siehe Fall 4) gestohlen. Bei einer Hausdurchsuchung entdeckt die Polizei das wertvolle Stück bei D.
>
> E verlangt von D seine Rolex heraus.

- Wenn Sie die vorhergehenden Ausführungen gelesen haben, können Sie die Frage nach den gegebenen **dinglichen** Ansprüchen des E beantworten! Welche Ansprüche kommen in Betracht?
- ▸ E kann die Herausgabe der Uhr nach § 861 I, § 1007 I sowie § 985 verlangen.

77
- Kommt auch ein Anspruch aus **ungerechtfertigter Bereicherung** in Betracht?
- ▸ Ein bereicherungsrechtlicher Anspruch ist nach § 812 I 1 Var. 2 (sog. Eingriffskondiktion[87]) gegeben.

E kann seinen Herausgabeanspruch auf alle vorgenannten Anspruchsgrundlagen stützen.

- Und wie steht es mit Ansprüchen aus **unerlaubter Handlung**?
- ▸ Durch den Diebstahl hat D das Eigentum des V vorsätzlich und rechtswidrig verletzt, sodass E einen Anspruch auf Schadensersatz gem. § 823 I sowie § 823 II i.V.m. § 242 StGB (Diebstahl) – evtl. auch nach § 826 – geltend machen kann.

78 Der Herausgabeanspruch kann sich auch aus einem Vertragsverhältnis ergeben. Nach Beendigung des Vertragsverhältnisses bestehen regelmäßig **vertragliche** Ansprüche auf Herausgabe des Besitzes.

- Nennen Sie mindestens fünf vertragliche Herausgabeansprüche!
- ▸ Auf einem Blatt eintragen und dann Fußnote[88] lesen!

---

84 Palandt/*Bassenge*, § 985 Rn. 10.
85 Näher *Wörlen/Metzler-Müller*, BGB AT, Rn. 359 ff.
86 **Anspruchskonkurrenz** nennt man das **Zusammentreffen mehrerer Ansprüche** aufgrund eines Sachverhalts. Grundsätzlich stehen dabei mehrere Ansprüche unabhängig nebeneinander.
87 Falls nicht mehr gewusst: lesen Sie *Wörlen/Metzler-Müller*, SchR BT, Rn. 361, 365.
88 **Herausgabeansprüche aus Vertrag** sind in § 346 I Var. 1 (vertragliches Rücktrittsrecht), § 546 (Rückgabe der Mietsache), § 604 (Rückgabepflicht beim Leihvertrag), § 667 (Herausgabepflicht des Beauftragten), § 695 (Rückforderungsrecht des Hinterlegers) geregelt.

Umstritten ist, ob § 985 *neben* Rückgabeansprüchen aus einem vertraglichen oder gesetzlichen Schuldverhältnis anwendbar ist oder ob die vertraglichen Herausgabeansprüche den Anspruch aus § 985 *verdrängen* (so die »Lehre vom Vorrang des Vertragsverhältnisses«). Da § 985 sicherstellen will, dass der Eigentümer auf jeden Fall wieder den Besitz erhält, kommt diese Vorschrift nach ganz h.M. auch *neben* vertraglichen Herausgabeansprüchen zur Anwendung.[89] Denn dadurch kann sich der Eigentümer der Eigentumsvermutungen der §§ 891, 1006 bedienen, die für die vertraglichen Ansprüche keine Geltung haben. Außerdem kann er den Besitz von Dritten herausverlangen, was bei vertraglichen Ansprüchen – mit Ausnahme von § 546 II und § 604 IV – nicht möglich ist.[90]

Zu welchen Ergebnissen diese Lehre und die h.M. führt, verdeutlicht folgender

Übungsfall 11

V hat dem K dieses Mal den Personalcomputer (siehe Übungsfall 9) vorsorglich unter Vereinbarung eines Eigentumsvorbehalts übereignet und übergeben. K »bastelt« an einigen Komponenten im PC herum und beschädigt dabei den Arbeitsspeicher. Er gibt – da er dem V keine große Fachkompetenz beimisst – den PC zwecks Reparatur zum Fachmann U. U hält den K für den Eigentümer. Noch bevor U mit dem Testlauf beginnt, tritt V, da K seinen Ratenzahlungspflichten nicht nachgekommen ist, vom Kaufvertrag mit K zurück.

V verlangt von U Herausgabe des PC.

Da K den Werkvertrag (§ 631) mit U im eigenen Namen und nicht als Vertreter des V geschlossen hat, scheidet ein **vertraglicher Rückgabeanspruch** des V aus.

- Kann V als Eigentümer gegen den Besitzer U einen Herausgabeanspruch gem. § 985 nach der Lehre vom »*Vorrang des Vertragsverhältnisses*« geltend machen?
▶ Nein; denn nach dieser Lehre ist § 985 nicht anwendbar.

Der Vorrang des Vertragsverhältnisses wirkt sich nicht nur zwischen den Vertragsparteien (hier: V und K) aus, sondern auch gegenüber Dritten (hier: zwischen V und U). Sofern der Eigentümer den unmittelbaren Besitz aufgrund eines Rechtsverhältnisses überträgt, ist er auf den vertraglichen Rückgabeanspruch aus dem Rechtsverhältnis beschränkt.

Hingegen ist nach der *h.M.* § 985 anwendbar. Auch liegen dessen Voraussetzungen vor. V ist noch Eigentümer des PC. Er hat das Eigentum aufgrund des Eigentumsvorbehalts nicht an K verloren. Der unmittelbare Besitzer U hat V gegenüber kein Recht zum Besitz gem. § 986 I 2 BGB. K ist nach dem Rücktritt des V vom Kaufvertrag nicht mehr zum Besitz und zur Weitergabe des Besitzes berechtigt.

V hat daher nach der h.M. einen Anspruch gegen U auf Herausgabe gem. § 985.

---

89 Palandt/*Bassenge*, § 985 Rn. 1; *Wolf/Wellenhofer*, § 21 Rn. 33 ff.; *Prütting*, Rn. 523 m.w.N.
90 *Wolf/Wellenhofer*, § 21 Rn. 33 f.

Übersicht 6

81

Herausgabeanspruch des Eigentümers

§ 985

Voraussetzungen

- Anspruchssteller: **Eigentümer**
  → Eigentumserwerb:
  §§ 929 ff.; 873, 925 – durch Rechtsgeschäft
  § 937 – Ersitzung
  §§ 946 ff. – Verbindung etc.
  §§ 958 ff. – Aneignung
  Erbfolge
  Hoheitsakt (z.B. Zuteilung nach Ersteigerung)

- Anspruchsgegner: **Besitzer**
  Kein Recht zum Besitz § 986

Eigentumsvermutung

- Bei *beweglichen* Sachen stellt § 1006 die widerlegbare Vermutung auf, dass der Besitzer auch Eigentümer ist.

- Für *Grundstücke* gilt § 891.

Abwicklung

- Besitzer hat Pflicht zur Herausgabe der Sache
  (für Grundstücke gilt zudem § 894)

- Falls Besitzverlust:
  Ansprüche aus §§ 987 ff.
  oder §§ 812 ff., § 816 I 1,
  § 951

Konkurrenzen

- Vertragliche Herausgabeansprüche z.B. § 546

- Herausgabeansprüche des Besitzers: §§ 861, 1007

- Herausgabe nach §§ 812 ff.

- Möglicherweise auch Schadensersatz gem. §§ 823 ff.

IV. Ansprüche des Eigentümers auf **Nutzungsherausgabe** und **Schadensersatz**

Der Eigentümer ist mit der Erfüllung des Anspruchs auf Herausgabe gem. § 985 in der *Hauptsache* befriedigt.

82

Allerdings können während des Bestehens der sog. **Vindikationslage Veränderungen an der Sache eingetreten sein.** Vindikationslage bedeutet: Der Anspruchsteller ist Eigentümer und der Anspruchsgegner Besitzer ohne Recht zum Besitz.[91]

> **Beispiel** für Veränderungen: Vorteile durch angefallene Nutzungen, Nachteile durch Beschädigungen, Kosten für Verwendungen.

Hierfür gewährt das Gesetz sog. *Nebenansprüche* gem. §§ 987 ff. (Eigentümer-Besitzer-Verhältnis, EBV).[92] Die §§ 987–993 geben dem Eigentümer Ansprüche auf Nutzungsherausgabe und Schadensersatz, die er *neben* dem Anspruch auf Herausgabe der Sache geltend machen kann – allerdings nur gegenüber dem unrechtmäßigen Besitzer.[93]

- Woraus ergibt sich, dass ein Besitzrecht nicht bestehen darf? Lesen Sie §§ 987 ff. durch – wie lautet Ihre Antwort?
- In § 990 geht es um den *gut- oder bösgläubigen* Besitzer. Ein *rechtmäßiger* Besitzer kann nie bösgläubig sein.

Sofern also der Besitzer zum Besitz berechtigt ist, ergeben sich die Nebenansprüche des Eigentümers aus dem Verhältnis, auf dem das Besitzrecht beruht, wie z.B. Pacht.[94]

1. Haftung nach Rechtshängigkeit und Bösgläubigkeit

Zum »Einstieg« in diese Problematik lösen wir

83

> **Übungsfall 12**
>
> K hat von V einen Personalcomputer gekauft und bereits längere Zeit im guten Glauben, dass er Eigentümer sei, genutzt. Der Eigentümer E, dem der PC gestohlen worden war, meldet sich und verlangt von K Herausgabe des Geräts nach § 985.

Kann E auch von K die Nutzungen herausverlangen (Zahlung des Nutzungswerts des PC) sowie Schadensersatzansprüche geltend machen, da das Gehäuse des Computers Kratzer aufweist?

- Welche Voraussetzungen enthalten die §§ 987 und 990 (lesen!) für einen **Nutzungsherausgabeanspruch** des E?
- § 987 macht die Haftung vom Eintritt der Rechtshängigkeit abhängig. §§ 987 i.V.m. 990 verlangt das Fehlen des guten Glaubens; K müsste also bösgläubig sein.

---

91 Vindicatio (lat.) = Herausgabeverlangen; vgl. zur Vindikationslage näher *Wolf/Wellenhofer*, § 21 Rn. 8, § 22 Rn. 1 f.
92 *Wolf/Wellenhofer*, § 22 Rn. 1.
93 Näher *Prütting*, Rn. 531.
94 **Die §§ 987 ff. sind in diesen Fällen *nicht* anwendbar** (BGHZ 31, 129, 132).

3. Kapitel. Eigentum

Die **Rechtshängigkeit** tritt ein, wenn der Eigentümer vor Gericht Klage gegen den Besitzer erhoben hat und diesem die Klage zugestellt wurde; dies ergibt sich aus den §§ 261 I, 253 I ZPO (jetzt nicht lesen, aber an § 987 kommentieren!). Denn mit der Klagezustellung weiß der Besitzer »Bescheid«: Er muss damit rechnen, dass er vom Gericht zur Herausgabe der Sache verurteilt wird. Folglich muss er die Nutzungen herausgeben, die er nach dem Eintritt der Rechtshängigkeit zieht (§ 987 I).

§ 990 lässt den Besitzer darüber hinaus haften, wenn **Bösgläubigkeit** vorliegt, d.h. wenn der Besitzer beim Erwerb des Besitzes nicht in gutem Glauben war. Der gute Glauben muss sich auf das Recht zum Besitz und die damit verbundenen Nutzungen beziehen.[95]

- Wissen Sie, wo im Gesetz die Legaldefinition für das Fehlen des guten Glaubens (Bösgläubigkeit) steht?
- ▶ Diese finden Sie in § 932 II (lesen!). Wie lautet die Definition auf unseren Fall bezogen? Der gute Glaube fehlt bei K, wenn er als Besitzer positiv weiß oder grob fahrlässig nicht weiß, dass er nicht zum Besitz berechtigt ist.
- Wie lautet die Antwort auf die Frage nach der Herausgabe von Nutzungen?
- ▶ Da weder Rechtshängigkeit des Herausgabeanspruchs noch Bösgläubigkeit des K gegeben waren, besteht kein Nutzungsherausgabeanspruch des E gem. § 987 bzw. §§ 987 i.V.m. 990 I.

84 Die Anspruchsgrundlage für einen **Schadensersatzanspruch** des E, § 989 (lesen!), setzt Rechtshängigkeit sowie ein Verschulden des K an der Verschlechterung der Sache voraus. §§ 989 i.V.m. 990 verlangt das Fehlen des guten Glaubens.

Da diese Voraussetzungen ebenso wenig vorliegen, geht E auch hier »leer aus«.

Anhand dieses kleinen Falles sollte Ihnen klar geworden sein, dass der gutgläubige Besitzer, der auf sein Recht zum Besitz vertrauen darf, weder Nutzungen herausgeben noch Schadensersatz leisten muss.

Nur gegenüber dem Besitzer, der mit einer Herausgabe der Sache an den Eigentümer rechnen muss und sich entsprechend vorbereiten kann, hat der Eigentümer die Ansprüche gem. §§ 987–990.

2. Ansprüche auf Nutzungsherausgabe

85 Der Besitzer ist *nach* Eintritt der Rechtshängigkeit sowie im Falle der Bösgläubigkeit nicht mehr schutzwürdig. Deshalb muss er ab diesem Zeitpunkt die gezogenen Nutzungen an den Eigentümer herausgeben. Dies ergibt sich aus § 987 I sowie aus § 987 I i.V.m. § 990 I (nochmals lesen!).

- Der Begriff der **Nutzungen** könnte Ihnen noch aus dem Allgemeinen Teil des BGB in Erinnerung sein! Welche Vorschrift definiert diese?
- ▶ Nach § 100 sind Nutzungen die Früchte (vgl. § 99) sowie die Gebrauchsvorteile der Sache.

Schreiben Sie sich diese Vorschriften an den Rand von § 987!

---

95 *Wolf/Wellenhofer*, § 22 Rn. 6.

IV. Ansprüche des Eigentümers auf Nutzungsherausgabe und Schadensersatz

Sofern jemand zu Recht auf Herausgabe eines Obstbaumgrundstücks vom Eigentümer verklagt wird, muss er also das ab dem Eintritt der Rechtshängigkeit oder ab Bösgläubigkeit geerntete Obst herausgeben.

- Was ist, wenn der verklagte Besitzer aufgrund der Vorgehensweise des Eigentümers »sauer« ist und das Obst am Baum hängen bzw. verfaulen lässt?
▶ Dann haftet er gem. § 987 II. Er muss, da er zumindest fahrlässig gehandelt hat, dem Eigentümer den Wert ersetzen, der diesem bei ordnungsgemäßer Nutzziehung durch den Besitzer zugestanden hätte.

Der Besitzer darf nach alledem *vor* Rechtshängigkeit oder Bösgläubigkeit darauf vertrauen, dass er den Besitz behalten und selbst die Nutzungen ziehen darf.

Hierzu gibt es allerdings zwei **Ausnahmen**: 86

Sofern der gutgläubige Besitzer den Besitz unentgeltlich erlangt hat, muss er gem. § 988 die vor Rechtshängigkeit tatsächlich gezogenen Nutzungen nach den Vorschriften des Bereicherungsrechts herausgeben; er kann sich allerdings auf den Wegfall der Bereicherung berufen (§ 818 III). Hintergrund dieser Ausnahme ist, dass bei unentgeltlichem Besitzerwerb eine geringere Schutzwürdigkeit besteht.[96]

Gem. § 993 I müssen auch die sog. »**Übermaßfrüchte**«, also nicht im Rahmen einer ordnungsgemäßen Wirtschaft gezogenen Früchte, vom gutgläubigen Besitzer nach den Regeln der ungerechtfertigten Bereicherung herausgegeben werden.

3. Schadensersatzanspruch

Aus § 993 I, 2. HS (lesen!) ergibt sich, dass der gutgläubige (redliche) Besitzer *vor* 87 Rechtshängigkeit grundsätzlich nicht auf Schadensersatz haftet.

Zur Haftung des bösgläubigen Besitzers lösen wir

> **Übungsfall 13**
>
> Der E betreibt eine Werbeagentur, die u.a. Layouts für farbige Werbeprospekte fertigt. Er kauft deshalb mehrere MacBooks mit Zubehör und Druckern für insgesamt 100.000 €. Der Dieb D »räumt« einen Tag nach der Lieferung die Werbeagentur aus und bietet alle Geräte dem B zu einem äußerst günstigen Preis an. B ist zwar etwas skeptisch; die Freude über das Schnäppchen überwiegt schließlich seine Zweifel an der Herkunft der Geräte, und er kauft die Geräte dem D für 50.000 € ab. Aufgrund eines Defekts in einer elektrischen Leitung in den Büroräumen des B, der dem B bekannt war, entsteht ein Brand, der alle Geräte zerstört.
>
> E erfährt durch eine Zeitungsmeldung von dem Sachverhalt und verlangt von B Schadensersatz für die Geräte in Höhe von 100.000 € sowie 10.000 € entgangenen Gewinn, da er zwei Wochen lang keine Werbeprospekte anfertigen konnte. Zu Recht?

- Wenn Sie die bisherigen Ausführungen sorgfältig gelesen und immer im Gesetz nachgeschlagen haben, können Sie die Anspruchsgrundlage auf Schadensersatz und deren Voraussetzungen aufzeigen!
▶ Gem. § 989 I i.V.m. § 990 ist Voraussetzung für den Schadensersatzanspruch des E, dass zwischen ihm und B im Zeitpunkt der Verletzungshandlung ein Eigentümer-Besitzer-Verhältnis bestanden hat, der B verklagter oder bösgläubiger Besit-

---

96 Wolf/Wellenhofer, § 22 Rn. 17 f.

zer der Geräte sein muss und B schuldhaft den Untergang der Geräte herbeigeführt hat.

- Lesen Sie §§ 985, 986, 929 ff. und beurteilen Sie, ob ein **Eigentümer-Besitzer-Verhältnis** bestanden hat, also die Voraussetzungen für einen Herausgabeanspruch gegeben waren!
▶ B war *Besitzer* der Geräte. E ist auch *Eigentümer* geblieben. B konnte aufgrund des Diebstahls nicht Eigentümer der Geräte werden (vgl. §§ 929, 932, 935). Da B auch *kein Recht zum Besitz* i.S.d. § 986 hatte, hätte E von B die Herausgabe gem. § 985 verlangen können.

88 Ferner könnte der Anspruchsgegner B beim Erwerb des Besitzes **bösgläubig** gewesen sein. Bösgläubig ist – wie Sie bereits wissen –, wer den Mangel seines Besitzrechts beim Erwerb des Besitzes kennt oder infolge grober Fahrlässigkeit nicht kennt (vgl. § 932 II). B erwarb die Geräte zu einem äußerst günstigen Preis »privat« und war etwas skeptisch. Er hätte hellhörig werden und Nachforschungen anstellen müssen. Es war leichtfertig von ihm, dies zu unterlassen. Deshalb hat B die Sorgfaltspflicht im ungewöhnlichen Maße verletzt und grob fahrlässig den Mangel seines Besitzrechts beim Erwerb des Besitzes nicht gekannt. Er war also bösgläubiger Besitzer.

- Weitere Voraussetzung für den Schadensersatzanspruch ist das **Verschulden** des B hinsichtlich des Untergangs der Geräte. Welche Vorschrift gibt Ihnen für das Verschulden nähere Erläuterungen?
▶ Gem. § 276 I 1 liegt Verschulden grundsätzlich bei Vorsatz oder Fahrlässigkeit vor.

Da B der Defekt in einer elektrischen Leitung bekannt war und er nichts unternommen hat, hat er die im Verkehr erforderliche Sorgfalt außer Acht gelassen und somit fahrlässig i.S.d. § 276 II gehandelt.

Folglich sind die Voraussetzungen für den Schadensersatzanspruch nach § 989 i.V.m. § 990 I 1 erfüllt und B muss den Schaden ersetzen, der dem E dadurch entstanden ist, »dass infolge seines Verschuldens die Sache ... untergeht ...«

- Welchen **Betrag** kann danach E von B verlangen?
▶ Gem. § 989 i.V.m. § 990 I 1 muss B den durch die Zerstörung der Geräte entstandenen Schaden in Höhe von 100.000 € ersetzen sowie den durch den Produktionsausfall entgangenen Gewinn (vgl. § 252)[97] in Höhe von 10.000 €.

89 Nach § 990 II bleibt eine weitergehende Haftung des Besitzers wegen **Verzugs** unberührt. D.h., dass auch für den dinglichen Herausgabeanspruch die schuldrechtlichen Verzugsregeln (§§ 286, 280 II) anwendbar sind. Der bösgläubige B müsste also mit der Erfüllung des Herausgabeanspruchs (§ 985) in Verzug gewesen sein.

- Was ist, vereinfacht, grundsätzlich Voraussetzung für den Schuldnerverzug?
▶ Nach § 286 I und IV muss B trotz *Mahnung* (sofern diese nicht gem. § 286 II überflüssig ist) aus von ihm *zu vertretenden* Gründen nicht geleistet haben.[98]

Da aber E weder eine Mahnung erklärt noch die Herausgabeklage erhoben hat (die nach § 286 I 2 eine Mahnung entbehrlich machen würde), liegen die Voraussetzungen

---

[97] Vgl. Palandt/*Bassenge*, § 989 Rn. 6, unter Hinweis auf BGH NJW RR 1993, 626.
[98] Falls nicht mehr gewusst: *Wörlen/Metzler-Müller*, SchR AT, Rn. 113 ff.

IV. Ansprüche des Eigentümers auf Nutzungsherausgabe und Schadensersatz

für den Schuldnerverzug nicht vor. Eine Haftung des B auf Schadensersatz aus §§ 990 II, 286 I, 280 II scheidet aus.

- Kommt Schadensersatz nach § 992 i.V.m. § 823 I in Betracht?
- ▶ Voraussetzung hierfür ist, dass der Besitzer den Besitz durch verbotene Eigenmacht (§ 858) oder durch eine Straftat erlangt hat. Dies trifft auf B nicht zu. Eine Straftat in Form von Hehlerei gem. § 259 StGB wäre nur zu bejahen, wenn man bei B von Vorsatz ausgehen würde.

Ob § 823 I *unmittelbar* auf unseren Fall anwendbar ist, wollen wir betrachten mit den

4. Konkurrenzen

Nach **§ 993 I 2. HS** sind Ansprüche auf Schadensersatz und Nutzungsherausgabe aus anderen Vorschriften als den §§ 987–992 ausgeschlossen; hierbei handelt es sich um eine abschließende Sonderregelung. 90

Ausnahmen gelten allerdings

a) wenn der Besitzer aufgrund eines bestehenden Vertrags ein *Besitzrecht* hat (hier haben die vertraglichen Regelungen Vorrang, und die §§ 987 ff. sind nicht anwendbar),
b) beim Zusammentreffen mit *vertraglichen* Rückabwicklungsansprüchen und
c) bei Ansprüchen aufgrund einer *Leistungskondiktion* nach §§ 812 ff.[99]

Aus den §§ 992, 993 folgt, dass eine Haftung nach §§ 823 ff. nur in Betracht kommt, wenn der Besitzer sich den Besitz durch verbotene Eigenmacht oder eine Straftat verschafft hat, was hier nicht der Fall war. Ein Schadensersatzanspruch des E gegen B (Fall 13) gem. § 823 I ist somit nicht gegeben.

---

99 Ausführlich hierzu: *Wolf/Wellenhofer*, § 22 Rn. 34 ff. m.w.N. sowie *Kropholler*, vor § 987, Rn. 7–12.

Übersicht 7

91

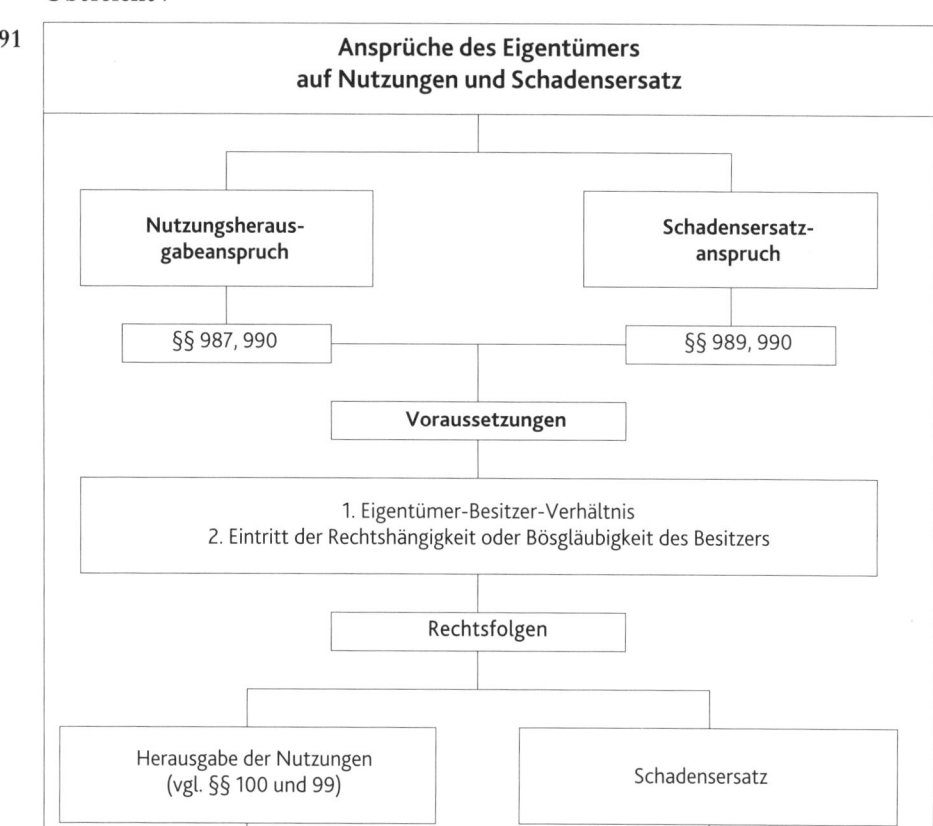

V. Ansprüche des Besitzers auf Ersatz von Verwendungen

92 Häufig kommt es vor, dass ein Besitzer Verbesserungs- und Erhaltungsmaßnahmen an der Sache vornimmt, die dem Eigentümer bei der Wiedererlangung zugute kommen. Der Eigentümer will regelmäßig allerdings nur die Kosten für die Maßnahmen ersetzen, die im Zeitpunkt der Herausgabe der Sache noch wertsteigernd vorhanden sind.

Ob und welchen Ausgleich der Besitzer verlangen kann regeln die §§ 994–1003. Das Gesetz unterscheidet zwischen den Verwendungen *vor* und denen *nach Rechtshängigkeit* oder *Bösgläubigkeit*.

V. Ansprüche des Besitzers auf Ersatz von Verwendungen

1. Begriff der Verwendung

Unter Verwendungen i.S.d. §§ 994 ff. werden freiwillige Aufwendungen (Vermögensleistungen) für eine Sache verstanden, die diese in ihrem Bestand erhalten, ihren Zustand verbessern oder wiederherstellen, also »Vermögensaufwendungen, die der Sache zugute kommen sollen, ohne sie grundlegend zu ändern.«[100]

93

Der Eigentümer erhält auf diese Weise Vorteile – entweder durch Ersparung eigener Aufwendungen oder aber durch eine spätere eigene Nutzungsmöglichkeit.

Sofern die aufgewendeten Gegenstände *nicht wesentlicher Bestandteil* der Hauptsache werden, kommen Verwendungsersatzansprüche nach §§ 994 ff. nicht in Betracht. Denn in diesem Fall bleibt der Besitzer Eigentümer der »freiwilligen Aufwendungen«.

- ▪ Wenn Sie die vorstehenden Ausführungen noch einmal lesen, können Sie Beispiele für Verwendungen aufzählen, die ein Mieter an dem gemieteten Haus machen kann?!
- ▶ Verwendungen hinsichtlich der Mietsache sind z.B. Anstreichen der Außenwände des Hauses, Ersetzung von Fenstern und Türen, Reparatur der Heizung, Erneuerung des schadhaften Daches, Trockenlegen des Kellers, Abdichten undichter Fenster; also: unerlässliche Reparaturen.
- ▪ Handelt es sich auch um Verwendungen im vorgenannten Sinn, wenn Sie das Auto ihres Freundes (mit)benutzen dürfen und Sie deshalb das Benzin bezahlen und die Versicherungskosten bestreiten?
- ▶ Da diese entstandenen Kosten nur dem Betrieb des Wagens und nicht der Sache selbst dienen, handelt es sich nicht um Verwendungen.

Zu den Verwendungen zählen auch die Kosten, die bei der Durchführung bzw. Vornahme der jeweiligen Maßnahme entstehen, also auch *fremde Arbeitskraft* (z.B. Arbeitskosten des Dachdeckers, der das Dach repariert). Die Kosten für die *eigene Arbeitskraft* sind zu erstatten, wenn der Besitzer seine Arbeitsleistung zur Erhaltung, Wiederherstellung oder Verbesserung der Sache einbringt und dieser bei wertender Betrachtung ein Marktwert zukommt.[101]

94

Nach der gesetzlichen Systematik ist zwischen notwendigen und nützlichen Verwendungen sowie Luxusverwendungen zu unterscheiden. Zur Verdeutlichung folgender

---

[100] So der sog. *enge Verwendungsbegriff* des BGH (u.a. BGHZ 131, 220; 41, 160). Für Interessierte ausführlich hierzu *Westermann*, § 33 I 3 m.w.N. sowie *Medicus/Petersen*, BR, Rn. 875 ff. Nach dem *weiten* Verwendungsbegriff sind auch Aufwendungen für grundlegende Veränderungen der Sache »Verwendungen« (Palandt/*Bassenge*, § 994 Rn. 2 und 4). S. auch *Lüke*, Rn. 325 f.
[101] BGH WM 1996, 559, 601.

> **Übungsfall 14**
>
> Dem Eigentümer E wurde sein wertvolles Mountainbike vom Dieb D gestohlen. D veräußert das Fahrrad an den gutgläubigen B. Als sich der wahre Sachverhalt nach neun Monaten herausstellt und E sein Rad von B herausverlangt, stellt B dem E in Rechnung:
> a) Inspektionskosten in Höhe von 150 €.
> b) Kosten für die Nachrüstung mit einer Teleskop-Federgabel (insgesamt: 500 €); dadurch ist der Verkehrswert des Fahrrads nachweislich um 400 € gestiegen.
> c) Lackierung des Rahmens, die nicht notwendig war (Kosten: 150 €).

■ Lesen Sie § 994 I und überlegen Sie, was B von E ersetzt verlangen kann!

95 ▶ Ein Ersatz kommt in Betracht, wenn es sich um **notwendige Verwendungen** handelt (§ 994 I 1).

Darunter fallen die vermögenswerten Aufwendungen, die zur Erhaltung oder ordnungsgemäßen Nutzung der Sache objektiv erforderlich sind und die der Eigentümer sonst hätte selber vornehmen müssen.[102]

■ Könnten danach die *Inspektionskosten* von E verlangt werden?
▶ Da diese objektiv erforderlich waren, um das Fahrrad weiter nutzen zu können, handelt es sich um notwendige Verwendungen.

Es gibt allerdings auch eine **Ausnahme**:

■ Lesen Sie § 994 I 2 – und überlegen Sie, welche?
▶ Eine Ausnahme gilt für die notwendigen Verwendungen, die sich als *gewöhnliche Erhaltungskosten* darstellen. Diese muss der redliche Besitzer tragen, solange ihm die Nutzungen verbleiben.
■ Wie steht es also mit den Inspektionskosten?
▶ Da dem B die Nutzung des Fahrrads – in Form des Gebrauchswerts – verbleibt, kann er die Inspektionskosten, die zu den gewöhnlichen Erhaltungskosten zählen, nicht ersetzt verlangen.
■ Welche Art von Verwendung stellen die Kosten für den Einbau der *Teleskop-Federgabel* dar? (Im Gesetz die Vorschrift suchen!)
▶ Hierbei handelt es sich um sog. **nützliche Verwendungen** i.S.d. § 996.

96 Darunter sind alle Vermögensaufwendungen auf die Sache zu verstehen, die deren Wert oder die Gebrauchsfähigkeit erhöhen.[103]

Es ist also von dem Betrag auszugehen, um den der Wert der Sache infolge der Verwendung im Zeitpunkt ihrer Wiedererlangung durch den Eigentümer erhöht ist. Dieser berechnet sich aus der Differenz zwischen dem objektiven Verkehrswert, den die Sache im Zeitpunkt der Wiedererlangung tatsächlich hat, und dem Verkehrswert, den die Sache zu diesem Zeitpunkt hätte, wenn die Verwendung nicht gemacht worden wäre.

■ Ergebnis hinsichtlich der Kosten für die Federgabel?
▶ Da der Verkehrswert des Mountainbikes um 400 € gestiegen ist, kann B von E diese Summe gem. § 996 verlangen.

---

102 Zum Begriff und Beispielen s. Palandt/*Bassenge*, § 994 Rn. 5; *Wolf/Wellenhofer*, § 23 Rn. 5.
103 *Lüke* Rn. 330; *Prütting*, Rn. 554.

Hierbei handelt es sich um den Höchstbetrag, bis zu welchem die tatsächlich gemachten Aufwendungen ersetzt werden. B kann also nicht die tatsächlichen Kosten in Höhe von 500 € von E verlangen.

- Kann B auch noch die Kosten für die (eigentlich überflüssige) *Lackierung* des Rahmens verlangen?
- ▶ Da es sich hierbei um keine notwendigen oder nützlichen Aufwendungen, sondern um sog. **Luxusaufwendungen** handelt, bei denen keine Werterhöhung vorliegt, kommt eine Erstattung nicht in Betracht.[104]

97

Die aufgezeigten Verwendungsersatzansprüche gelten nur für den *redlichen* Besitzer. Der *bösgläubige* oder *verklagte* Besitzer hat lediglich Anspruch auf die *notwendigen* Verwendungen und ist zusätzlich an die Vorschriften über die Geschäftsführung ohne Auftrag[105] gebunden (§ 994 II, 996 lesen!).

2. Geltendmachung der Verwendungsersatzansprüche

Die Interessen von Besitzer und Eigentümer stoßen bei der Geltendmachung der Verwendungsersatzansprüche aufeinander: Der *Besitzer* will die Sache an den Eigentümer nicht herausgeben, ohne den ihm zustehenden Verwendungsersatz erhalten zu haben. Der *Eigentümer* hingegen will die Sache wieder erhalten, bevor er an den Besitzer Verwendungsersatz leisten muss. Diese gegensätzlichen Interessen sind in den §§ 1000 ff. geregelt.

98

- Lesen Sie § 1001 und überlegen Sie, wann B (Fall 14) seine Kosten in Höhe von 400 € von E, wenn dieser nicht freiwillig zahlt, einklagen kann!
- ▶ Der Besitzer B kann den Verwendungsersatzanspruch erst einklagen, wenn der Eigentümer E die Sache wiedererlangt oder nachdem E die Verwendungen genehmigt hat (§ 1001 S. 1). Die Genehmigung gilt nach § 1001 S. 3 bei Rücknahme der Sache durch den Eigentümer als erteilt, wenn sich dabei der Besitzer seine Verwendungsansprüche vorbehält.

Damit der Eigentümer nicht für unabsehbare Zeit im Ungewissen über das Ob und die Höhe der Verwendungsersatzansprüche ist, sieht § 1002 einen Monat nach Herausgabe beweglicher Sachen und sechs Monate nach Herausgabe von Grundstücken den Ausschluss der Verwendungsersatzansprüche vor.

Das Gesetz gibt dem Besitzer noch andere Rechtsbehelfe als Ersatz für die Beschränkungen bei Geltendmachung seiner Ansprüche: Nach § 1000 hat er ein **Zurückbehaltungsrecht** gegen den Herausgabeanspruch aus § 985; der Gegenanspruch auf Verwendungsersatz muss hierbei noch nicht fällig sein.[106] Unter den Voraussetzungen des § 1003 kann sich der Besitzer durch **Verwertung** der Sache (sowie den daraus erzielten Erlös) befriedigen (alle genannten Vorschriften lesen!).

99

---

104 Zum Begriff s. *Schreiber*, Rn. 236.
105 Maßgeblich ist also der wirkliche oder mutmaßliche Wille des Eigentümers (§ 683 S. 1). Für notwendige Verwendungen ist dieser Wille regelmäßig zu unterstellen, zumal aus der Notwendigkeit der Verwendung folgt, dass das Interesse des Eigentümers gewahrt ist.
106 *Wolf/Wellenhofer*, § 23 Rn. 18.

3. Kapitel. Eigentum

3. Wegnahmerecht

100 Durch das in § 997 geregelte Wegnahmerecht erhält der Besitzer die Möglichkeit, den oben aufgezeigten Beschränkungen bei der Geltendmachung seiner Verwendungsersatzansprüche zu entgehen. Er hat die Möglichkeit die Sache, welche er mit der Hauptsache als wesentlichen Bestandteil verbunden hat, abzutrennen und sich anzueignen.[107] Die hierdurch entstehenden Kosten – die Sache des Eigentümers muss in den ursprünglichen Zustand versetzt werden (§ 997 I 2 i.V.m. § 258) – hat der Besitzer zu tragen.

Das Wegnahmerecht ist in den Fällen des § 997 II (lesen!) ausgeschlossen.

4. Konkurrenzen

101 Wenn ein Besitzer Verwendungen auf eine fremde Sache macht, können auch die Voraussetzungen anderer Anspruchsgrundlagen erfüllt sein.[108]

Sofern die Verwendungen *während* der Laufzeit eines wirksamen Vertrages vorgenommen werden, sind die §§ 994 ff. nicht anwendbar, da keine Vindikationslage besteht. Ein Verwendungsersatz richtet sich ausschließlich nach den Regelungen über das jeweilige Vertragsverhältnis.

Nach Beendigung des Vertrages sind die §§ 994 ff. nur dann anwendbar, wenn die vertraglichen Sonderbestimmungen einen Verwendungsersatz nicht regeln.

Bereicherungsansprüche aus einer Eingriffskondiktion, insbesondere aus § 951, kommen neben den §§ 994 ff. nicht zur Anwendung, da die sachenrechtlichen Vorschriften Vorrang haben und eine abschließende Regelung gegenüber den Bereichungsansprüchen enthalten.

Lesen Sie zur Wiederholung nun die folgende Übersicht 8!

> **Literatur zur Vertiefung (Rn. 46–101):** *Alpmann und Schmidt*, SachR 1, 8. Teil; *Baur/Stürner*, §§ 11, 24; *Gursky*, Der Vindikationsanspruch und § 281 BGB, Jura 2004, 433; *Schreiber*, Dritter Teil, 1. Kap., A–E; *ders.*, Die Eigentumsvermutung für den Besitzer, Jura 2003, 392; *ders.*, Der Herausgabeanspruch aus § 985 BGB, Jura 2005, 30; *ders.*, Die Wegnahmerechte des BGB, Jura 2007, 120; *Lüke*, § 8; *Prütting*, §§ 26, 27, 47–48, 50–51; *Westermann*, §§ 30–33; *Westermann, H.P.*, §§ 2, 10, 11; *Wolf/Wellenhofer*, §§ 3, 21–23.

---

107 *Wolf/Wellenhofer*, § 23 Rn. 19 f.
108 Ausführlich zu den Konkurrenzen *Wolf/Wellenhofer*, § 23 Rn. 21 ff; *Prütting*, Rn. 562 ff.

Übersicht 8

Ansprüche des Besitzers auf Ersatz von Verwendungen
§§ 994 – 1003
• »**Verwendungen**« sind Vermögensaufwendungen, die der Sache zugute kommen sollen, ohne sie grundlegend zu verändern
• § 994 I → Ersatz für **notwendige** Verwendungen = Aufwendungen, die bei vernünftiger Betrachtungsweise objektiv erforderlich sind. *Nicht*: Gewöhnliche Erhaltungskosten, Luxusaufwendungen
• § 996 → Ersatz für **nützliche** (nicht notwendige) Verwendungen = Aufwendungen die den Wert oder die Gebrauchsfähigkeit der Sache erhöhen (nur Werterhöhung, nicht: tatsächliche Aufwendungen!) -> kein Ersatz für **Luxusauf**wendungen!
• Ansprüche stehen nur *redlichem* Besitzer zu (§ 994 II, 996) → Durchsetzung: § 1001
• Zurückbehaltungsrecht des Besitzers: § 1000 S. 1
• Erlöschen der Ansprüche: § 1002 I – bewegliche Sachen: ein Monat ⎱ nach Herausgabe – Grundstücke: sechs Monate ⎰

4. Kapitel. Eigentumserwerb an beweglichen Sachen

I. Rechtsgeschäftlicher Eigentumserwerb

1. Eigentumserwerb vom Berechtigten

a) Einigung und Übergabe (§ 929 S. 1 BGB)

Prüfungsschema § 929 S. 1

102

(1) **Einigung**
(2) **Übergabe**
(3) **Berechtigung**

Beim Grundfall der Übereignung gem. § 929 S. 1 ist erstens eine **Einigung** zwischen Veräußerer und Erwerber erforderlich. Die Einigung ist ein (dinglicher) Vertrag und unterliegt den allgemeinen Vorschriften über Willenserklärungen[109] und Verträge[110].

Zweite Voraussetzung ist die **Übergabe** der Sache an den Erwerber. Die Übergabe stellt einen Realakt dar. Einigung und Übergabe bilden zusammen das sachenrechtliche Verfügungsgeschäft.[111]

Die dritte Voraussetzung ist die **Berechtigung** des Veräußerers. Berechtiger ist regelmäßig insbesondere der Eigentümer.[112]

Diese Voraussetzungen wollen wir uns anhand des folgenden Falles näher ansehen.

Übungsfall 15[113]

V hat in seinem Wald eine Menge Holz geschlagen und es zu seinem Hof gefahren. Auf einer land- und forstwirtschaftlichen Ausstellung trifft er K und verkauft diesem davon 50 Stämme, die K sofort vom Hof des V holen lassen will. K ruft in seinem Betrieb an, um seinen Angestellten zu beauftragen, das Holz zu holen. Auch V gibt seinem Hofverwalter Bescheid, dass das Holz für K abgeholt wird, und beauftragt ihn, 50 Stämme bereitzulegen. Einige Stunden später sieht K auf der Ausstellung eine fertige Holzhütte, die er kauft, nachdem er mit V die Aufhebung des Kaufvertrages über die Holzstämme vereinbart hat. V und K vergessen, die Anweisungen zum Abholen und Aushändigen des Holzes rückgängig zu machen. Als V zwei Tage später nach Hause kommt, stellt er fest, dass der Angestellte des K die Stämme weisungsgemäß abgeholt hat.

Wer ist Eigentümer des Holzes?

Um diese Frage zu beantworten, müssen wir zunächst feststellen, wer ursprünglich Eigentümer des Holzes war (chronologische Prüfung!). Das war ganz offensichtlich der V.

---

109 S. dazu *Wörlen/Metzler-Müller* BGB AT, Rn. 103 ff.
110 *Wörlen/Metzler-Müller* BGB AT, Rn. 287 ff.
111 Vgl. *oben*, Übersicht 2 (Abstraktionsprinzip), Rn. 21.
112 Vgl. näher zum Begriff Berechtigter und gutgläubiger Erwerb vom Nichtberechtigten unten, Rn. 114 ff.
113 Nach *Westermann*, Einführung, S. 64.

4. Kapitel. Eigentumserwerb an beweglichen Sachen

103
- ■ Wovon hängt es ab, ob V das **Eigentum** an K **verloren** hat?
  - ▶ Davon, ob V das Eigentum an den 50 Stämmen **wirksam** an K **übertragen** hat.
- ■ Ist diese Eigentumsübertragung bereits auf der Ausstellung erfolgt, als V die Stämme an K verkauft hat?
  - ▶ Auf der Ausstellung wurde nur ein schuldrechtliches **Verpflichtungsgeschäft**, nämlich ein Kaufvertrag i.S.v. § 433, geschlossen.
- ■ Welche Wirkung hat der Kaufvertrag bzgl. der 50 Baumstämme?
  - ▶ Der Kaufvertrag bewirkt nach § 433 I 1 lediglich die *Verpflichtung* des V, dem K das Eigentum an den Stämmen zu verschaffen. Die Eigentumsübertragung erfolgt dagegen durch das **Verfügungsgeschäft** nach § 929 S. 1 (Trennungsprinzip!). Voraussetzung sind also Einigung, Übergabe und Berechtigung.
- ■ Welche Voraussetzung für den Eigentumsübergang liegt in unserem Fall bei der Ausstellung jedenfalls noch nicht vor?
  - ▶ Die Übergabe! Da K auch noch nicht Besitzer der Stämme war, kommt § 929 S. 2 (lesen!), wonach grundsätzlich die Einigung allein ausreichen würde, nicht zur Anwendung.[114] An der Übergabe fehlt es auch noch zu dem Zeitpunkt, als V und K ihre Angestellten telefonisch beauftragen, das Holz bereitzulegen bzw. abzuholen.

Zu prüfen ist, ob eine **Einigung im Zeitpunkt des Aushändigens** des Holzes vorliegt.

104
- ■ Wie sind die Beauftragungen der Angestellten rechtlich zu qualifizieren?
  - ▶ Es handelt sich um Vollmachtserteilungen für die Angestellten, die Eigentumsübertragung nach § 929 S. 1 zu vollziehen. Da es sich dabei um einen (dinglichen) Vertrag handelt, gelten für die Willenserklärungen der Beteiligten die allgemeinen Vorschriften (s.o.).
- ■ In welcher Vorschrift ist die Vollmachtserteilung geregelt und welche Wirkung hat sie?
  - ▶ Die Erteilung der **Vollmacht** ist in § 167 geregelt und hat die Wirkung, dass der Bevollmächtigte für den Vertretenen Willenserklärungen abgeben kann, die gem. § 164 I 1 unmittelbar für und gegen diesen wirken.

Für unseren Fall bedeutet dies, dass die Angestellten des V und des K bevollmächtigt waren, sich jeweils im Namen des K und des V wirksam über den Eigentumsübergang an den Stämmen zu einigen.

- ■ Ist das geschehen?
  - ▶ Da der Angestellte des K die Stämme weisungsgemäß abgeholt hat, hat er sich offenbar mit dem Angestellten des V geeinigt.

Im Rahmen der Abholung ist zudem eine **Übergabe** der Stämme an den Angestellten (Besitzdiener § 855) des K erfolgt.

Schließlich war V auch als Eigentümer **Berechtigter**.

K hat damit gem. § 929 S. 1 i.V.m. § 164 I 1 wirksam das **Eigentum** an den Stämmen von V **erworben**.

105
- ■ Ist das richtig, wenn wir bedenken, dass der Kaufvertrag zwischen V und K vorher aufgehoben wurde und somit gar keine rechtliche Verpflichtung des V zur Eigentumsverschaffung bestanden hätte?

---

114   Zu § 929 S. 2 s. näher Rn. 107.

▶ Die Unwirksamkeit des Kaufvertrages, des schuldrechtlichen Verpflichtungsgeschäftes also, ändert nichts an der Gültigkeit des wirksam vollzogenen sachenrechtlichen Verfügungsgeschäftes (Abstraktionsprinzip!).

Überprüfen wir noch einmal das Ergebnis dieses »Holz-Falles«. Wir haben die Fallfrage dahingehend beantwortet, dass K, obwohl der zugrundeliegende Kaufvertrag einvernehmlich aufgehoben wurde, Eigentümer des Holzes geworden ist.

■ Was hat die Aufhebung des Kaufvertrags für die vertraglichen Pflichten des K zur Folge?

106

▶ K braucht den Kaufpreis nicht zu zahlen, da seine Pflicht aus § 433 II entfallen ist. V hat also das Eigentum an dem Holz verloren und bekommt kein Geld für das Holz!?

■ Was kann V tun, um sich dafür einen Ausgleich zu verschaffen? Welchen Anspruch hat V gegen K? (Überlegen Sie!)

▶ V kann gegen K einen Anspruch aus ungerechtfertigter Bereicherung gem. **§ 812 I 1 Var. 1** (lesen!) geltend machen; denn als das Holz an K übereignet wurde, war der Kaufvertrag schon aufgehoben. K hat das Holz »ohne rechtlichen Grund« erlangt und muss es wieder herausgeben.[115] Ein Anspruch auf Herausgabe gemäß § 985 ist aufgrund des Eigentumsverlustes des V hingegen nicht gegeben.

Einigung und Übergabe nach § 929 S. 1 sind jedoch nicht die einzigen Formen der Eigentumsübertragung an beweglichen Sachen, die das BGB kennt. Allerdings sind die nachfolgenden Erwerbstatbestände nicht isoliert zu prüfen, sondern stets im Zusammenhang mit § 929 S. 1 (Einigung und Berechtigung) als Grundnorm.

b) Einigung »ohne« Übergabe (§ 929 S. 2)

Prüfungsschema § 929 S. 2

107

(1) Einigung
(2) Erwerber im Besitz der Sache
(3) Berechtigung

Den relativ einfachen Fall des § 929 S. 2 (lesen!), wonach die Übergabe entfallen kann, sofern der Erwerber bereits Besitzer der Sache ist, haben wir bereits kurz angesprochen (oben Rn. 103).

> **Beispiel:** Wenn der Mieter M vom Vermieter V das gemietete Klavier später kauft, genügt zur Eigentumsverschaffung die bloße Einigung. Es wäre wenig sinnvoll, wenn M das Klavier z.B. erst zu dem entfernt wohnenden V schleppen müsste, damit dieser es ihm gem. § 929 S. 1 übergeben kann.

c) Einigung und Besitzkonstitut (§§ 929 S. 1, 930)

Prüfungsschema §§ 929 S. 1, 930

108

(1) Einigung
(2) Besitzkonstitut
(3) Berechtigung

---
115 Sofern Ihre eigenen Überlegungen Sie nicht zur Anspruchsgrundlage § 812 I 1 Var. 1 geführt haben, s. *Wörlen/Metzler-Müller*, SchR BT, Rn. 360–386.

Auch in anderen Fällen kann es sehr umständlich und unzweckmäßig sein, zur Übertragung des Eigentums den unmittelbaren Besitz an einer Sache zu verändern. Lesen Sie dazu den nächsten Fall:

> **Übungsfall 16**
>
> Der Kunstsammler K kauft in der Kunsthandlung des V ein wertvolles Gemälde. V will den Kaufpreis von K sofort haben. K möchte verständlicherweise nur zahlen, wenn er Eigentümer wird, kann das Bild aber wegen seiner Größe nicht sofort mitnehmen. Wie kann K sofort Eigentümer werden, ohne dass es schon zur Übergabe kommt? Was können K und V anstelle der Übergabe vereinbaren?

Die Antwort auf die Fallfrage ergibt sich aus §§ 929 S. 1, 930 (lesen!).

- Was müssen V und K zunächst tun, damit das Eigentum auf K übergehen kann?
- ▶ Zunächst ist gem. § 929 S. 1 eine **Einigung** zwischen V und K über den Eigentumsübergang erforderlich.

Die Einigung kann durch nichts ersetzt werden! Aber die Übergabe kann ersetzt werden.

- Was können V und K gem. § 930 anstelle der Übergabe vereinbaren?
- ▶ Ein »**Besitzkonstitut**« (§ 930 nochmals genau lesen!). V und K können die Übergabe dadurch ersetzen, dass Sie ein Rechtsverhältnis vereinbaren, durch das K den mittelbaren Besitz und zugleich das Eigentum erlangt. Man spricht dabei von einem »Übergabesurrogat« (»Übergabeersatz«).
- In welcher Vorschrift Rechtsverhältnisse, die den *mittelbaren Besitz* begründen können, genannt werden, könnten Sie noch wissen!?[116]

109 Das in § 930 angesprochene »Besitzkonstitut« ist ein »ähnliches Verhältnis«, d.h. ein »**Besitzmittlungsverhältnis**« i.S.v. § 868.

Sie sollten sich deshalb im Text von § 930 das Wort »Rechtsverhältnis« unterstreichen und »§ 868« an den Rand schreiben sowie die Worte »mittelbaren Besitz« in der nächsten Zeile ebenfalls unterstreichen und »§ 869« (= Ansprüche des mittelbaren Besitzers – lesen!) daneben notieren! Umgekehrt empfiehlt es sich, »§ 930« am Rand neben § 868 (in dem Sie die Worte »ähnlichen Verhältnis« markieren) zu vermerken.

- Um es zu wiederholen: Was ist die Folge dieser Vereinbarung zwischen V und K?
- ▶ V und K *einigen* sich gem. § 929 S. 1, dass das Eigentum auf K übergehen soll. Anstelle der Übergabe wird ein *Besitzmittlungsverhältnis* i.S.v. §§ 930, 868 vereinbart. Dies hat zur Folge, dass K nicht nur Eigentümer, sondern auch zugleich mittelbarer Besitzer wird, während V zunächst unmittelbarer Besitzer bleibt.

§ 930 bewirkt, mit anderen Worten, dass es anstelle der Übergabe der Sache, mit der regelmäßig die Verschaffung des unmittelbaren Besitzes verbunden ist, ausreicht, wenn der neue Eigentümer nur den mittelbaren Besitz an der Sache erhält.

110 Diese Art der Eigentumsübertragung hat v.a. in der Form der »**Sicherungsübereignung**« im Bereich der Kreditsicherung besondere Bedeutung. Wegen des hohen Stellenwerts der Sicherungsübereignung für die Praxis des Wirtschaftslebens wollen wir

---

116 § 868 (lesen!) – vgl. oben Rn. 28.

d) Einigung und Abtretung des Herausgabeanspruchs (§§ 929 S. 1, 931)   111

Prüfungsschema §§ 929 S. 1, 931

(1) **Einigung**
(2) **Abtretung des Herausgabeanspruchs**
(3) **Berechtigung**

Eine weitere Möglichkeit, die gem. § 929 S. 1 an sich erforderliche Übergabe zu ersetzen (»Übergabesurrogat«), zeigt Übungsfall 17 auf.

> **Übungsfall 17**
>
> B leiht sich von E für die Ferien dessen Surfbrett. Am Strand ist B so in einen Flirt versunken, dass er das Surfbrett am Wasser vergisst, wo es vom Dieb D gestohlen wird. E verlangt daraufhin Schadensersatz, den B auch bezahlt. B möchte dafür das Eigentum an dem gestohlenen Surfbrett erwerben. Wie kann E, der damit einverstanden ist, dem B das Eigentum übertragen?

Bevor wir die entsprechende Vorschrift hierzu lesen und den Fall lösen werden, zunächst ein kurzer »Exkurs« (zur Wiederholung!) in Form einer Zwischenfrage, die Sie beantworten können sollten, sofern Sie das Allgemeine Schuldrecht nicht nur gehört oder gelesen, sondern gelernt haben:

- ■ Nach welchen Vorschriften des Allgemeinen Schuldrechts müsste B dem E Schadensersatz leisten?
- ▶ Denken Sie nach, bevor Sie die Antwort in Fußnote[117] lesen!

Zurück zur Eigentumsübertragung beim gestohlenen Surfbrett. Die Frage ist wieder: 112
Wie können E und B, die sich gem. § 929 S. 1 darüber **einig** sind, dass B Eigentümer werden soll, die Übergabe ersetzen, die wegen des Diebstahls (momentan jedenfalls) nicht möglich ist, da E seinen unmittelbaren Besitz verloren hat?

- ■ Kann E z.B. dem B, wie im vorigen Fall, durch eine Vereinbarung nach § 930 anstelle der Übergabe den mittelbaren Besitz übertragen?
- ▶ Das wäre nur möglich, wenn E selbst entweder noch den unmittelbaren Besitz oder aufgrund eines anderen Besitzmittlungsverhältnisses § 868 den mittelbaren Besitz behalten hätte. Unmittelbarer Besitzer ist der Dieb D. D hat aber, wie wir gelernt haben[118], nicht den Willen, für den E zu besitzen (kein Fremdbesitzwille). Daher hat E keinen mittelbaren Besitz, den er an B übertragen könnte. Allerdings stehen E Ansprüche gegenüber D zu.
- ■ Überlegen Sie, welche Ansprüche E hat!
- ▶ Insbesondere den sachenrechtlichen Herausgabeanspruch gegenüber D als unrechtmäßigem Besitzer gem. § 985 (lesen!) und einen Herausgabeanspruch gem. § 812 I 1 Var. 2[119] (lesen!).

---

117 §§ 280 I, III, 283, 598 (Leihvertrag – §§ 604 I, 275 I).
118 Vgl. oben Rn. 29.
119 Vgl. oben Rn. 106 Fn. 115!

Damit kommen wir der Antwort auf unsere Frage näher, wie E dem B das Eigentum ohne Übergabe übertragen kann.

- Wie kann E seinen Herausgabeanspruch rechtlich verwerten?
- ▸ Es ist eine **Abtretung des Herausgabeanspruchs** (jedenfalls aus § 812 I 1, 2. Var.)[120] von E an B möglich i.S.d. **§ 931** (lesen!). Die Abtretung erfolgt nach § 398. Schreiben Sie sich daher am besten § 398 neben § 931!

113 Unterstreichen Sie in der Überschrift von § 931 das Wort »Herausgabeanspruchs« und schreiben Sie » **§ 812**« darüber!

§ 931 kann auch praktische Bedeutung haben, wenn der Eigentümer zugleich *mittelbarer* Besitzer ist, wie z.B. der Gemäldekäufer K in *Fall 16*. Selbstverständlich darf dieser das Gemälde, obwohl es noch bei V ist, schon weiterverkaufen! Die aus dem Verkauf folgende Verpflichtung zur Eigentumsverschaffung kann K dadurch erfüllen, dass er sich mit dem neuen Erwerber des Bildes gem. § 929 S. 1 einigt und ihm gem. § 931 anstelle der Übergabe seinen schuldenrechtlichen Herausgabeanspruch aus dem Verwahrungsvertrag gegen V abtritt, § 398. Durch diese Abtretung erwirbt der neue Eigentümer auch den mittelbaren Besitz von K, nämlich nach § 870 (lesen!).

Damit haben wir alle Arten der Übertragung des Eigentums an beweglichen Sachen, die eine bewusste Einigung zwischen (dem wirklichen) Eigentümer und dem Erwerber voraussetzen, kennengelernt. Wir werden sie in der zusammenfassenden Übersicht 9[121] nochmals wiederholen und den nun folgenden Fällen des gutgläubigen Eigentumserwerbs (Rn. 125) gegenüberstellen!

> **Literatur zur Vertiefung (Rn. 102–113):** *Alpmann und Schmidt*, SachR 1, 2. Teil; *Baur/Stürner*, §§ 51, 57; *Grunewald*, § 36 I; *Schreiber*, Dritter Teil, 2. Kap. A I; *Prütting*, §§ 32–34; *Weber*, Der rechtsgeschäftliche Erwerb des Eigentums an beweglichen Sachen gem. §§ 929 ff. BGB, JuS 1998, 577; *Westermann*, Einführung, Kap. 16, I., IV.; *ders.*, §§ 36, 37, 41, 42, 44; *H.P. Westermann*, §§ 5 u. 6; *Wolf/Wellenhofer*, §§ 6–7.

2. Gutgläubiger Eigentumserwerb vom Nichtberechtigten

a) Nichtberechtigter und guter Glaube

114 Beim Lesen des Begriffes »**Nichtberechtigter**« könnten Ihnen zwei Vorschriften eingefallen sein, die Sie schon einmal gelesen haben (sollten!).

- Welche beiden Vorschriften sind das?
- ▸ Antwort: Fußnote [122]!

---

120 Nach h.M. ist nur ein schuldrechtlicher, nicht aber ein dinglicher Anspruch (wie § 985) abtretbar, Palandt/*Bassenge*, § 931 Rn. 3; *Jauernig*, § 931 Rn. 4 f. Wenn sich der Eigentümer, der (wie im Falle des Diebstahls) nicht mittelbarer Besitzer (anders z.B. ein Vermieter) ist, mit dem Erwerber über den Eigentumsübergang geeinigt hat, liegt darin nach a.A. zugleich auch die Abtretung des Anspruches aus § 985, *Baur/Stürner*, § 51 Rn. 37 m.w.N.
121 Unten Rn. 124.
122 **§ 185** (*Wörlen/Metzler-Müller*, SchR BT, Rn. 81) und **§ 816** (*Wörlen/Metzler-Müller*, SchR BT, Rn. 371 ff.)!

Grundsätzlich ist eine Verfügung, die jemand über ein Recht (z.B.: Eigentum) trifft, das ihm nicht zusteht (= Nichtberechtigter), unwirksam. **Berechtiger** bzgl. der Eigentumsübertragung ist jedenfalls grundsätzlich der Eigentümer.

Die Verfügung eines Nichtberechtigten indessen

- ist von Anfang an wirksam, wenn sie mit Einwilligung des Berechtigten vorgenommen wird (§ 185 I – lesen!), oder
- wird (§ 185 II 1 – lesen!) wirksam durch die Genehmigung des Eigentümers.[123]

Unabhängig von der Zustimmung des Berechtigten ist ein gutgläubiger Erwerb möglich.

- ▪ Was versteht man unter **gutem Glauben** und wo ist dies legaldefiniert? (Dies sollten Sie noch wissen!)
- ▶ Guter Glaube des Erwerbers liegt vor, wenn er nicht weiß, dass der Veräußerer Nichteigentümer ist und sein Nichtwissen nicht auf grober Fahrlässigkeit beruht (§ 932 II BGB). Der Erwerb des Eigentums von einem Nichteigentümer ist also möglich, wenn der Erwerber gutgläubig davon ausgehen kann, dass der Veräußerer einer Sache ihr Eigentümer ist.

b) Gutgläubiger Erwerb durch Einigung (und Übergabe) (§§ 929 S. 1, 932 I 1 und 929 S. 2, 932 I 2)

> **Übungsfall 18**
>
> Wieder leiht sich Urlauber B von seinem Freund E das Surfbrett. Diesmal passt er allerdings sorgfältig auf das gute Stück auf. Da B sehr aufwendig im Urlaub gelebt hat, geht ihm kurz vor Ende des Urlaubs das Geld aus. Um auch noch die letzten Tage seiner Ferien angemessen gestalten zu können, verkauft B das Surfbrett für 800 € an seine Urlaubsbekanntschaft (vgl. Fall 17) C. C glaubt, dass das Surfbrett dem B gehöre und lässt es sich übereignen. Kann E das Brett von C (falls er diese jemals treffen sollte) herausverlangen?

- ▪ An welchen (sachenrechtlichen) Herausgabeanspruch könnte man denken?
- ▶ An den Herausgabeanspruch des Eigentümers gegen den Besitzer gem. § 985 (nochmals lesen!).
- ▪ Welche Voraussetzung muss für diesen Anspruch zunächst erfüllt sein?
- ▶ E müsste noch **Eigentümer** des Surfbrettes sein!

Ursprünglich war E Eigentümer des Brettes. Er könnte das Eigentum aber dadurch verloren haben, dass B das Brett gem. **§ 929 S. 1** an C übereignet hat. Eine **Einigung** zwischen B und C und die **Übergabe** an C sind gegeben.

- ▪ Problematisch ist nur die **Berechtigung**. War B berechtigt, der C das Eigentum an dem Surfbrett zu verschaffen?
- ▶ B war nicht Eigentümer des Brettes. Da der Sachverhalt keinen Hinweis enthält, dass E in die Verfügung eingewilligt (§ 185 I) oder die Verfügung genehmigt (§ 185 II) hat, war B nicht berechtigt, das Eigentum auf C zu übertragen. Er war also **Nichtberechtigter**.

---

[123] Die Einwilligung ist die vorherige Zustimmung (Legaldefinition § 183 S. 1), die Genehmigung die nachträgliche Zustimmung (Legaldefinition § 184 I). Der Oberbegriff ist also die Zustimmung.

4. Kapitel. Eigentumserwerb an beweglichen Sachen

116 C könnte aber das Eigentum wirksam erworben haben, wenn sie »gutgläubig« war. Dies ergibt sich aus § 932 (ganz lesen!). Der gute Glaube muss sich dabei auf das *Eigentum* des Veräußerers beziehen (§ 932 II). Der gute Glaube an die (in Wahrheit fehlende) Geschäftsfähigkeit oder eine (nicht vorhandene) Verfügungsbefugnis wird durch § 932 *nicht* geschützt.[124]

> **Hinweis:** Im Handelsrecht ist als Ausnahme dazu gem. § 366 I HGB auch der gute Glaube an die Verfügungsbefugnis geschützt.[125] Kommentieren Sie sich daher am besten § 366 HGB an § 932 II!

- Wenn Sie § 932 I und II aufmerksam gelesen haben, dürfte Ihnen die Antwort auf die Frage, ob die C bezüglich des Eigentums des B in gutem Glauben war, nicht schwerfallen!
▶ Es sind keine Anhaltspunkte ersichtlich, aus denen C hätte entnehmen können oder müssen, dass B nicht der Eigentümer ist. C glaubt laut Sachverhalt, dass das Surfbrett dem B gehört.

Zu ihren Gunsten wirkt sich der »Rechtsschein« des Besitzes aus, den der ursprüngliche Eigentümer selbst veranlasst hat. E hatte seinen Besitz aufgrund der Leihe an B freiwillig abgegeben. Lesen Sie hierzu noch einmal § 1006 I 1. Sofern nicht das Gegenteil bewiesen ist, wird vermutet, dass der Besitzer einer Sache auch der Eigentümer ist.

Wenn dieser Rechtsschein, den der Eigentümer durch die Aufgabe des Besitzes selbst veranlasst hat, nicht mit der Wirklichkeit übereinstimmt, soll nach dem Willen des Gesetzgebers nicht der gutgläubig auf diesen Rechtsschein Vertrauende, sondern der Eigentümer selbst die Konsequenzen tragen. Er muss sich in diesem Fall mit dem nichtberechtigten Veräußerer auseinandersetzen.[126]

C ist also gem. §§ 929 S. 1, 932 I 1 Eigentümerin des Surfbrettes geworden.

Im Fall des § 929 S. 2 gilt für den gutgläubigen Erwerb § 932 I 2 (lesen!). Der Erwerber hat die Sache schon in Besitz und hat diesen Besitz von dem Veräußerer erlangt, den er gutgläubig für den Eigentümer hält.

117 ■ Zur Wiederholung: Welche **Ansprüche** kann **E gegen B** geltend machen, der ihm das Brett nicht mehr zurückgeben kann, da es in das Eigentum der C übergegangen ist? Es kommen mehrere Anspruchsgrundlagen in Betracht! Überlegen Sie!
▶ Wenn E schon nicht das Brett zurückbekommen kann, so wird er zumindest Schadensersatz wollen.
Ein vertraglicher Schadensersatzanspruch ergibt sich aufgrund von B zu vertretender Unmöglichkeit, also aus § (?[127])! Außerdem hat B als nichtberechtigt Verfügender das Eigentum des E verletzt, sodass ein Schadensersatzanspruch auch aus § 823 I begründet ist. Zudem hat er einen Anspruch auf Herausgabe des Erlangten (800 € Kaufpreis) gem. § 816 I 1.

---

124 *Prütting*, Rn. 427; *Creifelds*, Stichwort Gutgläubiger Erwerb, Ziff. 2.
125 Vgl. dazu ausführlich Wörlen, HR, Rn. 287–292.
126 Diesem Rechtsgedanken liegt übrigens eine alte Rechtsregel aus dem germanischen Recht zugrunde, die besagt: »Wo Du Deinen Glauben gelassen hast, da sollst Du ihn suchen«, vgl. *Conrad*, S. 166.
127 §§ 280 I und III, 283, 598 (§§ 604, 275 I).

I. Rechtsgeschäftlicher Eigentumserwerb

c) Gutgläubiger Erwerb bei Besitzkonstitut (§§ 929 S. 1, 930, 933)

Lesen Sie § 933!

> **Beispiel:** E leiht dem B auf unbestimmte Zeit sein Auto. E ist also Eigentümer und mittelbarer Besitzer, B ist unmittelbarer Besitzer. Wenn B das Auto als Nichtberechtigter an den C gem. § 929 S. 1 übereignet, es diesem also zugleich übergibt, wird C (wie eben unter b dargestellt) gem. § 932 I 1 gutgläubig Eigentümer. Möglich wäre jedoch auch, dass sich B gegenüber C als Eigentümer des Autos ausgibt und mit C, von dem er ein Darlehen will, vereinbart, dass C gem. **§§ 929 S. 1, 930** das Sicherungseigentum und den mittelbaren Besitz an dem Auto erhalten und B noch unmittelbarer Besitzer bleiben soll.

▪ Zu welchem Zeitpunkt kann C gem. **§ 933** gutgläubiger Eigentümer werden?
▶ Wenn B dem C die Sache *übergibt* und C dann immer noch in *gutem Glauben* ist!

Allein durch die *Vereinbarung* eines Besitzkonstituts ist ein gutgläubiger Erwerb nicht möglich. Vor der Übergabe an den (gutgläubigen Erwerber) kann der wahre Eigentümer immer noch seinen Herausgabeanspruch aus § 985 geltend machen.

d) Gutgläubiger Erwerb bei Abtretung des Herausgabeanspruchs (§§ 929 S. 1, 931, 934)

Den wohl schwierigsten Fall des gutgläubigen Eigentumserwerbs regelt § 934 (lesen!). § 934 ermöglicht den gutgläubigen Erwerb bei Abtretung des Herausgabeanspruchs (vgl. § 931), und zwar auf zwei Arten, die wir uns mit Hilfe eines Übungsfalles verdeutlichen wollen.

> **Übungsfall 19**
>
> K kauft von V ein Fahrrad unter Eigentumsvorbehalt. Bevor K den Kaufpreis voll bezahlt hat,
> a) vermietet er das Fahrrad an M, dem es infolge dessen Verschuldens gestohlen wird. M leistet dem K dafür Schadensersatz. Als Gegenleistung übereignet K dem gutgläubigen M das Fahrrad.
> b) bringt K das Fahrrad zur Reparatur zu U, dann verkauft und übereignet K das Rad an den gutgläubigen E.

Wer ist in den Fällen a) und b) Eigentümer geworden?

Um die Frage für **Fall 19 a)** beantworten zu können, müssen wir rechtlich einordnen, was tatsächlich geschehen ist.

▪ Wer ist ursprünglich **Eigentümer** des Fahrrads?
▶ Der Verkäufer V!

K wird aufgrund des Eigentumsvorbehalts (§§ 449, 929 S. 1, 158 I) erst mit Zahlung der letzten Rate Eigentümer. V ist somit auch zum Zeitpunkt der Vermietung an M noch Eigentümer. Er verliert allerdings in dem Moment, in welchem K vermietet, seinen mittelbaren Besitz, da K keinen Fremdbesitzwillen mehr hat.

Nur V wäre also berechtigt, für das gestohlene Rad Schadensersatz zu verlangen und nur er wäre auch berechtigt, dem M das gestohlene Fahrrad zu übereignen.

▪ Nach welchen Vorschriften könnte V als wahrer Eigentümer, also als **Berechtigter** diese Übereignung vornehmen?

4. Kapitel. Eigentumserwerb an beweglichen Sachen

▶ Durch Einigung gem. § 929 S. 1 und Abtretung des Herausgabeanspruchs nach § 931. Dadurch wäre M sofort Eigentümer geworden, ohne dass es darauf ankommt, bei wem sich das Fahrrad im Augenblick befindet.

120 Da aber in Fall 19 a) nicht der wahre Eigentümer V die Übereignung nach §§ 929 S. 1, 931 vorgenommen hat, sondern K als **Nichtberechtigter**, stellt sich die Frage, ob M auch im Falle einer Übereignung nach §§ 929 S. 1, 931 gutgläubig Eigentümer wird.

Diese Frage beantwortet **§ 934** (nochmal lesen!). Ein gutgläubiger Erwerb durch Abtretung des Herausgabeanspruchs ist demnach in *zwei* Fällen möglich.

■ Versuchen Sie einmal, diese beiden Fälle selbst aus der Formulierung des § 934 zu unterscheiden. Wann kann M nach dieser Vorschrift gutgläubig Eigentum erwerben?
▶ 1. Variante: Wenn der – nichtberechtigte – Veräußerer *mittelbarer* Besitzer ist, mit Abtretung des Herausgabeanspruchs und (»anderenfalls«)
2. Variante: Wenn der Veräußerer *nicht* mittelbarer Besitzer ist, erst, wenn er den unmittelbaren Besitz der Sache von dem Dritten erlangt.
■ Welche dieser beiden Varianten trifft auf Fall 19 a) zu? (Überlegen Sie!)
▶ Da der Veräußerer K weder unmittelbaren Besitz (der liegt offenbar beim Dieb) noch mittelbaren Besitz hat, handelt es sich um die zweite Variante!
■ Was wäre Voraussetzung dafür, dass K mittelbaren Besitz hätte?
▶ Der unmittelbare Besitzer müsste den Willen haben, für K zu besitzen, d.h., den sogenannten Fremdbesitzwillen; der aber liegt beim Dieb regelmäßig nicht vor.

M wird in Fall 19 a) nicht schon mit der Abtretung des Herausgabeanspruchs gutgläubig Eigentümer, sondern erst, wenn es ihm gelingt, dem Dieb das Fahrrad »abzujagen«, also mit Besitzerlangung, §§ 929 S. 1, 931, 934 2. Var.

Bevor wir Fall 19 b) als Beispiel für die erste Variante von § 934 lösen, wollen wir uns die nicht ganz einfache Konstruktion der *zweiten* Variante anhand einer grafischen Skizze zu Fall 19 a) einprägen, in der wir uns die Rechtsstellung der Beteiligten in den einzelnen »Stationen« des Falles verdeutlichen:

I. Rechtsgeschäftlicher Eigentumserwerb

§ 934, 2. Variante [aus Beispiel von Übungsfall 19 a)]

121

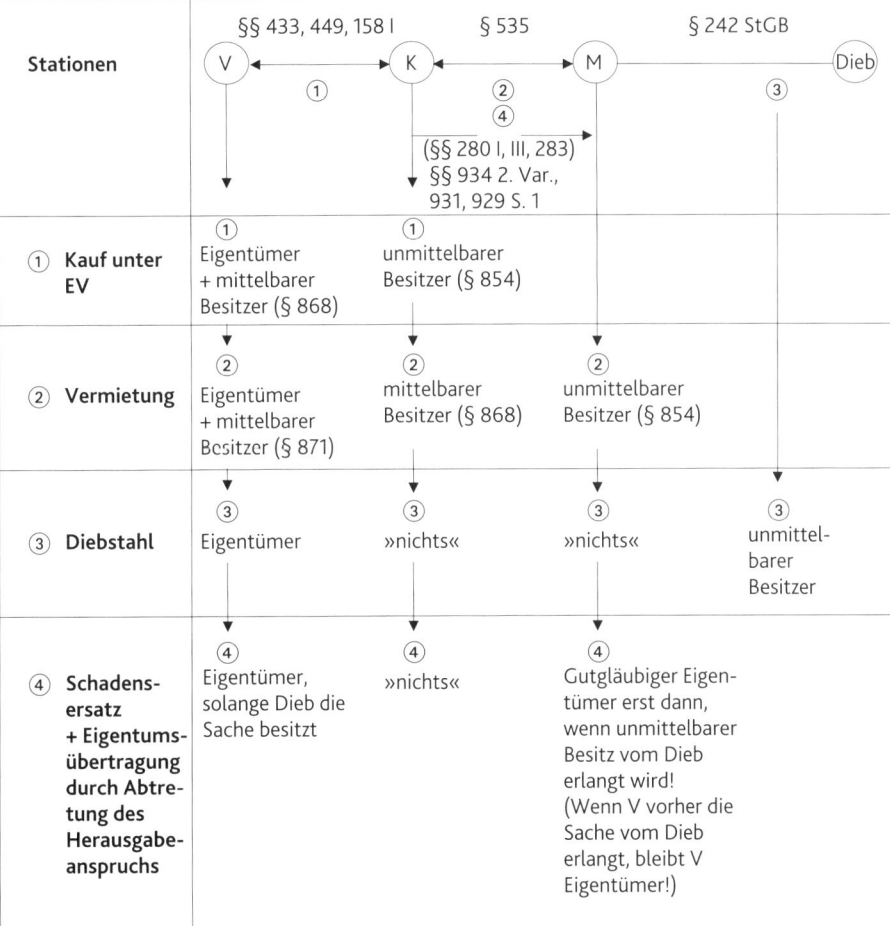

122 Die Lösung von **Fall 19 b)** ergibt sich aus der folgenden grafischen Skizze:

§ 934, 1. Variante [aus Beispiel von Übungsfall 19 b)]

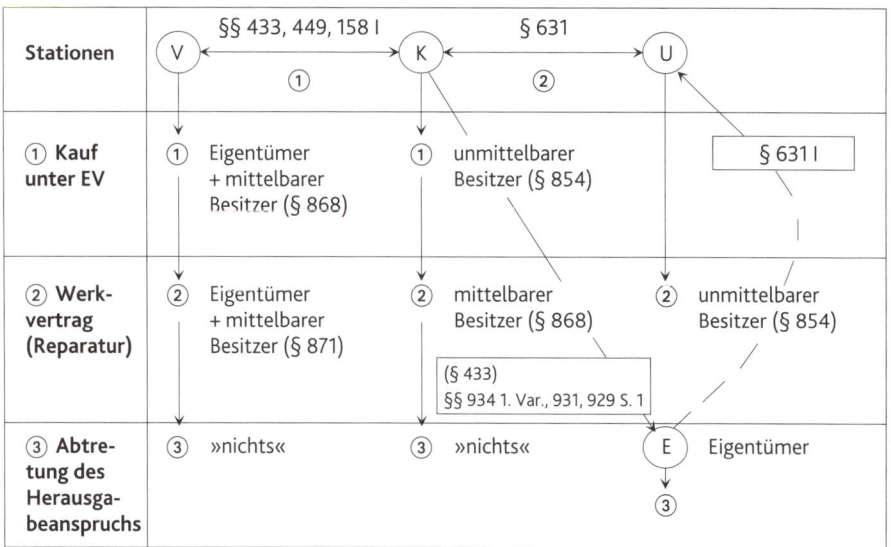

Als K das Fahrrad dem U zur Reparatur gab, erlangte U den unmittelbaren Besitz, während K und der Eigentümer V jeweils mittelbare Besitzer wurden: U besaß das Fahrrad nicht »für sich«, sondern hatte den Willen, es »für K« zu besitzen, (Fremdbesitzwille), und zu reparieren.

K hat als *mittelbarer* Besitzer und nichtberechtigter Veräußerer seinen Herausgabeanspruch aus dem Werkvertrag gegen U an den gutgläubigen E abgetreten (§ 398). Somit hat E mit Abtretung des Herausgabeanspruchs sofort gutgläubig das Eigentum an dem Fahrrad gem. §§ 929 S. 1, 931, 934 Var. 1 erworben.

e) Ausschluss des gutgläubigen Erwerbs

123 Der gutgläubige Erwerb ist grundsätzlich ausgeschlossen, wenn die Sache gestohlen worden, verlorengegangen oder sonst »abhanden gekommen« ist, **§ 935 I** (lesen!).

Um den wichtigen § 935 in der Klausur nicht zu übersehen, sollten Sie sich diesen insbesondere an § 932 II kommentieren!

»Abhanden gekommen« ist gem. § 935 I eine Sache, wenn dem Eigentümer (§ 935 I 1) oder dem unmittelbaren Besitzer (§ 935 I 2 – lesen!), dem der Eigentümer die Sache bewusst (»freiwillig«) überlassen hat, der unmittelbare Besitz gegen seinen Willen (»unfreiwillig«) oder ohne sein Wissen entzogen wurde.[128]

In diesem Fall hat der Eigentümer nicht den Rechtsschein gesetzt, auf den der gutgläubige Erwerber vertrauen konnte. Gutgläubiger Erwerb ist also nur möglich,

---
128 Palandt/*Bassenge*, § 935 Rn. 3; *Prütting*, Rn. 433.

I. Rechtsgeschäftlicher Eigentumserwerb

wenn der Eigentümer das Auseinanderfallen von Eigentum und dem unmittelbaren Besitz des Veräußerers bewusst veranlasst hat. Nur wenn der Eigentümer freiwillig die Sache aus der Hand gibt, soll er das damit einhergehende Risiko übernehmen.[129]

Gem. **§ 935 II** findet § 935 I keine Anwendung auf Geld oder Inhaberpapiere sowie auf Sachen, die im Wege öffentlicher Versteigerung veräußert werden. Kommen diese abhanden, bleibt also ein gutgläubiger Erwerb möglich.

Lesen Sie nun die zusammenfassende Übersicht 9, Rn. 124–125.

Literatur zur Vertiefung (Rn. 114–125): *Alpmann und Schmidt*, SachR 1, 3. Teil; *Baur/Stürner*, § 52; *Grunewald*, § 36 II; *Schreiber*, Dritter Teil, 2. Kap., A, II. u. III.; *ders.*, Die Eigentumsvermutung für den Besitzer, Jura 2003, 392; *ders.*, Der Eigentumserwerb an abhanden gekommenen Sachen, Jura 2004, 238; *Prütting*, § 35; *Westermann*, Einführung, Kap. 16, II.; *ders.*, §§ 45–49; *H.P. Westermann*, §§ 7 u. 8.

---

129 Ausführlich mit Beispielen *Prütting*, Rn. 433–435.

4. Kapitel. Eigentumserwerb an beweglichen Sachen

124

Übersicht 9

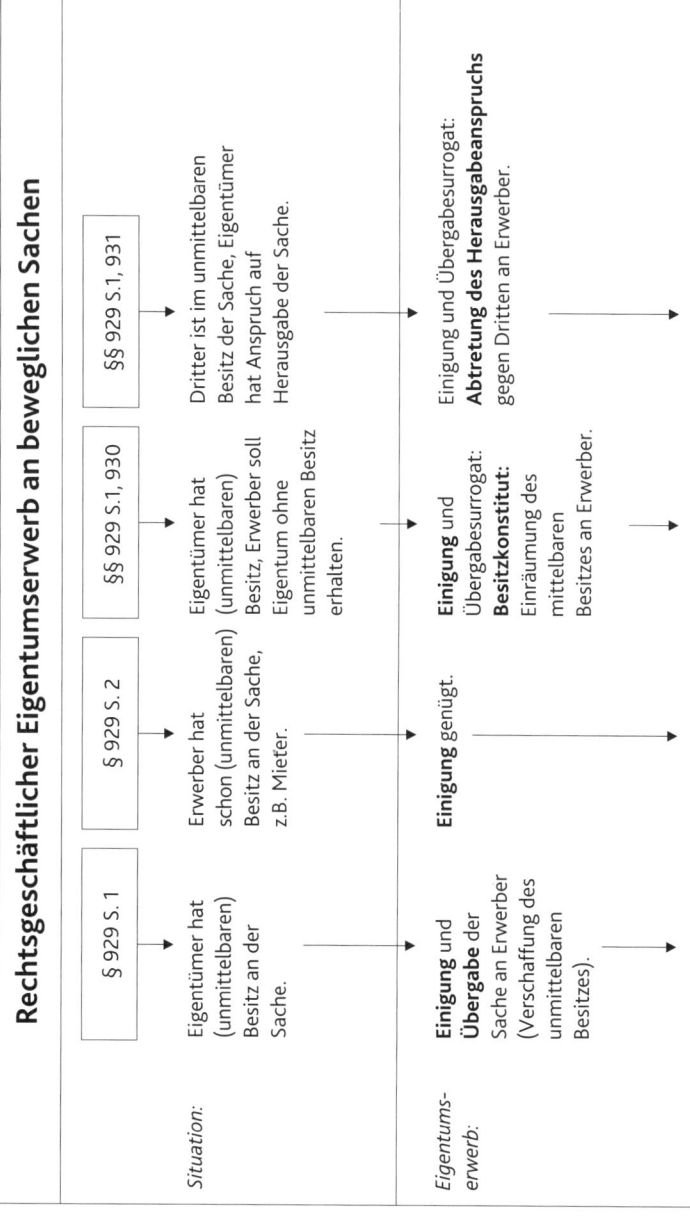

Gutgläubiger Erwerb des Eigentums an beweglichen Sachen

	§ 932 I 1	§ 932 I 2	§ 933	§ 934
Voraussetzungen:	Einigung mit (rechtmäßigem) Besitzer u. Übergabe d. Sache an Erwerber, der den Besitzer gutgläubig für Eigentümer hält.	Erwerber hat die Sache schon in Besitz und hat diesen Besitz von dem Veräußerer erlangt, den er gutgläubig für Eigentümer hält.	Erwerber vereinbart mit Veräußerer Besitzkonstitut i.S.v. § 930, 868: Gutgl. Erwerber wird mittelbarer Besitzer, aber erst mit Übergabe der Sache Eigentümer.	Veräußerer tritt anstelle des Eigentümers schuldrechtlichen Herausgabeanspruch gegen Dritten an gutgläubigen Erwerber ab. → Var. 1 **Veräußerer ist mittelbarer Besitzer:** Erwerber wird mit Abtretung Eigentümer → Var. 2 **Veräußerer ist nicht mittelbarer Besitzer:** Erwerber wird erst mit Übergabe von Drittem Eigentümer
Beispiele:	Mieter übereignet Mietsache nach § 929 S. 1.	Mieter verleiht Mietsache und übereignet an Entleiher nach § 929 S. 2.	Mieter übereignet Mietsache gem. §§ 929, 930 zur Sicherung eines Kredits an gutgläubige Bank.	Mieter verleiht Mietsache. Anschließend verkauft er an gutgläubigen Dritten und tritt diesem den Herausgabeanspruch gegen den Entleiher ab.	Mieter M 1 vermietet Sache an M 2, dem sie gestohlen wird. M 1 kassiert von M 2 Schadensersatz und tritt Herausgabeanspruch an gutgläubigen M 2 ab.

Merke:
1) Kein **guter Glaube** liegt vor im Falle des § 932 II
2) Kein gutgläubiger Erwerb von dem Eigentümer »abhanden gekommenen« Sachen = § 935 I; Ausnahmen: § 935 II

II. Gesetzlicher Eigentumserwerb

126 Der rechtsgeschäftliche Eigentumserwerb (ob vom Berechtigten oder Nichtberechtigten) setzt immer eine Einigung (§ 929 S. 1) zwischen Veräußerer und Erwerber voraus, der sich in Form der Übergabe ein Realakt oder ein Übergabesurrogat anschließt.

Darüber hinaus gibt es im BGB noch einige Arten des Eigentumserwerbs, bei denen ein Realakt ausreicht, um den Eigentümerwechsel herbeizuführen. Hierzu gehören:

- Ersitzung
- Verbindung und Vermischung
- Verarbeitung
- Eigentumserwerb an Schuldurkunden
- Aneignung
- Fund.

1. Ersitzung

127 Die in § 937 geregelte Ersitzung soll die Diskrepanz zwischen Eigentum und Besitz beseitigen. Wenn der Besitzer eine Sache zehn Jahre lang im Glauben an sein bestehendes Eigentum in Besitz gehabt hat, erwirbt er – entgegen § 935! – das Eigentum (§ 937 lesen!).

Grundlage ist also der Eigenbesitz i.S.d. § 872. Dieser liegt vor, wenn der Besitzer die Sache »als ihm gehörend«, also wie ein Eigentümer, besitzt.[130] Diese Regelung dient sowohl dem Verkehrsinteresse als auch dem Individualinteresse des Besitzers.

Zum besseren Verständnis folgender

> **Übungsfall 20**
>
> D hat das Mountainbike des E gestohlen und an den gutgläubigen K weiterveräußert. Nachdem K das Fahrrad sechs Jahre lang selbst genutzt hat, verkauft er es an den B. Nach weiteren vier Jahren wird der Kaufvertrag rückgängig gemacht und das Mountainbike wandert wieder zu K.

Ist K Eigentümer des Fahrrads geworden?

- Ein gutgläubiger Erwerb des K gem. §§ 929 S. 1, 932 I 1 scheitert an § 935 I, da das Fahrrad gestohlen wurde. Liegen seitens K die Voraussetzungen für eine Ersitzung nach § 937 vor?
- ▶ Da K das Fahrrad lediglich sechs Jahre lang gutgläubig im Eigenbesitz hatte, aber für den Eigentumserwerb kraft Gesetzes zehn Jahre erforderlich sind, greift § 937 I nicht ein.
- Suchen Sie im Gesetz, ob sich aus den §§ 938 ff. die Lösung unseres Falles ergibt!
- ▶ Gefunden? Falls nicht: siehe Fußnote[131].

Dem Eigenbesitzer, der den Besitz an der Sache freiwillig weggibt, kommt die Regelung des § 943 zugute: B ist aufgrund des mit dem Eigenbesitzer K geschlossenen Kaufvertrages Rechtsnachfolger des K im Besitz an der Sache i.S.d. § 943. Mit der

---

130 S. hierzu nochmals oben Rn. 28 ff.
131 **§ 943!**

Rückgabe des Fahrrads (aufgrund der Rückgängigmachung des Kaufvertrags) wird K Rechtsnachfolger des B im Besitz.

- Ergebnis von Fall 20?
- Die **Besitzzeit** des K bis zur Übergabe an B wird nach § 943 dem B zugerechnet. Nach der Rückgabe des Fahrrads wird die sechsjährige Besitzzeit des K bis zur Übergabe der Kaufsache an B und die vierjährige Besitzzeit des B nach § 943 dem K zugerechnet. Insgesamt handelt es sich um zehn Jahre.
Folglich ist K (erst) nach Ablauf dieses Zeitraums Eigentümer des Mountainbikes geworden.

Voraussetzung für den Eigentumserwerb ist gem. § 937 II, dass weder K noch B *während* der ganzen Ersatzungszeit *positive Kenntnis* (»später erfährt«) vom fehlenden Eigentum erlangen. *Beim Erwerb* des Eigenbesitzes müssen sie zudem in gutem Glauben gewesen sein; es dürfen ihnen zu dieser Zeit also auch keine Umstände bekannt gewesen sein, die jeden Unbefangenen ohne weiteres zu der Annahme veranlassen mussten (= *grobe Fahrlässigkeit*), Nichteigentümer der Sache zu werden. Aus der Formulierung des § 937 II ergibt sich, dass der gute Glaube des Eigenbesitzers und seines Rechtsvorgängers vermutet wird.

Wenn der Eigenbesitz *verloren* geht, kommt gem. §§ 940, 942 nach der Wiedererlangung des Besitzes nur eine selbstständige Ersitzung aufgrund der neu beginnenden Besitzzeit in Frage.[132]

2. Verbindung und Vermischung

a) Verbindung einer beweglichen Sache mit einem Grundstück

Wenn eine bewegliche Sache zum wesentlichen Bestandteil einer anderen Sache wird, kann dieser Bestandteil nach § 93 nicht mehr Gegenstand besonderer Rechte sein. Wem das Eigentum an der neuen einheitlichen Sache zusteht, wird für die Verbindung einer beweglichen Sache mit einem Grundstück in § 946 (lesen!) geregelt. Hierzu

128

> **Übungsfall 21**
>
> Eigentümer E lässt auf seinem Grundstück eine Mauer bauen. Nachbar B, der dabei ist, seine Garage umzubauen, lagert auf seinem Grundstück ähnliche Steine, wie E sie auf seinem Grundstück für seine Mauer braucht. Die Maurer des E verarbeiten versehentlich die an der Grenze liegenden Steine des B in der Mauer des E. B möchte seine Steine zurück.

Welchen Anspruch hat B gegen E?[133]

- Kann B gem. **§ 985** Herausgabe der Steine verlangen?
- B müsste noch **Eigentümer** der Steine sein. Durch die Verbindung sind die Steine aber wesentlicher Bestandteil (§ 93) der Mauer und damit wesentlicher Bestandteil des Grundstücks (§ 94) des E geworden. Gem. **§ 946** ist E Eigentümer der Steine geworden. Ein Herausgabeanspruch des B ist unbegründet.

---

132 Auf die Ausnahmeregelung des § 940 II wird i.R.d. Grundrisses nicht näher eingegangen.
133 S. auch *Wörlen/Metzler-Müller*, BGB AT, Fall 5 c), Rn. 90.

- Wie das Gesetz dem B für den Eigentumsverlust an den Steinen einen Ausgleich gewährt, sollten Sie wissen, wenn Sie sich an das erinnern, was Sie im Zusammenhang mit den Sachbestandteilen gelernt haben ... (Überlegen Sie!)
  ▶ Da es unsinnig wäre, die Mauer abreißen zu lassen, damit B wieder zu seinen Steinen kommt, lässt das Gesetz den E zwar gem. § 946 Eigentümer der Steine werden. E muss aber den Eigentumsverlust des B gem. § 951 ausgleichen[134] – § 951 I 1 lesen! Unterstreichen Sie in § 951 I die Worte »ungerechtfertigten Bereicherung« und schreiben Sie »§ 812 I 1, 2. Var.« an den Rand!

129 Die Regelung des § 946 enthält zwingendes Recht. Auch wenn der ursprüngliche Eigentümer einen Eigentumsvorbehalt an der beweglichen Sache vereinbart hatte, tritt der Eigentumsverlust ein. Grundsätzlich sind sachenrechtliche Normen nicht abdingbar.[135]

Wird die bewegliche Sache *nicht* wesentlicher Bestandteil bzw. überhaupt nicht Bestandteil der unbeweglichen Sache, bleibt die Eigentumslage an der beweglichen Sache unverändert. So z.B. wenn der Eigentümer eine Bewässerungsanlage auf einem Grundstück installiert, die jederzeit wieder ohne großen Aufwand entfernt werden kann. In diesem Fall verbleibt es bei den bisherigen Eigentumsverhältnissen.

b) Verbindung mehrerer beweglicher Sachen

130 Werden mehrere bewegliche Sachen (die verschiedenen Eigentümern gehören) in der Weise miteinander verbunden, dass sie wesentliche Bestandteile einer einheitlichen Sache werden, muss eine Neuordnung der Eigentumsverhältnisse erfolgen; denn sonst würde das Sondereigentum an jeder einzelnen Sache unverändert fortbestehen.

§ 947 stellt darauf ab, ob eine der verbundenen Sachen als *Hauptsache* anzusehen ist. In diesem Fall erwirbt der Eigentümer der Hauptsache das *Alleineigentum* an der ganzen Sache (§ 947 II – lesen!). Andernfalls werden die bisherigen Eigentümer *Miteigentümer* der neuen Sache (vgl. § 1008); der jeweilige Miteigentumsanteil bestimmt sich nach dem Wertverhältnis der einzelnen Sachen im Zeitpunkt der Verbindung (§ 947 I).

Zur Verdeutlichung dieser Problematik

> **Übungsfall 22**
>
> Zwei Brüder wollen ihrer verstorbenen Mutter eine würdige Gedenkstätte errichten. Der eine, Bildhauer B, fertigt ein Relief (Madonna) im Wert von 2.000 €, der andere (S) stellt den Grabstein mit der Inschrift (Wert: 500 €). Beide Teile werden fest miteinander verbunden.

Anschließend lässt ein Gläubiger des B das Relief pfänden.

131 - Welche **Eigentumsverhältnisse** bestehen an dem Grabstein?
  ▶ Gem. § 947 I sind die bisherigen Eigentümer Miteigentümer an dem Grabstein geworden, und zwar B zu 4/5 und S zu 1/5.
- Welche Auswirkungen hat die **Pfändung**? – Gesetz weiterlesen!

---

134 Näheres hierzu unten Rn. 135 ff.
135 Erman/*Lorenz*, Einl. 2 vor § 854.

> Gem. § 949 S. 2 setzen sich die im Zeitpunkt der Verbindung an den Sachen bestehenden beschränkten dinglichen Rechte an den Miteigentumsanteilen fort. Das Pfandrecht besteht also an dem 4/5-Anteil des B.

Sie werden bestimmt bei Fall 22 gemerkt haben, dass eine Begründung für Miteigentum »vom Gefühl her« schwierig ist.

Ob Miteigentum an der neuen Sache oder Alleineigentum vorliegt, entscheidet die **Verkehrsauffassung**. Selbstverständlich spielt das Werteverhältnis eine Rolle. Der BGH begründete das Vorliegen einer Hauptsache einmal so: Wenn die übrigen Bestandteile fehlen könnten, ohne dass das Wesen der Sache dadurch beeinträchtigt wird, liegt eine Hauptsache vor.[136] Danach ist eine Sache selten Hauptsache.

> Beispiel: Eine Maschine ist Hauptsache gegenüber den Schrauben, eine Werbetafel gegenüber den aufgeklebten Plakaten.

Da die technische Entwicklung in den vergangenen 100 Jahren riesige Fortschritte gemacht hat, werden heute oft Sachen, die um die Jahrhundertwende 1899/1900 wesentliche Bestandteile wurden, nicht mehr wesentliche Bestandteile, da sie serienmäßig hergestellt werden (z.B. der Motor eines Kraftfahrzeugs).

c) Vermischung und Vermengung

Eine **Vermischung** bezieht sich auf *Flüssigkeiten*. Diese liegt vor, wenn bewegliche Sachen derart miteinander vereinigt werden, dass entweder ihre Trennung tatsächlich unmöglich (»untrennbar«) oder aber mit unverhältnismäßigen Kosten verbunden ist (§ 948 I und II lesen!).

- Fallen Ihnen für die Vermischung *Beispiele* ein?
> Beispiele sind: Verschnitt von Weinen oder Vermischung von Wein und Essig.

Die **Vermengung** betrifft *feste bewegliche Sachen*.

- Was kommt hierfür als *Beispiel* in Betracht? Denken Sie an Ihre alltäglichen Einkäufe!
> Beispiele für die Vermengung beim Einkauf sind die Geldstücke in der Kasse. Außerdem: Vermengung von Getreide; fremde Schafe, die sich einer Herde anschließen.

Ist *keine* der Sachen als Hauptsache anzusehen, erlangen gem. §§ 948, 947 I die Eigentümer der einzelnen vermengten bzw. vermischten Sachen **Miteigentum** an der Sachgesamtheit, wobei sich das Werteverhältnis nach der Teilmenge richtet.

Ist eine der vermischten oder vermengten Sachen hingegen *Hauptsache*, so wird deren Eigentümer nach §§ 948, 947 II **Alleineigentümer** der Sachgesamtheit.

Da die Sachen untrennbar vermischt oder vermengt werden (§ 948), spielt das zahlen- oder mengenmäßige Übergewicht für die Bestimmung der Hauptsache eine Rolle:

> Beispiel: Wenn Öl zweier Raffinerien in einen Tank läuft und ein Anteil nur 10% des Gesamtinhalts der Tankfüllung ausmacht, erwirbt die Raffinerie mit dem 90%-igen Anteil Alleineigentum an dem Tankinhalt.

---

136 BGHZ 20, 159, 163 = NJW 1956, 788; s. dazu *Wolf/Wellenhofer*, § 9 Rn. 25 mit Beispielen.

3. Verarbeitung

133 Nur bei beweglichen Sachen sieht das Gesetz in § 950 den Eigentumserwerb aufgrund einer Verarbeitung und Umbildung vor (für Grundstücke hingegen gilt § 946 – Vorschriften lesen!). Wenn die hergestellte neue Sache einen neuen Namen führt, ist dies stets ein Hinweis auf eine Verarbeitung.

- ■ Kennen Sie etwa »gebackenes Mehl«, »zugeschnittenen Kleiderstoff«, »gewebte Wolle«? Wie lauten die Fachausdrücke (=»neuen Namen«) hierfür?
- ▶ Brot, Kostüm bzw. Kleid oder Anzug, Stoff.[137]

Der Eigentumserwerb tritt zugunsten des **Herstellers** ein. Das ist derjenige, der nach der Verkehrsauffassung die Organisationshoheit über den Produktionsprozess innehat, also regelmäßig der Unternehmer.[138]

Lesen Sie § 950 I und lösen dann folgenden

> **Übungsfall 23**
>
> Dem Bauern B wird nachts ein Schwein gestohlen. Der Dieb verkauft und übereignet es an den Metzger H. Anschließend verarbeitet der Metzger das Schwein zu Würsten und Schinken. Was kann B tun?

134 H konnte wegen § 935 zunächst nicht gutgläubig gem. §§ 929 S. 1, 932 I 1 Eigentümer werden. Nachdem H das Schwein aber verarbeitet hatte, wurde er Eigentümer der Würste und des Schinkens gem. § 950 I 1. § 935 hilft dem B also nicht mehr. B hat aber gem. § 951 I 1 i.V.m. §§ 812 I 1, 2. Var., 818 II einen Anspruch auf Wertersatz. D.h., H muss B den Wert des verarbeiteten Schweinefleischs ersetzen. So gesehen hat H trotz des Eigentumserwerbs nach § 950 wenig »Schwein gehabt« ...

Rechtliche Probleme können sich durch die Regelung des § 950 namentlich beim Eigentumsvorbehalt oder der Sicherungsübereignung ergeben!

- ■ Überlegen Sie selbst, welche Probleme dies sein könnten!
- ▶ Ware, die unter Eigentumsvorbehalt gekauft oder zur Sicherung eines Kredits übereignet wird, ist häufig dazu bestimmt, vom Kreditnehmer noch verarbeitet zu werden. Die Verarbeitung kann nach § 950 bewirken, dass der Kreditnehmer das Eigentum erwirbt und somit der Sicherungszweck vereitelt wird.

Die Frage ist, ob und wie dieser Eigentumserwerb durch Vereinbarung (= »Verarbeitungsklausel«) ausgeschlossen werden kann.[139] Das hängt auch davon ab, ob § 950 zwingendes oder dispositives (abdingbares) Recht[140] enthält.

Die h.M. hält § 950 zwar für zwingendes Recht, was seiner Stellung im Sachenrecht gerecht wird. Die Parteien können aber durch Vereinbarung einer »Verarbeitungsklausel« bestimmen, dass der Kreditnehmer für den Kreditgeber herstellen soll. Um den Kreditnehmer nicht Eigentum erwerben zu lassen, kann also vereinbart werden,

---

137 *Prütting*, Rn. 459.
138 *Prütting*, Rn. 463 f., Palandt/*Bassenge*, § 950 Rn. 6 f.
139 Diese Problematik ist umstritten, s. *Medicus/Petersen*, BR, Rn. 515 ff.
140 Vgl. *Wörlen/Metzler-Müller*, BGB AT, Rn. 283 ff.

dass »Hersteller« (i.S.v. § 950 I) der »neuen« Sache der Kreditgeber (also der Vorbehalts- oder Sicherungseigentümer) sein soll.[141]

4. Ausgleichsansprüche bei Verbindung, Vermischung und Verarbeitung

Wie wir gesehen haben, wird dem Eigentümer in den §§ 946–950 der Verlust seines Eigentums zugemutet, damit die Wirtschaftseinheit der Hauptsache erhalten bleibt bzw. der Arbeitswert berücksichtigt wird (vgl. § 950). Als Ersatz für diesen Verlust sieht **§ 951 I 1** einen Ausgleichsanspruch in Geld vor. Darin besteht der im Eigentum verkörperte Wert fort, weshalb dieser Anspruch auch *Rechtsfortwirkungsanspruch* genannt wird.[142]

135

Schreiben Sie sich § 951 jeweils neben die §§ 946–950!

Tritt an die Stelle des Eigentums ein Miteigentumsanteil gem. §§ 947 I, 948, so kommt ein Ausgleichsanspruch nach § 951 I nicht in Betracht, da der Eigentümer ja Ersatz für das ursprüngliche Recht erhalten hat.

a) Bereicherungsanspruch

Lassen Sie uns das bisher Gelernte wiederholen und vertiefen mit

> **Übungsfall 24**
>
> B ist Eigentümer eines älteren Hauses, dessen Wasserentnahmestellen (Spüle, Waschbecken, Dusche und Bad) noch getrennte Zapfhähne (jeweils kalt und warm) haben. Er beschließt eine Modernisierung. Als Maßnahme zur Einsparung von Heizenergie und Wasser lässt er vom Installateur E Mischbatterien einbauen. Im Rahmen des Werkvertrages vereinbaren B und E u.a. Folgendes: »Die von E gelieferten Mischbatterien bleiben bis zur vollständigen Bezahlung Eigentum des E. B bestätigt, dass die von E eingebauten Teile nur als vorübergehend eingebaut gelten.«
>
> Da B trotz mehrerer Zahlungsaufforderungen nicht die Rechnung des E begleicht und wegen dessen desolater Finanzlage die Zwangsversteigerung des Grundeigentums droht, möchte E die Mischbatterien wieder ausbauen. Hat E darauf einen Anspruch?

- ■ Als Anspruchsgrundlage kommt **§ 985** in Betracht. Damit E von B die Mischbatterien gem. § 985 herausverlangen kann, müsste E noch deren **Eigentümer** sein. Liegt ein Eigentumsverlust kraft Gesetzes vor? (Antwort bitte mit Paragrafenangabe begründen!)
- ▶ Ein Eigentumsverlust kommt gem. **§ 946** in Betracht, wenn die Mischbatterien wesentlicher Bestandteil des Hauses geworden sind.
- ■ In welcher Vorschrift (AT des BGB!) ist dieser Rechtsbegriff definiert?
- ▶ Antwort – siehe Fußnote[143].
- ■ Trifft das auf die Mischbatterien zu?
- ▶ Da die neuen »Wasserhähne« und die Waschbecken durch die Trennung nicht zerstört werden, sind die Mischbatterien keine wesentlichen Bestandteile i.S.d. **§ 93 BGB**.

136

---

141 BGH 112, 243, 249 f.; 46, 117, 118 f.; 20, 159, 163 f.; str., s. dazu *Medicus/Petersen*, BR, Rn. 515–519; *Jauernig*, § 950 Rn. 5–8; *Palandt/Bassenge*, § 950 Rn. 1, 9 m.w.N. Ausführlich auch *Prütting*, Rn. 407 sowie *Baur/Stürner*, § 53 Rn. 15.
142 *Wolf/Wellenhofer*, § 10, Rn. 1.
143 In **§ 93**!

4. Kapitel. Eigentumserwerb an beweglichen Sachen

▪ Wenn Sie § 94 (ganz) lesen, kommen Sie zu welchem Ergebnis?
▸ Wenn die Mischbatterien zur Herstellung eines Gebäudes eingefügt worden sind, sind sie gem. § 94 II wesentlicher Bestandteil.

Da E mit der »Umrüstung« Maßnahmen zur Verbesserung des Hauses durchführen wollte, dienen die eingebauten Teile der Erreichung dieses (nicht nur vorübergehenden) Herstellungszwecks und § 95 II greift nicht.

Somit sind die Mischbatterien wesentlicher Bestandteil des Gebäudes geworden, und E hat kraft Gesetzes sein Eigentum daran verloren.

Der Herausgabeanspruch nach § 985 ist unbegründet.

In Betracht kommt deshalb ein Wertersatz gem. **§ 951 I i.V.m. § 812 I 1 Var. 1.** Nach h.M. enthält § 951 eine *Rechtsgrundverweisung*.[144] Es müssen also sämtliche tatbestandlichen Voraussetzungen eines Bereicherungsanspruchs geprüft werden.[145] Dabei kommen Fälle der Eingriffskondiktion wie auch Fälle der Leistungskondiktion in Betracht.[146]

▪ Sind die Voraussetzungen des § 812 I 1 Var. 1 im vorliegenden Fall gegeben?
▸ B hat das Eigentum und den Besitz an den Mischbatterien durch die Leistung des E, der damit seine Pflicht aus dem Werkvertrag erfüllen wollte, erlangt. Da ein wirksamer Werkvertrag vorlag, ist auch ein *Rechtsgrund* gegeben, sodass § 812 I 1 Var. 1 nicht eingreift.[147]

137 Ein vertragliches Wegnahmerecht ist in den §§ 631 ff. nicht vorgesehen. Der Abtrennungs- und Aneignungsanspruch gem. § 997 besteht nicht, da E nicht unrechtmäßiger Besitzer des Grundstücks war. Ein in § 951 II 2 erwähntes Wegnahmerecht (Näheres hierzu unter c) ist ebenso wenig gegeben. Dem E kann man nur wünschen, dass B wieder zu Geld kommt ...

Schwierig wird es, wenn mehr als zwei Personen an der Vermögensverschiebung beteiligt sind. Auch hier gilt der im Schuldrecht geltende Grundsatz des Vorrangs der Leistungskondiktion bzw. der Subsidiarität der Eingriffskondiktion. Der bereicherungsrechtliche Ausgleich muss innerhalb der jeweiligen Leistungsbeziehungen erfolgen.

▪ Nehmen Sie an, dass E die Mischbatterien in Übungsfall 24 aufgrund eines mit dem Mieter M (des Vermieters B) geschlossenen Werkvertrages, der sich im Nachhinein als unwirksam herausstellt, einbauen ließ. An wen muss E sich wenden, wenn er seine Sanitärartikel wiederhaben oder zumindest Wertersatz dafür will?
▸ E muss seinen Herausgabeanspruch gegenüber M geltend machen.
▪ Die Anspruchsgrundlage hierfür lautet?
▸ Antwort: siehe Fußnote [148].

---

144 Vgl. BGHZ 40, 272, 276; 55, 176, 177. – Zur Bedeutung von »Rechtsgrund- und Rechtsfolgeverweisungen im BGB« vgl. *Wörlen*, LdR 13/495, S. 1–10.
145 **Die Vorschrift des § 951 soll somit klarstellen, dass der gesetzliche Erwerbstatbestand nach §§ 946–950 keinen rechtlichen Grund für die erfolgte Vermögensverschiebung darstellt.** Vgl. *Wolf/Wellenhofer*, § 10 Rn. 4.
146 So die Rspr. des BGH: BGHZ 41, 159. A.A. die überwiegende Literatur, u.a.: *Wolf/Wellenhofer*, § 10 Rn. 4, *Schreiber*, Rn. 187 m.w.N.
147 **Selbstverständlich verbleibt dem E sein Anspruch auf Werklohn gem. § 631 I, 2. HS, der allerdings wegen der Zahlungsprobleme des B wenig Aussicht auf Realisierung hat.**
148 §§ 812 I 1, 1. Var., 818 II!

Die Mischbatterien wurden gem. § 946 Eigentum des B (= Grundstückseigentümer). An ihn kann sich E wegen des Vorrangs der Leistungskondiktion aber nicht halten.[149]

b) Aufgedrängte Bereicherung

Eine aufgedrängte Bereicherung liegt vor, wenn die Verbindung (Verarbeitung etc.) ohne Einverständnis des Bereicherten erfolgt und die aufgrund der §§ 946 ff. eingetretene Rechtsänderung nicht im Interesse des Bereicherten liegt.[150] 138

> **Beispiel:** Der Mieter teilt ein großes Zimmer durch eine von ihm errichtete Mauer. Gem. § 946 wird der Grundstückseigentümer Eigentümer dieser Zimmerwand, die er gar nicht haben möchte. Dennoch müsste er dem Mieter gem. § 951 I 1 i.V.m. § 812 I 1 Var. 2 (Verwendungskondiktion) an sich den Wert der Mauer ersetzen.

- Kann der Eigentümer (= Vermieter) vom Mieter Schadensersatz in Form der Beseitigung der Mauer verlangen? Welche Anspruchsgrundlagen kommen hierfür in Betracht?
- Der Vermieter kann vom Mieter gem. §§ 280 I und III, 281 sowie aus § 823 I (jeweils i.V.m. § 249 I) die Beseitigung der Mauer verlangen.

Deshalb kann der »bereicherte« Eigentümer, sofern der Mieter den Anspruch gem. § 951 I 1 geltend macht, gegenüber dieser Verwendungskondiktion den Anspruch auf Beseitigung der Mauer einredeweise entgegenhalten.[151]

c) Konkurrenzen

Durch erfolgte Verbindung, Vermischung oder Verarbeitung einer Sache kann der Anspruch aus § 951 I auch mit anderen Ansprüchen zusammentreffen. So kommen daneben Schadensersatzansprüche aus §§ 280, 823, 989, 990 und Nutzungsherausgabeansprüche aus §§ 987, 988 in Betracht.[152] **§ 951 II** stellt klar, dass diese nicht verdrängt werden. 139

- Welche Schadensersatzansprüche kann der Obsthändler E neben dem Bereicherungsanspruch aus § 951 I 1 geltend machen, wenn der Angestellte des E ohne Einwilligung seines Chefs öfter Obst mit nach Hause nimmt und den damit zubereiteten Obstsalat verzehrt?
- Dem E stehen Ansprüche auf Schadensersatz aus §§ 280 I und III, 281 (Pflichtverletzung aus dem Arbeitsvertrag) sowie aus §§ 989, 990 und § 823 zu.

Andererseits kann auch der nach den §§ 946 ff. Entreicherte Verwendungsersatzansprüche geltend machen, wie z.B. nach §§ 536a II, 539 I, 581 II, 601 II 1.[153] Falls dieser aber die Verwendung auf eine Sache als deren unrechtmäßiger Besitzer vorgenommen hat, verdrängen die §§ 994 ff. den Anspruch aus § 951 I. Denn sonst wären die in den §§ 996 und 1001 S. 1 geregelten Anspruchsbegrenzungen hinfällig.

Außerdem kann der nach § 951 I 1 Berechtigte etwaige Wegnahmerechte geltend machen, wie z.B. in den §§ 539 II, 601 II 2, 997 und 1049 II geregelt.

---

149 Weitere Fälle zu dieser Problematik bei *Schreiber*, Rn. 188 f.
150 *Baur/Stürner*, § 53 Rn. 33; *Medicus/Petersen*, BR, Rn. 899.
151 Vgl. *Baur/Stürner*, § 53 Rn. 33; *Medicus/Petersen*, BR, Rn. 899. Eine etwas andere Ansicht vertritt der BGH (BGHZ 23, 61 ff.): **Der Grundstückseigentümer soll dem Ersteller die Sache (z.B. Mauer oder unerwünschtes Gebäude) zum Abbruch zur Verfügung stellen.**
152 Ausführlich zu den Konkurrenzen *Wolf/Wellenhofer*, § 10 Rn. 9 ff.; *Prütting*, Rn. 473.
153 Zur Vertiefung (mit Beispielen): *Schreiber*, Rn. 191 f.

Übersicht 10

140

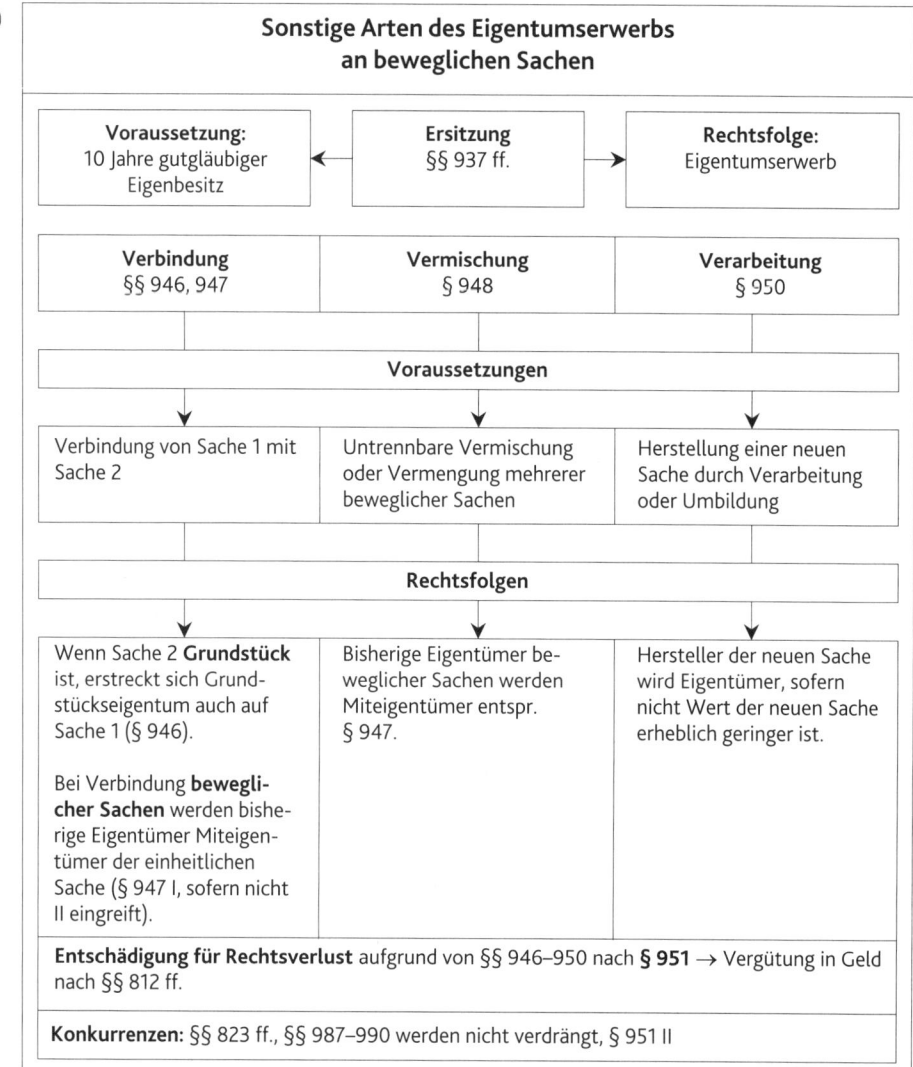

5. Eigentumserwerb an Schuldurkunden

141 Als **Schuldurkunden** i.S.d. § 952 (lesen!) kommen Schuldscheine (= bloße Beweispapiere), Hypotheken-, Grundschuld- und Rentenschuldbriefe sowie Urkunden nach § 808 (wie z.B. Sparbücher und Versicherungsscheine) in Betracht; *analog*[154] fin-

---

[154] Analogie = Übertragung der Rechtsfolge eines geregelten Tatbestandes auf einen mit diesem wertungsmäßig gleichen, aber planwidrig ungeregelten Tatbestand. Näher dazu *Wörlen/Metzler-Müller* BGB AT, Rn. 160.

II. Gesetzlicher Eigentumserwerb

det diese Vorschrift auch auf die Zulassungsbescheinigung Teil II (früher »Kraftfahrzeugbrief«) Anwendung.[155]

- Welche Personen kommen als Eigentümer einer Schuldurkunde in Betracht, wenn Sie die Vorschriften über die Verarbeitung zugrunde legen?
▶ Der Eigentümer des Papiers und der Schreiber bzw. Hersteller der Urkunde.

In § 952 wird eine Ausnahme vom Eigentumserwerb durch Verarbeitung geregelt: Der Gläubiger einer Forderung, die sich aus der Schuldurkunde ergibt, erwirbt das Eigentum an der Urkunde!

Es handelt sich hier um einen gesetzlichen Eigentumserwerb, der unabhängig vom Willen der Parteien ist. Damit soll vermieden werden, dass der Inhaber eines Rechts und der Eigentümer einer darüber ausgestellten Urkunde verschiedene Personen sind. Zum besseren Verständnis lösen wir den kleinen

---

Übungsfall 25

S hat von G ein Darlehen in Höhe von 100.000 € erhalten und stellt für G einen entsprechenden Schuldschein aus. Nach vier Wochen tritt G die Darlehensforderung an den D ab. Wer ist Eigentümer der Schuldurkunde?

Die Schuldurkunde stand **zunächst** gem. § 952 I 1 im Eigentum des G.   142

- Ändert sich an dieser Rechtslage etwas durch die erfolgte **Abtretung**?
▶ Aufgrund der Abtretung (§ 398) wurde D Eigentümer der Urkunde.

Merke: Das Recht *am* Papier folgt dem Recht *aus* dem Papier.

- Was kann D machen, damit er auch in den Besitz der Urkunde gelangt?
▶ D kann gegenüber G einen Herausgabeanspruch geltend machen.
- Welche Anspruchsgrundlage?
▶ Antwort: Siehe Fußnote[156]!
- Was geschieht mit der Urkunde, wenn S die Forderung begleicht?
▶ S kann von D gem. § 371 S. 1 (lesen) die Rückgabe der Schuldurkunde verlangen.

Analog findet § 952, wie bereits erwähnt, auch auf die Zulassungsbescheinigung Teil II (früher »Kraftfahrzeugbrief«) Anwendung. Wenn Sie also Ihren Pkw gem. § 929 S. 1 dem Käufer übereignen, geht kraft Gesetzes das Eigentum an der Zulassungsbescheinigung auf den Erwerber über.

Für Inhaberpapiere, Wechsel, Schecks und andere Orderpapiere gilt hingegen: Das Recht *aus* dem Papier folgt dem Recht *am* Papier. Sie müssen also diese Papiere wie bewegliche Sachen nach den §§ 929 ff. übertragen.[157]

---

155 Müko/*Füller*, § 952 Rn. 11 m.w.N.
156 **§ 985!**
157 Bei Orderpapieren kommt zu den Übertragungsvoraussetzungen der §§ 929 ff. zusätzlich das Erfordernis des Indossaments (Art. 11 WG, Art. 14 ScheckG), s. dazu Rn. 293a Fn. 296. Näher zum Ganzen *Wolf/Wellenhofer*, § 12 Rn. 9.

6. Aneignung und Eigentumsaufgabe

143 Die Aneignung hat praktisch relativ wenig Bedeutung, kann aber rechtliche Probleme aufwerfen.

Lesen Sie zunächst § 958 I, um den Begriff der **Aneignung** kennenzulernen!
- Wann ist eine Sache wohl »*herrenlos*«?
- ▶ Wenn sie keinen Eigentümer hat!

Aber wer weiß das schon? Fast jede Sache hat ihren Eigentümer, wenn es sich nicht gerade um »wilde Tiere« (vgl. § 960) handelt, die zu den ursprünglich herrenlosen Sachen zählen.

144 Sachen, an denen zunächst Eigentum bestanden hat, werden unter den Voraussetzungen des § 960 II, III und § 961 oder durch **Eigentumsaufgabe** gem. § 959 herrenlos.[158]

Übungsfall 26

Hauseigentümer H entrümpelt seinen Dachboden. Die alten Möbel und »Erbstücke« seiner Großmutter stellt er auf den Gehsteig vor seinem Haus, da am nächsten Tag
a) eine Sammelorganisation zugunsten eines gemeinnützigen Zwecks alte Sachen kostenlos abholt
b) Sperrmüllabfuhr der Stadt ist.

145
- Ist das Bereitstellen des **Sammelguts** zugunsten der Organisation eine Eigentumsaufgabe?
- ▶ Indem H die Sachen auf dem Gehsteig für die Sammelorganisation bereitstellt, macht er ein Übereignungsangebot an die Organisation i.S.d. § 929 S. 1. Eine Eigentumsaufgabe gem. § 959 liegt nicht vor.
- Gilt das auch für den **Sperrmüll**?
- ▶ Hierbei handelt es sich um die Aufgabe des Eigentums nach § 959.
- Wie ist die Rechtslage, wenn der Sammler S vorbeikommt, die schönsten alten Stücke vom Sperrmüll an sich nimmt und sie später an ein Antiquariat verkauft?
- ▶ Da es sich um herrenlose Sachen handelte, hat S diese sich mit der Inbesitznahme angeeignet, § 958 I. Der Wille, die alten Stücke als eigene zu besitzen, dokumentiert sich in ihrem Verkauf.

Kein Eigentumserwerb liegt vor, wenn ein gesetzliches Verbot (z.B. § 44 BNatSchG) oder fremde Aneignungsrechte verletzt werden, **§ 958 II**. Fremde Aneignungsrechte finden sich insbesondere im Jagd- und Fischereirecht.

---

158 Besitz- und Eigentumsaufgabe gem. § 959: Man bezeichnet diese als »Dereliktion« (lat. »derelictio«, eigentlich: »Vernachlässigung«). Eine der hübschesten Regelungen des BGB ist übrigens in § 961 formuliert: Lesen Sie diese Vorschrift und versetzen Sie sich in die Lage des Eigentümers, der den Bienenschwarm unverzüglich »verfolgen« muss, will er nicht sein Eigentum an den Bienen verlieren! »Nur Fliegen ist schöner!« ...

7. Jagd- und Fischereirechte

Das Jagdrecht[159] regelt das Aneignungsrecht an jagdbaren herrenlosen Tieren. Es ist untrennbar mit dem Grundeigentum verbunden und darf nur in Jagdbezirken ausgeübt werden (§ 3 BJagdG – diese Vorschrift müssen Sie *nicht* lesen).[160] 146

Mit dem Besitzerwerb geht das erlegte Wild gem. § 958 I in das Eigentum des Jagdberechtigten über. Ein Wilderer kann wegen § 958 II kein Eigentum erwerben. Wohl aber ist für Dritte ein gutgläubiger Erwerb des Eigentums von einem Wilderer möglich, da das Wild nicht i.S.v. § 935 I abhanden gekommen ist.[161] 147

Das Fischereirecht an Binnengewässern ist landesrechtlich geregelt (vgl. Art. 69 EGBGB) und gewährt ebenfalls ein Aneignungsrecht. 148

Interessante Regelungen über den Eigentumserwerb finden sich auch im Bienenrecht[162] (§§ 961 ff. – oben Rn. 144 Fn. 158) und im Bergrecht[163].

8. Fund

Dem Finder einer Sache fällt nach Ablauf von sechs Monaten das Eigentum an der gefundenen Sache zu, § 973 (lesen!). Bis zu diesem Zeitpunkt hat der Finder im Interesse des Verlierers Pflichten, die denen der Geschäftsführung ohne Auftrag gem. §§ 677 ff. entsprechen. Vom Auffinden der Sache bis zum Eigentumserwerb besteht ein gesetzliches Schuldverhältnis.[164] Die Voraussetzungen für den Eigentumserwerb betrachten wir mit 149

> **Übungsfall 27**[165]
>
> E verliert im Selbstbedienungsladen des S einen 500 €-Schein. Dieser ist unter ein Verkaufsregal zwischen aufgestellte Waren gefallen. S hatte kurz vorher seine Mitarbeiter angewiesen, Fundsachen abzugeben und in ein Fundbuch einzutragen. Der Kunde K findet den Geldschein und verlangt von E den ihm nach dem Gesetz zustehenden Finderlohn.
>
> Zu Recht?

- Was kann Gegenstand eines Fundes sein?
▶ Gem. **§ 965 I** kann dies nur eine **verlorene Sache** sein. Verloren ist eine Sache, die zwar ohne Besitzer, jedoch nicht herrenlos ist.[166]

Wenn eine Sache nach ihrem Verlust sogleich in den Besitz eines Dritten gelangt ist, scheidet also ein Eigentumserwerb aus.

- Handelt es sich bei dem Geldschein um eine verlorene Sache?

---

159 Das BJagdG ist ein Rahmengesetz. Die *Länder* haben die weitere Ausgestaltung des Jagdrechts vorgenommen.
160 Näher dazu *Prütting*, § 43.
161 Palandt/*Bassenge*, § 958 Rn. 4.
162 Das wohl **unbedeutendste Rechtsgebiet** im BGB, zu dem der »Palandt« keine einzige Gerichtsentscheidung zitiert und bei dem der Wortlaut der Vorschriften länger ist als der der Kommentierungen ..., s. *Kollmer*, NJW 1997, 1129.
163 Hierzu *Prütting*, § 44.
164 *Baur/Stürner*, § 53 Rn. 77 ff.
165 Nach BGH NJW 1987, 2812.
166 *Baur/Stürner*, § 53 Rn. 78.

▸ Der dem E abhanden gekommene 500 €-Schein gelangte in die tatsächliche Gewalt des S, der einen Besitzerwerbswillen hatte – was auch die Anweisung gegenüber den Mitarbeitern dokumentiert. Zu der Zeit, als K den Geldschein entdeckte, handelte es sich nicht mehr um eine verlorene, sondern bereits gefundene Sache.

Nach alledem kann K den Finderlohn § 971 (lesen!) »in den Wind schreiben« ...

150 Weitere Voraussetzung für den Eigentumserwerb durch den Finder ist: Der Finder muss die verlorene Sache an sich nehmen, § 965. Es kommt also nicht auf das Entdecken, sondern allein auf das **Ansichnehmen** an. Darunter ist die Erlangung des unmittelbaren Besitzes zu verstehen.[167]

Gem. § 973 I 1 (lesen!) tritt der Eigentumserwerb mit Ablauf von *sechs Monaten* nach der Anzeige des Fundes bei der zuständigen Behörde ein. Dies gilt *nicht*, wenn vorher ein Empfangsberechtigter dem Finder bekannt geworden ist oder dieser sein Recht bei der zuständigen Behörde angemeldet hat.

Der Finder kann natürlich auch auf sein Recht auf den Erwerb des Eigentums an der Fundsache verzichten, § 976 I (lesen!).

- Was ist diese »**Verzichtserklärung**«?
  ▸ Bei der Verzichtserklärung gem. § 976 I handelt es sich um eine einseitige empfangsbedürftige Willenserklärung gegenüber der zuständigen Behörde, bei der der Finder die Sache abgeliefert hat.[168]
- Was ist die **Folge** dieses Verzichts?
  ▸ Der Verzicht bewirkt den ersatzlosen Übergang des Erwerbsrechts auf die Gemeinde des Fundorts.

Die Gemeinde erwirbt also kraft Gesetzes das Eigentum, sobald die Voraussetzungen des § 976 I vorliegen. Dies gilt auch für den Fall, dass der Finder nicht innerhalb einer durch die Behörde gesetzten Frist die Herausgabe der Fundsache oder des Verwertungserlöses verlangt (§ 976 II)

151 **Sonderregelungen** in *§§ 978 ff.* gelten für den Fund in öffentlichen Behörden oder Verkehrsanstalten. Die dort gefundenen Sachen sind bei der Behörde bzw. der Verkehrsanstalt abzuliefern. Der Finder erhält nur einen Finderlohn, wenn die gefundene Sache mindestens 50 € wert ist (§ 978 II 1).

Eine abweichende Bestimmung gilt auch für den Schatzfund nach *§ 984*.

Mit dem Eigentumserwerb des Finders (gem. §§ 973, 974) bzw. der Gemeinde (nach § 976) soll eine dingliche Zuordnung der Fundsache erfolgen.

Endgültig wird diese aber (noch) nicht dem Vermögen des Finders zugewiesen. Dies stellt **§ 977** klar: Danach ist der infolge des Eigentumserwerbs eingetretene Vermögenszuwachs Gegenstand eines Bereicherungsausgleichs. Dieser ist auf die Rückübereignung der Sache gerichtet. Allerdings kann der Finder seine Ansprüche auf Finderlohn und Aufwendungsersatz im Rahmen des Zurückbehaltungsrechts nach § 273

---

167 *Baur/Stürner*, § 53 Rn. 79.
168 *Palandt/Bassenge*, § 976 Rn. 1.

geltend machen. Der Bereichungsanspruch erlischt nach Ablauf von drei Jahren, gerechnet vom Zeitpunkt des Eigentumserwerbs an (§ 977 S. 2).[169]

Zum Abschluss dieses Kapitels eine kleine Verständnisfrage:

- Was ist der begriffliche Unterschied zwischen Fund und Aneignung? (§ 958 I und § 965 I lesen!)
- Die *Aneignung* bezieht sich auf herrenlose Sachen, d.h. auf Sachen, die keinen Eigentümer haben. Der *Fund* betrifft eine verlorene Sache, d.h. ein Eigentümer existiert, ist aber momentan nicht bekannt.

Literatur zur Vertiefung (Rn. 126–152): *Alpmann und Schmidt*, SachR 1, 4. Teil; *Baur/Stürner*, § 53; *Schreiber*, Dritter Teil, Zweites Kap., B und C; *ders.*, Der Eigentumserwerb an Grundstücksbestandteilen, Jura 2006, 113; *Prütting*, §§ 36–46; *Süß*, Der gesetzliche Erwerb des Eigentums an Mobilien – Ein Überblick über gesetzliche Zuordnungswertungen, Jura 2011, 81; *Westermann*, §§ 51–60; *Wolf/Wellenhofer*, §§ 9–12.

---

169 **Bei dieser Frist handelt es sich um eine Ausschlussfrist** (dazu *Wörlen/Metzler-Müller*, BGB AT, Rn. 358).

5. Kapitel. Schutz gegen Eigentumsstörungen

Wie Sie bereits wissen, wird in § 903 das Eigentum umfassend geschützt. Diese Vorschrift ist allerdings *keine* Anspruchsgrundlage, sodass es weiterer Normen bedarf, damit der Eigentümer seine Rechte (= Ansprüche) durchsetzen kann. 153

- Welche Anspruchsgrundlage kommt für den Eigentümer bei der schwersten Form der Beeinträchtigung, der Entziehung oder Vorenthaltung des Besitzes, in Betracht? Das sollten Sie noch wissen!
▶ Antwort: siehe Fußnote[170]

Zur Abwehr aller anderen Arten von Beeinträchtigungen kann der Eigentümer gem. § 1004 I von dem Störer die *Beseitigung* der gegenwärtigen und die *Unterlassung* der drohenden *Beeinträchtigungen* verlangen.

I. Beseitigungs- und Unterlassungsanspruch nach § 1004

Prüfungsschema § 1004

(1) **Beeinträchtigung** des **Eigentums** des Anspruchstellers
(2) **Störer** als Anspruchsgegner
(3) **Keine Duldungspflicht** (Rechtswidrigkeit)

1. Beeinträchtigung des Eigentums

Der Anspruchsteller muss **Eigentümer** sein. Eigentümer ist nicht nur der Alleineigentümer, sondern auch ein Miteigentümer (§ 1011). 154

Zudem muss er eine **Beeinträchtigung** seines Eigentums nachweisen, also eine Störung des Eigentums, die nicht unter § 985 fällt. Es ist gleichgültig, ob es sich um eine bewegliche oder eine unbewegliche Sache handelt. Was eine Beeinträchtigung ist, richtet sich nach dem »Empfinden eines verständigen Durchschnittsmenschen«.[171]

- Welche Beispiele fallen Ihnen ein, wenn Sie an **gegenständliche Einwirkungen** auf ein Grundstück denken?
▶ Gegenständliche Einwirkungen sind z.B. das Betreten des Grundstücks, Abladen von Steinen o.ä. Sachen auf dem Grundstück. Hierzu zählen sogar das Einwerfen von Werbematerial in den Briefkasten trotz eines angebrachten Verbots[172] sowie Lärmbelästigungen durch Sportveranstaltungen, Tierlaute und Gartenfeste.[173]

Das Problem der sog. **ideellen (= ästhetischen) Störungen** war oft Gegenstand von Rechtsstreiten. Solche »Belästigungen« liegen vor, wenn durch Vorgänge oder Zu- 155

---

170 § 985!
171 So die Definition des BGH, s. BGH NJW 1993, 925, 929.
172 BGH NJW 1989, 902.
173 *Prütting*, Rn. 572; *Wolf/Wellenhofer*, § 24 Rn. 4.

5. Kapitel. Schutz gegen Eigentumsstörungen

stände auf einem Grundstück das ästhetische oder moralische Empfinden des Nachbarn gestört wird.[174]

> **Beispiele:** Ein hässlicher Anblick (Autohalle mit Kfz-Abstellplatz neben First-Class-Hotel[175]) oder aber das Betreiben eines Bordells[176] auf dem Nachbargrundstück.

Da in diesen Fällen allerdings keine »grenzüberschreitenden Immissionen« vorliegen, ist laut h.M. mangels Einwirkung auf die Sache selbst grundsätzlich keine Eigentumsbeeinträchtigung i.S.d. § 1004 gegeben.[177]

156 Eine sog. **negative Einwirkung** liegt vor, wenn jemand durch die Nutzung seines Grundstücks (innerhalb dessen Grenzen) dem Nachbargrundstück gewisse Vorteile entzieht.[178]

- Welche Beispiele kennen Sie hierfür?
- ▶ Beispiele für negative Einwirkungen sind der Entzug von Licht, Sonne, Luft, Aussicht (Bau eines Hochhauses neben den Bungalow des Nachbarn), Behinderung des Zugangs, Abhalten von Radio- und Fernsehwellen.

Diese stellen allerdings nach der h.M. *keine* Eigentumsbeeinträchtigung i.S.d. § 1004 dar.[179]

- Warum wohl? Mit einem Blick auf § 903 können Sie dies auch begründen!?
- ▶ Aus § 903 ergibt sich, dass der Eigentümer, von dessen Grundstück lediglich »negative« Einwirkungen Richtung Nachbargrundstück ausgehen, mit seiner Nutzung nicht die Grenzen seines Grundstücks überschreitet.

2. Störer

157 Anspruchsgegner des Beseitigungs- und Unterlassungsanspruchs ist der Störer. Dieser ist allerdings nicht im BGB definiert.

- Aus dem öffentlichen Recht könnten Ihnen zwei unterschiedliche Störerbegriffe bekannt sein!
- ▶ Es wird zwischen dem Handlungs- und dem Zustandsstörer unterschieden.

Handlungsstörer ist derjenige, der die Eigentumsbeeinträchtigung durch sein Verhalten – also aktives Tun oder pflichtwidriges Unterlassen – adäquat kausal verursacht.[180]

Zustandsstörer ist, wer die Herrschaft über eine gefahrbringende Sache, durch die die Störung (mit-)verursacht wird, ausübt. Dieser Zustand muss zumindest mittelbar auf den Willen des Störers zurückzuführen sein.[181]

---

174 *Prütting*, Rn. 330; *Wolf/Wellenhofer*, § 24 Rn. 9 ff.
175 BGHZ 4, 56.
176 BGHZ 95, 307, 308.
177 So die Rechtsprechung seit RGZ 57, 239, 240 und auch heute noch der BGH (BGHZ 95, 307, 309). Zur Kritik in der Literatur *Schreiber*, Rn. 142 m.w.N.
178 Zum Begriff und zu Beispielen s. *Prütting*, Rn. 331; *Wolf/Wellenhofer*, § 24 Rn. 6 f.
179 *Prütting*, Rn. 331 m.w.N.; *Palandt/Bassenge*, § 903 Rn. 9 m.w.N.
180 *Wolf/Wellenhofer*, § 24 Rn. 16; *Palandt/Bassenge*, § 1004 Rn. 16 ff.
181 *Palandt/Bassenge*, § 1004 Rn. 19 ff.; *Wolf/Wellenhofer*, § 24 Rn. 18 ff.

■ Um welchen Störer handelt es sich, wenn sich infolge eines Unwetters Felsblöcke von einem felsigen Hanggrundstück lösen, auf ein unterhalb gelegenes Grundstück rollen und hierbei die Einfriedung zerstören? Überlegen Sie gut!
▶ Da der Felssturz ausschließlich durch das Wirken von Naturkräften ausgelöst wurde, ist weder ein Handlungs- noch ein Zustandsstörer vorhanden. Naturereignisse können niemandem zugerechnet werden; es fehlt eine menschliche Einwirkung auf die Sache.[182] Der Störer war hier wohl Petrus. Deshalb kommt kein Anspruch nach § 1004 I in Betracht.

3. Keine Duldungspflicht (Rechtswidrigkeit)

Der Anspruch aus § 1004 I ist gem. § 1004 II ausgeschlossen, wenn der Eigentümer zur Duldung verpflichtet ist. Die Beeinträchtigung muss also rechtswidrig sein. Wie bei § 823 indiziert die Eigentumsbeeinträchtigung ihre Rechtswidrigkeit.[183] Entscheidend hierfür ist allerdings der dem Inhalt des Eigentums widersprechende Zustand und nicht allein die Rechtswidrigkeit des Eingriffs.[184] So kann der zunächst rechtmäßige Eingriff rechtswidrig werden, wenn der Rechtsnachfolger des Berechtigten nicht mit der Beeinträchtigung einverstanden ist.

158

> **Beispiel**[185]: Ein Stromversorgungsunternehmen errichtete 1947 auf dem Grundstück des Eigentümers E, nachdem dieser sein Einverständnis erklärt hatte, einen Leitungsmast. Als E 1971 das Grundstück an den Erwerber D veräußert, verlangt dieser die Beseitigung des Mastes.

Die Rechtswidrigkeit der Eigentumsbeeinträchtigung kann durch einen Rechtfertigungsgrund (wie z.B. §§ 227, 228 oder die Einwilligung des Eigentümers) ausgeschlossen sein.

159

Ein Rechtfertigungsgrund ergibt sich auch aus der Duldungspflicht des § 1004 II (lesen!). Diese findet man einerseits im privaten Recht (z.B. den §§ 904, 906, 912 I[186], 917 I) oder in allgemeinen gesetzlichen Vorschriften. Das sog. nachbarschaftliche Gemeinschaftsverhältnis kann den Eigentümer in Ausnahmefällen ebenfalls verpflichten, die Störung hinzunehmen.[187]

Andererseits findet man Duldungspflichten auch im öffentlichen Recht.[188] Beispielsweise enthält § 14 BImSchG eine Sonderregelung: Sofern ein Betrieb behördlich genehmigt wurde, kann dessen Einstellung nicht verlangt werden. In Betracht kommt nur ein Anspruch auf Herstellung von Einrichtungen, die die Einwirkung ausschließen oder – wenn diese technisch nicht durchführbar oder wirtschaftlich nicht vertretbar sind – auf Schadensersatz.

Die Rechtswidrigkeit liegt nicht vor, wenn sich der Störende auf ein dingliches oder obligatorisches Recht berufen kann. Allerdings treffen schuldrechtliche Duldungs-

---

182 Palandt/Bassenge, § 1004 Rn. 19; Wolf/Wellenhofer, § 24 Rn. 19 f.
183 Ausführlich zur Rechtswidrigkeit und den Duldungspflichten Baur/Stürner, § 12 Rn. 8–10.
184 Sog. Zustandsunrecht; hierzu: Wolf/Wellenhofer, § 24 Rn. 25.
185 Nach BGHZ 66, 37, 39.
186 Zu den §§ 906 und 912 ausführlich unten Rn. 164 ff., 177 ff.
187 Westermann, § 36 III.
188 **Z.B. Widmung einer Sache zum Gemeingebrauch** (Der Eigentümer kann Wirkungen auf die Sache, die im Rahmen der öffentlich-rechtlichen Widmung liegen, nicht abwehren) **oder lebenswichtiger, unmittelbar dem öffentlichen Interesse dienender Betrieb** (Straßenbahn, Kläranlage usw.).

5. Kapitel. Schutz gegen Eigentumsstörungen

pflichten in der Regel nicht den Rechtsnachfolger des Eigentümers, sofern nicht die Ausnahmen der §§ 566, 578 I, 581 II (lesen!) vorliegen.

Da es sich bei der Rechtswidrigkeit des Eingriffs um eine Anspruchsvoraussetzung handelt, gibt § 1004 II eine *Einwendung*.[189]

4. Rechtsfolgen

160 Nach § 1004 I 1 hat der Eigentümer einen Anspruch auf **Beseitigung** der Beeinträchtigung auf Kosten des Störers.

- Stellen Sie sich vor, dass bei Bauarbeiten am Nachbarhaus der dort befindliche Baukran wegen Überlastung auf Ihr Haus stürzt und Ihr Dach beschädigt. Können Sie aufgrund des Beseitigungsanspruchs auch den Wiederaufbau ihres Dachs verlangen?
- § 1004 I gewährt nur einen Anspruch auf Beseitigung der Beeinträchtigung, d.h. Entfernung des Krans. Der Wiederaufbau des Dachs wäre nur von einem Schadensersatzanspruch umfasst. Für einen Schadensersatzanspruch gem. § 823 I i.V.m. § 249 ist aber im Gegensatz zu § 1004 ein Verschulden des Nachbarn erforderlich.[190] Der Nachbar müsste also vorsätzlich oder fahrlässig gehandelt haben (§ 276).
- Was ist, wenn Ihr Nachbar Ihrem Anspruch nach § 1004 I 1 auf Beseitigung (Entfernung des Krans) nicht nachkommt?
- Dann können Sie diese durchführen (lassen) und nach § 812 I 1, 2. Alt. Kostenersatz von Ihrem Nachbarn verlangen. Da der Eigentümer die zur Beseitigung der Störung erforderlichen Arbeiten veranlasste und bezahlte, hat er den Störer von einer diesem obliegenden Verpflichtung ohne rechtlichen Grund befreit und dadurch auf »sonstige Weise« i.S.d. § 812 bereichert.[191]

§ 1004 I 2 gewährt, sofern eine Beeinträchtigung bereits erfolgt ist und *weitere* zu besorgen sind (*Wiederholungsgefahr*) einen **Unterlassungsanspruch**. Ein solcher Anspruch besteht über den Wortlaut des § 1004 I 2 hinaus auch schon dann, wenn eine erste Störung drohend bevorsteht (*Erstgefahr*).[192]

---

189 Palandt/*Bassenge*, § 1004 Rn. 34.
190 Sofern Sie die Problematik der Abgrenzung des § 1004 zum verschuldensabhängigen Schadensersatzanspruch aus § 823 vertiefen wollen: Baur/*Stürner*, § 12 Rn. 20 f.
191 Ähnlicher Fall (Zerstörung einer Abwasserleitung durch Baumwurzeln): BGH NJW 1986, 2640.
192 Baur/*Stürner*, § 12 Rn. 25.

Übersicht 11

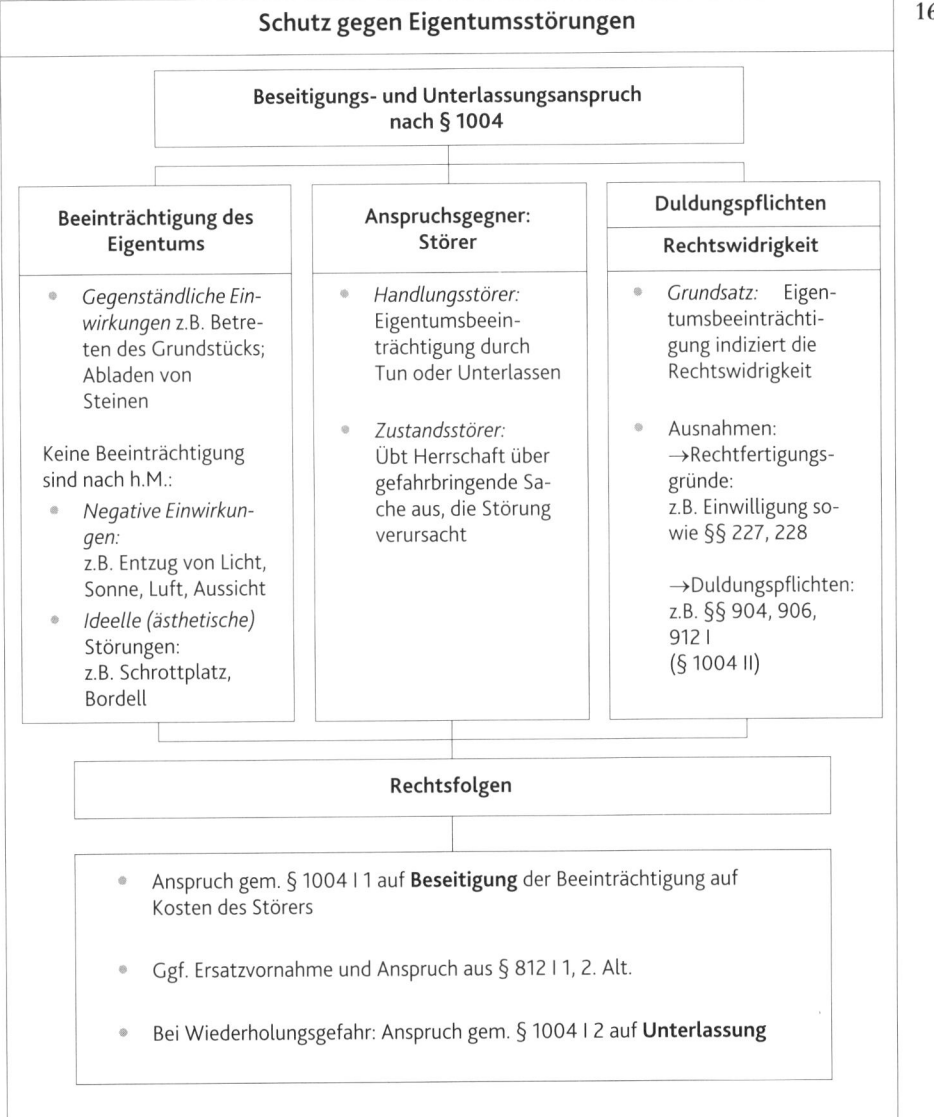

II. Nachbarrecht

1. Anwendungsbereich

Die bisherigen Ausführungen zu Inhalt und Schranken des Eigentums haben deutlich werden lassen, dass zwischen der Ausübung der Befugnisse der Eigentümer und der Begrenzung dieser Befugnisse durch Rechtspositionen Dritter sowie den genannten privatrechtlichen und öffentlich-rechtlichen Schranken ein Spannungsverhältnis besteht.

Dieses wird in der Praxis gerade im Bereich des *Nachbarrechts* relevant. Hier stoßen die Eigentümerrechte mehrerer benachbarter Grundstückseigentümer aufeinander, für die ein Ausgleich gefunden werden muss; denn kein Eigentümer darf letztendlich seine Sache nach Belieben nutzen (vgl. § 903 S. 1), und keiner darf jede fremde Einwirkung verbieten (§ 1004). Ein gegenseitiges Nachgeben ist erforderlich. Die rechtlichen Regelungen zum Nachbarrecht, die sich historisch weit zurückverfolgen lassen, müssen ständig den veränderten Umständen, wie z.B. dem Umweltschutz[193], angepasst werden.

Gem. Art. 124 EGBGB ist eine Beschränkung des Eigentums im Nachbarrecht durch landesrechtliche Vorschriften möglich. Viele Bundesländer haben in diesen z.B. Grenzwände, Einfriedungen sowie den Grenzabstand von Pflanzen geregelt.[194]

163
- Wenn Sie § 905 S. 1 lesen, können Sie den Anwendungsbereich des Nachbarrechts umschreiben!
▶ Der Anwendungsbereich des Nachbarrechts erstreckt sich nicht nur auf die Erdoberfläche, sondern auch auf den Luftraum über der Erdoberfläche sowie den Erdkörper unter der Oberfläche.
- Kann somit der Grundstückseigentümer das Überfliegen seines Grundstücks oder Hochspannungsleitungen in größerer Höhe verbieten?
▶ Gem. § 905 S. 2 muss der Eigentümer Einwirkungen, die in solcher Höhe oder Tiefe vorgenommen werden, dass er an ihrer Vermeidung vernünftigerweise kein Interesse haben kann, dulden.

Allerdings beschränkt sich das Nachbarrecht nicht nur auf die Rechtsverhältnisse der unmittelbar aneinander grenzenden Grundstücke. Sofern die Auswirkungen eines Grundstücks sich auch auf weiter entfernt liegende Grundstücke erstrecken, werden diese ebenfalls vom Nachbarrecht erfasst.[195]

2. Immissionsschutz

164 Der in § 906 (lesen!) normierte Immissionsschutz enthält wichtige Regelungen für die im Interesse des Nachbarschutzes erlaubte bzw. verbotene Grundstücksnutzung. Einerseits wird die Benutzungsbefugnis des Eigentümers begrenzt, andererseits dem Nachbarn eine Duldungspflicht auferlegt. Dadurch wird dessen Anspruch aus § 1004 I ausgeschlossen (§ 1004 II nochmals lesen!). § 906 enthält eine abschließende Grenzziehung zwischen erlaubter und verbotener Grundstücksnutzung. Daneben können keine zusätzlichen Duldungspflichten – wie z.B. aus dem nachbarschaftlichen Gemeinschaftsverhältnis – hergeleitet werden.[196]

- Lesen Sie zunächst § 906 I 1 und überlegen Sie, wie man die dort aufgeführten **Immissionen** beschreiben kann!

---

[193] Bei Interesse: *Marburger*, Ausbau des Individualrechtsschutzes gegen Umweltbelastungen als Aufgabe des bürgerlichen und des öffentlichen Rechts, Gutachten zum 56. Deutschen Juristentag 1986, C 101.
[194] Übersicht der Landesgesetze (mit entspr. Literaturhinweisen) bei Palandt/*Bassenge*, Art. 124 EGBGB Rn. 2.
[195] *Wolf/Wellenhofer*, § 25 Rn. 3.
[196] *Wolf/Wellenhofer*, § 25 Rn. 4, 23.

▷ Danach sind Immissionen Einwirkungen auf andere Grundstücke, die meist in ihrer Ausbreitung unbeherrschbar und unkontrollierbar sind; ihre Intensität ist schwankend.[197]

▪ Wie lautet die in genannter Vorschrift getroffene Regelung für die Zulässigkeit bzw. Unzulässigkeit derartiger Immissionen? **165**

▷ **Unwesentliche** Einwirkungen – also solche, die die Benutzung des anderen Grundstücks nicht oder nicht wesentlich beeinträchtigen – sind gem. § 906 I 1 erlaubt und können vom Nachbarn nicht verboten werden.

▪ Auf welches Kriterium ist in erster Linie bei der **Beurteilung** von »wesentlich« bzw. »unwesentlich« abzustellen?

▷ Dies richtet sich nach dem Empfinden eines verständig wertenden Durchschnittsmenschen. Es ist weiterhin eine Interessenabwägung erforderlich: Die Intensität und Dauer der Einwirkung muss abgewogen werden mit den Lebensgewohnheiten und der konkreten Zweckbestimmung des beeinträchtigten Grundstücks.[198]

▪ Was ist, wenn die öffentlichen **Grenz- oder Richtwerte** eingehalten wurden? (§ 906 I ganz lesen – dann finden Sie die Antwort!)

▷ Bei Einhaltung der öffentlichen Grenz- und Richtwerte liegt in der Regel keine wesentliche Beeinträchtigung vor.

▪ Welche (zwei!) Voraussetzungen müssen vorliegen, damit *wesentliche Einwirkungen erlaubt* und zu dulden sind?

▷ Es kommt gem. **§ 906 II 1** darauf an, ob die wesentlichen Einwirkungen ortsüblich sind und ob sie durch wirtschaftlich zumutbare Maßnahmen verhindert werden können.

Unzulässig ist – unabhängig davon, ob wesentlich oder unwesentlich, ob ortsüblich oder ortsunüblich – die Zuführung durch eine besondere Leitung auf das Nachbargrundstück (§ 906 III).

▪ Wie steht es mit **wesentlichen**, *nicht* **ortsüblichen** Einwirkungen? **166**

▷ Diese sind nach § 906 nicht erlaubt und können deshalb vom beeinträchtigten Grundstückseigentümer verboten werden.

▪ Muss der Nachbar also **wesentliche, ortsübliche** Einwirkungen dulden?

▷ Der beeinträchtige Nachbar muss diese gem. § 906 II 1 nicht dulden, wenn sie durch wirtschaftlich zumutbare Maßnahmen verhindert werden können.

So können Sie, wenn Sie in Ihrer Nachbarschaft im Stadtkern eine Bäckerei (= ortsübliche Benutzung) haben, die Ihnen durch den Lärm der Teigknetmaschine in den frühen Morgenstunden bereits den Schlaf raubt, vom Bäcker als Grundstückseigentümer den Einbau von Schalldämmungsmaßnahmen verlangen. Da in § 906 II 1 von der wirtschaftlichen Zumutbarkeit für »Benutzer dieser Art« die Rede ist, kann sich der Bäcker nicht auf seine eigenen (ggf. schlechten) finanziellen Verhältnisse berufen. Wenn solche Maßnahmen überhaupt von einer Bäckerei dieser Art verlangt werden können, muss auch Ihr Nachbar die Schalldämmung einbauen lassen. Bis zu diesem

---

[197] Die Rechtsprechung zählt hierzu z.B. auch **Hundegebell, Laubfall, Staubbelästigung, Bienenflug, elektrische und radioaktive Strahlung, Giftstoffe in abfließendem Regenwasser**, s. *Wolf/Wellenhofer*, § 25 Rn. 5 m.w.N.
[198] *Wolf/Wellenhofer*, § 25 Rn. 9; Palandt/*Bassenge*, § 906 Rn. 17.

Zeitpunkt können Sie den Betrieb der Teigknetmaschine trotz Ortsüblichkeit der Benutzung untersagen ... und müssen eben auf frische Brötchen verzichten!

167 ■ Was macht aber ein Nachbar, der wesentliche Einwirkungen, die ortsüblich sind und nicht durch wirtschaftlich zumutbare Maßnahmen verhindert werden können, nach § 906 II 1 dulden muss?
▶ Er lässt sich seine Situation »versilbern«! Mit anderen Worten: Als Eigentümer des beeinträchtigten Grundstücks kann er vom Benutzer des störenden Grundstücks gem. § 906 II 2 einen angemessenen Ausgleich in Geld verlangen, wenn durch die zu duldende wesentliche Einwirkung die ortsübliche Benutzung seines Grundstücks oder dessen Ertrag unzumutbar beeinträchtigt wird. Es kommt also neben der Ortsüblichkeit der Störung auch auf die Ortsüblichkeit der Benutzung des gestörten Grundstücks an. Dieser Ausgleichsanspruch ist vom Verschulden unabhängig.[199]

168 Lassen Sie uns das bisher Gelernte mit einem – immer wieder vorkommenden – Nachbarschaftsproblem lösen!

> **Übungsfall 28**[200]
>
> Im Herbst 2008 zog E mit seiner Familie in sein Eigenheim im Grünen ein. Doch die Freude an der ländlichen Idylle währte nicht lange: Im Frühjahr des folgenden Jahres ließ sein Nachbar N mit behördlicher Genehmigung einen Teich auf seinem Grundstück bauen, den alsbald Laub-, Grün- und Grasfrösche besiedelten. Anfangs hielt sich deren »Musik« in Grenzen. Die Frösche entwickelten allerdings ein reges Sexualleben und vermehrten sich kräftig. Ab 2011 hielten es E und seine Familie während der Paarungszeit der Frösche (April bis September) nicht mehr in den eigenen vier Wänden aus und bezogen für diesen Zeitraum ein Apartment in der Innenstadt.

Kann E von N die Trockenlegung des Froschteichs, der in die Biotopkartierung aufgenommen wurde, und »Entfernung« der Frösche sowie Ersatz seiner Kosten für die Mietwohnung verlangen?

■ Die **Anspruchsgrundlage** für die **Trockenlegung** und Entfernung der Frösche ist Ihnen bereits bekannt! Überlegen Sie! Antwort: Fußnote[201]. Worin besteht im vorliegenden Fall die **Eigentumsbeeinträchtigung**?
▶ Da der E sein Grundstück aufgrund der Lärmeinwirkung nicht mehr nutzen kann wie er es will, ist er in der Ausübung seines Eigentumsrechts gestört.
■ Ist N überhaupt **Störer**? Eigentlich stören doch die Frösche. ...
▶ Durch das Anlegen und Unterhalten des Teichs, was auf dem Willen des N beruht, ist dieser *Zustandsstörer*; von seinem Grundstück kommen die »musikalischen« Belästigungen.

169 Obwohl die Voraussetzungen des § 1004 I 1 vorliegen, kommt ein Ausschluss des Beseitigungsanspruchs gem. § 1004 II in Betracht, wenn E zur **Duldung verpflichtet** wäre, d.h. die Beeinträchtigung nicht rechtswidrig ist.

■ Welche privatrechtliche (bereits genannte!) Duldungspflicht könnte die Rechtswidrigkeit der Beeinträchtigung ausschließen?
▶ Nach § 906 I könnte E zur Duldung verpflichtet sein.

---

199 Hierzu *Wolf/Wellenhofer*, § 25 Rn. 15–19.
200 Ähnlich BGH, Urteil vom 20.11.1992, NJW 1993, 925.
201 Der Anspruch ergibt sich aus § 1004 I 1!

Da die Frösche Geräusche erzeugen, liegt eine Einwirkung i.S.d. § 906 I vor.

- Woran könnte diese Duldungspflicht aus § 906 I scheitern?
- ▷ Eine solche Pflicht besteht nur, wenn durch die Immission die Benutzung des betroffenen Grundstücks nicht oder nur unwesentlich beeinträchtigt wird. Dem E war allerdings die Nutzung seines Grundstücks zu Wohnzwecken von April bis September aufgrund der gestörten Nachtruhe nicht möglich. Mithin liegt eine **wesentliche Beeinträchtigung** vor.
- Und wie steht es mit der Duldungspflicht gem. **§ 906 II 1**? Was ist hierfür Voraussetzung?
- ▷ Voraussetzung dieser Duldungspflicht ist, dass die Beeinträchtigung durch eine ortsübliche Benutzung des anderen Grundstücks herbeigeführt wird und nicht durch geeignete zumutbare Maßnahmen verhindert werden kann.

170

Es stellt sich also die Frage, ob das Unterhalten eines Teichs, in dem Frösche leben, *ortsüblich* ist. Für eine Wohngegend ist ein Froschteich an sich nicht prägend. Da dieser aber aufgrund einer behördlichen Genehmigung angelegt wurde, könnte sich die Ortsüblichkeit durch die öffentlich-rechtliche Rechtmäßigkeit ergeben. Da allerdings die *tatsächlichen* Verhältnisse für das »Ortsübliche« maßgebend sind, ist E nicht nach § 906 II 1 zur Duldung verpflichtet.

Eine Duldungspflicht könnte sich jedoch aus der öffentlich-rechtlichen Vorschrift des § 44 I **BNatSchG**[202] ergeben.

171

- Lesen Sie den Wortlaut der Vorschrift in der Fußnote! Wie steht es mit dem Anspruch auf Trockenlegung des Teichs und »Entfernung« der Frösche?
- ▷ Beide Maßnahmen sind gem. § 44 I Nr. 1 und 3 BNatSchG verboten. Wenn N den Teich trockenlegen würde, würde er den Lebensraum der Frösche zerstören und gegen ein gesetzliches Verbot verstoßen.
- Da E aber keinen Anspruch auf ein rechtswidriges Verhalten des N hat, lautet das Ergebnis hinsichtlich des »Trockenlegungsanspruchs«?
- ▷ E ist zur Duldung des Teichs verpflichtet und kann nicht dessen Trockenlegung gem. § 1004 I 1 verlangen.

Überlegen Sie nun, wie es mit dem Anspruch des E auf **Ersatz der Kosten** für die Mietwohnung in den Monaten April bis September steht!

172

- Welche Anspruchsgrundlage (es geht um Schadensersatz) ist einschlägig? Prüfen sie deren Voraussetzungen!
- ▷ Anspruchsgrundlage für diesen Schadensersatz könnte § 823 I[203] sein. Durch das Quaken der Laubfrösche wird das Eigentum des E verletzt, zumal er sechs Monate lang sein Haus nicht richtig nutzen kann. Da N den Teich anlegte, war seine Handlung adäquat kausal für diese Rechtsgutsverletzung.

---

202 **§ 44 I BNatSchG**: »Es ist verboten,
Nr. 1: wild lebenden Tieren der besonders geschützten Arten nachzustellen, sie zu fangen, zu verletzen, zu töten oder ihre Entwicklungsformen der Natur zu entnehmen, zu beschädigen oder zu zerstören
Nr. 3: Fortpflanzungs- oder Ruhestätten der wild lebenden Tiere der besonders geschützten Arten aus der Natur zu entnehmen, zu beschädigen oder zu zerstören«.
Gehen Sie davon aus, dass *keine* Befreiungsmöglichkeit gem. § 67 II BNatSchG von diesen Verboten besteht.
203 Falls nicht mehr gewusst: *Wörlen/Metzler-Müller*, SchR BT, Rn. 390–400.

173 ■ Wie steht es mit der **Rechtswidrigkeit**?
▶ Aufgrund der behördlichen Genehmigung (§ 907 I 2 lesen!) ist ein Rechtfertigungsgrund gegeben.

Folglich scheidet ein Schadensersatzanspruch gem. § 823 I aus. Wegen desselben Rechtfertigungsgrundes kommt ein Anspruch aus **§ 823 II i.V.m. § 1004** als Schutzgesetz nicht in Frage.

■ Lesen Sie nun **§ 906 II 2**! Wie steht es mit diesem Ausgleichsanspruch?
▶ Voraussetzung hierfür ist, dass E nach § 906 II 1 zur Duldung des Froschlärms verpflichtet wäre – was aber wegen der Orts*un*üblichkeit nicht der Fall ist.

■ Was machen die Richter, wenn sie eine Rechtsnorm auf einen vom Gesetz planwidrig nicht geregelten Tatbestand, der dem dort geregelten Tatbestand ähnlich ist, anwenden wollen?

174 ▶ Sie wenden diese Rechtsnorm *analog* an.[204]

Eine Analogie des § 906 II 2 hat die Rechtsprechung in den Fällen zugelassen, in denen »abwehrfähige« Einwirkungen aus rechtlichen oder faktischen Gründen nicht abgewehrt werden können.[205]

■ Was fällt Ihnen auf, wenn Sie den »Fröschefall« mit § 906 II vergleichen?
▶ In § 906 II *kann* der Störer die Beeinträchtigung abstellen – er *muss* es aber nicht. Bei den Fröschen hingen *darf* der E als Störer wegen der Regelung des § 44 I Nr. 1 und 3 BNatSchG die Beeinträchtigung *nicht* abstellen.

175 Sinn des in § 906 II 2 geregelten Anspruchs ist Folgender: Der Störer soll einen Ausgleich dafür zahlen, dass er das Nachbargrundstück über Gebühr belasten darf – was er aber auch unterlassen kann.

Im vorliegenden Fall greift dieser Aufopferungsgedanke allerdings nicht, denn N kann/darf die Beeinträchtigung wegen der öffentlich-rechtlichen Regelung nicht unterlassen. Wollte man ihn dennoch zahlen lassen, so müsste N sich wegen einer im Allgemeininteresse zum Naturschutz erlassenen Regelung »aufopfern«. Die Regelung des § 906 II 2 hat der Gesetzgeber hingegen im Interesse des Störers erlassen.

■ Das **Endergebnis** unseres Falles lautet also?
▶ E kann von N weder die Trockenlegung des Froschteichs und die »Entfernung« der Frösche noch den Ersatz seiner Kosten für die Mietwohnung verlangen.

3. Überbau

176 Gerade in Innenstädten mit einer engen Bebauung kommt es manchmal vor, dass – vielleicht aus Unkenntnis über den wahren Grenzverlauf – ein Hauseigentümer über die Grenze auf ein fremdes Grundstück baut:[206] Die hierdurch eintretenden Rechtsfolgen betrachten wir mit

---

204 Sog. *Gesetzesanalogie*; zur Wiederholung: *Wörlen/Metzler-Müller*, BGB AT, Rn. 160.
205 *Prütting*, Rn. 338 f. m.w.N.
206 S. *Wolf/Wellenhofer*, § 25 Rn. 37.

II. Nachbarrecht

> **Übungsfall 29**[207]
>
> E beschließt, auf seinem Grundstück neben seinem Wohnhaus eine Garage an der Grenze zum Nachbargrundstück zu errichten. Der von ihm beauftragte Architekt orientiert sich statt an den Grenzsteinen an dem zwischen dem Grundstück des E und seinem Nachbarn N stehenden Grenzzaun, der allerdings – was keiner der Nachbarn bemerkt hat – 15 cm von der Grenze entfernt auf dem Grundstück des N steht. Nachdem E seine Garage bereits acht Monate lang benutzt, beschließt N, ebenfalls einen Pkw-Stellplatz an der Grenze zu errichten. Beim Einmessen stellt sein Architekt zum Erstaunen aller fest, dass E das Grundstück des N um 15 cm überbaut hat.

Erbost verlangt N von E, dieser solle seine Garagenwand »verschieben« und damit den Überbau beseitigen.

- Kommt ein Beseitigungsanspruch des N gegen E gem. § 1004 I in Betracht? Zu prüfen ist, ob N zur Duldung gem. § 1004 II verpflichtet ist. Lesen Sie dazu § 912 I und denken Sie nach! 177
- ▶ Gem. § 912 I kann der N keine Beseitigung verlangen. N hat vielmehr die Pflicht, den Überbau auf seinem Grundstück zu dulden. Der Überbau wurde ohne Vorsatz oder grobe Fahrlässigkeit hinsichtlich der Grenzüberschreitung vorgenommen und N hat dem Grenzbau nicht sofort widersprochen.

Durch § 912 I werden der Beseitigungsanspruch des N aus § 1004 I wegen § 1004 II sowie ein Schadensersatzanspruch aus § 823 ausgeschlossen. Es soll eine Zerstörung wirtschaftlicher Werte verhindert werden.

Die §§ 912–916 regeln den *eigenmächtigen* Überbau. Hat der Nachbar zugestimmt, ist § 912 nicht anwendbar, sondern Duldungspflicht und Entschädigung richten sich nach der getroffenen Vereinbarung.[208]

- Was wäre, wenn E **vorsätzlich oder grob fahrlässig** die Garage teilweise auf fremdem Grund errichtet hätte? 178
- ▶ In diesem Fall entfällt die Duldungspflicht des N und er kann Beseitigung gem. § 1004 I 1 sowie Herausgabe des im Besitz des Nachbarn E befindlichen Grundstücksteils aus § 985 verlangen.[209]
- Muss sich E evtl. ein Verschulden (Vorsatz bzw. grobe Fahrlässigkeit) seines Architekten **zurechnen** lassen?
- ▶ Da es sich bei dem Überbau um einen Eingriff in fremdes Eigentum handelt, hat der Architekt eine unerlaubte Handlung i.S.d. § 823 I begangen. E müsste dann nach **§ 831** für ihn haften, wenn der Architekt sein Verrichtungsgehilfe wäre. Dies setzt eine weisungsgebundene Tätigkeit voraus, die im Verhältnis des Architekten zu E nicht vorliegt.[210]
- Was kann N im Ausgangsfall lediglich von E verlangen? 179
- ▶ Da eine Duldungspflicht besteht, *muss* E den N gem. **§ 912 II** durch eine Geldrente entschädigen.

---

207 Nach *Wolf/Wellenhofer*, § 25 Rn. 40.
208 *Alpmann Brockhaus*, S. 1315.
209 Zum Teil wird auch die Ansicht vertreten, dass bei einem sog. unentschuldigten Überbau das Eigentum am Gebäude gemäß der Grenzlinie der bebauten Grundstücke geteilt wird; hierzu *Prütting*, Rn. 346 m.w.N.
210 Der **BGH** löst diesen Fall **analog § 166** und bejaht, dass der **Architekt »Repräsentant« des Bauherrn** ist (s. BGHZ 42, 63, 69). **Nach dieser Lösung ist eine Zurechnung des Verschuldens des Architekten gegeben.** S. *Wolf/Wellenhofer*, § 25 Rn. 40; *Baur/Stürner*, § 5 Rn. 17.

Der zu duldende Überbau fällt – entgegen § 94 – in das Eigentum des Erbauers E, nicht in das des Nachbarn N. Das Eigentum am überbauten Grundstücksteil verbleibt dem Grundstückseigentümer N. Die Duldungspflicht wirkt somit als Beschränkung des Eigentums wie eine Grunddienstbarkeit, die jedoch nicht im Grundbuch eingetragen werden kann.

4. Notweg

180 ■ Lesen Sie § 917 und überlegen Sie sich den Grund für diese Vorschrift!
▶ § 917 will gewährleisten, dass jedes Grundstück eine Verbindung zu einem öffentlichen Weg auch dann hat, wenn es nicht direkt an einen solchen Weg angrenzt.[211]

Der Eigentümer des »Hinterliegergrundstücks« kann also von dem Nachbarn, dessen Grundstück den kürzesten zumutbaren Weg zum öffentlichen Weg bietet, die Einräumung eines Notwegs über dieses Grundstück verlangen; Voraussetzung ist, dass der Notweg zur ordnungsgemäßen Benutzung erforderlich ist; Zweckmäßigkeits- oder Bequemlichkeitserwägungen reichen hierfür nicht aus.[212]

181 ■ Gibt es Ähnlichkeiten zum Überbau?
▶ Wie beim Überbau hat der zur Duldung des Notwegs verpflichtete Nachbar einen Entschädigungsanspruch in Form einer Geldrente (§ 917 II).

5. Sonstige nachbarschützende Vorschriften

182 Für den Bereich des Nachbarrechts regelt das BGB außerdem Interessenkollisionen bei Gewächsen im Grenzbereich (§§ 910, 911, 923[213]).

Der Überhang nach § 910 gewährt ein beschränktes Selbsthilferecht. § 911 stellt eine Abweichung von der Regel des § 953 dar und lässt den Eigentümer des Nachbargrundstücks Eigentümer der Früchte werden, die darauf fallen. Weitere Konfliktlösungsmöglichkeiten gibt es für den Grenzverlauf (§ 919[214], 920) und bei der Benutzung von Grenzanlagen (§§ 921, 922) – Vorschriften lesen!

III. Konkurrenz zwischen Privatrecht und öffentlichem Recht

183 Neben den privatrechtlichen können auch öffentlich-rechtliche Bestimmungen auf die nachbarrechtlichen Beziehungen Einfluss nehmen. So ist die Zulässigkeit von Immissionen nicht nur in § 906 geregelt, sondern auch im BImSchG und im FluLärmG.

■ Sofern Sie schon öffentliches Recht gelernt haben: Welche öffentlich-rechtlichen Gesetze müssen Sie beachten, wenn Sie auf Ihrem Grundstück bauen wollen?
▶ Bei Bauvorhaben bedarf es der behördlichen Genehmigung nach Maßgabe des Baugesetzbuches bzw. der einschlägigen Landesbauordnung.

---

211 *Wolf/Wellenhofer*, § 25 Rn. 46.
212 *Wolf/Wellenhofer*, § 25 Rn. 46.
213 Haben Sie den schönen Reim in § 923 III bemerkt, der »poetischsten Zivilrechtsnorm« (*Kollmer*, NJW 1997, 1129)?
214 § 919 I betrifft den tragischen Fall, dass » … ein Grenzzeichen … verrückt geworden ist… «; s. zum verrückt gewordenen Grenzstein sowie allgemein zum humoristischen Nachbarrecht: *Würdinger*, NJW 2009, 732.

Manchmal sind auch privatrechtliche Ansprüche durch das öffentliche Recht ausgeschlossen.

- Wenn Sie an die Duldungspflichten im Rahmen des § 1004 II denken, könnten Sie sich an ein Beispiel erinnern? **184**
- Gem. § 14 BImSchG sind privatrechtliche Abwehransprüche, d.h. die Einstellung des Betriebs einer Anlage, ausgeschlossen, wenn die Genehmigung einer Anlage unanfechtbar ist. Es können nur wirtschaftlich vertretbare Vorkehrungen verlangt werden, die die benachteiligenden Wirkungen ausschließen.

Diese Regelung hat für ein Unternehmen den Vorteil, dass es sich auf die Genehmigung verlassen kann; es *muss* nicht mit dem Abbruch der genehmigten Anlage aufgrund von privatrechtlichen Abwehransprüchen rechnen.[215]

Eine Baugenehmigung ergeht hingegen »unbeschadet der privaten Rechte Dritter« (so u.a. Art. 68 IV Bayerische Bauordnung, BayBO). Somit kann der Nachbar etwaige privatrechtliche Beseitigungs- und Unterlassungsansprüche vor den Zivilgerichten einklagen. **185**

Literatur zur Vertiefung (Rn. 153–185): *Alpmann und Schmidt*, SachR 3, 3. Teil; *Baur/Stürner*, §§ 12, 13, 25; *Kollmer*, Juristische Superlative NJW 1997, 1129; *Lettl*, Die Beeinträchtigung des Eigentums nach § 1004 Abs. 1 S. 1 BGB, JuS 2005, 871; *Neuner*, Das nachbarrechtliche Haftungssystem I und II, JuS 2005, 385 u. 487; *Peine*, Öffentliches und privates Nachbarrecht, JuS 1987, 169; *Röthel*, Grundfragen des privaten Nachbarrechts, Jura 2005, 539; *Schreiber*, Dritter Teil, 1. Kapitel, D und F; *Prütting*, §§ 28, 49; *Westermann*, § 36; *Wolf/Wellenhofer*, §§ 24–25; *Würdinger*, Humoristisches Nachbarrecht, NJW 2009, 732.

---

215 *Wolf/Wellenhofer*, § 25 Rn. 52.

6. Kapitel. Grundstücksrecht

I. Erwerb des Eigentums (und anderer Rechte) an Grundstücken

Um das im BGB geregelte materielle Grundstücksrecht auszugsweise kennenzulernen, wollen wir beim Eigentumserwerb an Grundstücken anknüpfen.

- Nach welcher Vorschrift wird das Eigentum (oder ein anderes Recht) an einem Grundstück erworben? (Überlegen Sie! Versuchen Sie zunächst selbst, eine Antwort zu formulieren!)
- Zum Erwerb des Eigentums (oder eines anderen Rechts) an einem Grundstück ist die Einigung zwischen Veräußerer und Erwerber sowie die Eintragung des (neuen) Eigentümers (= Rechtsinhabers) erforderlich: § 873 I (lesen!).

Prüfungsschema § 873 I

(1) **Einigung** (§ 873 I) über
  – Eigentumsübertragung (= **Auflassung**; Form: § 925) oder
  – Belastung mit dinglichem Recht oder
  – Übertragung eines bestehenden Rechts
(2) Grundbuch**eintragung**, § 873 I
(3) **Berechtigung**

1. Einigung

Die Einigung über den Eigentumsübergang von Grundstücken bedarf – anders als bei beweglichen Sachen – einer besonderen Form.

Unterstreichen Sie sich in Ihrem Gesetzestext in § 873 I das Wort »Einigung«, notieren Sie am Rand »§ 925« und lesen Sie § 925 I. Daraus können wir entnehmen:

(1) Die Einigung über den Grundstückserwerb hat einen besonderen Namen, sie heißt »**Auflassung**«, und
(2) diese Auflassung muss bei *gleichzeitiger Anwesenheit* von Veräußerer und Erwerber vor einer zuständigen Stelle, in der Regel vor einem Notar, erklärt werden.

Zu (1):

Wie es zu dem etwas eigenartigen Namen »Auflassung« kommt, ist zwar nicht unbedingt wichtig zu wissen, jedoch für Ihre juristische Allgemeinbildung interessant: Der Begriff hat seinen Ursprung in der Rechtsgeschichte. »Auflassen« bedeutet sprachlich das gleiche wie »offen lassen« oder »geöffnet lassen«. Im Frühmittelalter wurde dem Erwerber eines Grundstücks der rechtliche Weg zu seinem neuen Grundstück dadurch geöffnet bzw. »aufgelassen«, dass ihm der Veräußerer ein Herrschaftssymbol überreichte, z.B. eine Scholle des erworbenen Grundstücks, ein Stück Rasen, einen Zweig von einem darauf stehenden Baum oder eine Ähre der Getreidefrucht.[216]

---

216 Vgl. *Conrad*, S. 165.

6. Kapitel. Grundstücksrecht

Durch diese Art der »Auflassung« wurde damals die Übergabe symbolisch ersetzt, an deren Stelle heute die Eintragung ins Grundbuch getreten ist.

Zu (2):

189 ■ Was soll wohl die Anwesenheit eines Notars bei der Einigung über den Eigentumsübergang an einem Grundstück bezwecken?
▶ Da es sich bei der Verfügung über ein Grundstück im Regelfall um eine Verfügung über einen Gegenstand von erheblich höherem wirtschaftlichen Wert als dem beweglicher Sachen handelt, hat die Beteiligung eines Notars den Zweck, beide Vertragspartner vor übereilten und unüberlegten Verfügungen zu schützen.

Die notarielle Beteiligung hat eine Schutz- und Warnfunktion.[217] Diesen Schutz sieht das Gesetz im Zusammenhang mit der Veräußerung von Grundstücken übrigens auch an anderer Stelle vor: Die Eigentumsübertragung ist, wie Sie inzwischen wissen, ein Verfügungsgeschäft!

190 ■ Welches Rechtsgeschäft geht diesem Verfügungsgeschäft regelmäßig voraus?
▶ Ein Verpflichtungsgeschäft in Form eines schuldrechtlichen Vertrages!

Meist erfolgt die sachenrechtliche Eigentumsübertragung *aufgrund* eines Kaufvertrages (§§ 433); möglich ist selbstverständlich auch, dass es sich bei dem schuldrechtlichen Verpflichtungsgeschäft um ein Schenkungsversprechen (vgl. § 518 I 1) handelt. Auch für den einer Eigentumsübertragung zugrundeliegenden schuldrechtlichen Grundstücksveräußerungsvertrag hat der Gesetzgeber aus den genannten Gründen die Beteiligung eines Notars vorgesehen.

191 ■ Die entsprechende Formvorschrift aus dem Allgemeinen Schuldrecht müsste Ihnen noch bekannt sein! (Denken Sie nach!)
▶ Antwort siehe Fußnote[218]!

Lesen Sie diese Vorschrift noch einmal! Da Sie inzwischen das Abstraktionsprinzip beherrschen, wissen Sie, dass die Wirksamkeit des Kaufvertrages gegenüber dem Verfügungsgeschäft, also der Eigentumsübertragung, völlig selbstständig zu beurteilen ist.

■ Wie oft müssten Sie bei strenger Durchführung des Abstraktionsprinzips zu einem Notar gehen, um Eigentümer eines gekauften Grundstücks werden zu können?
▶ Grundsätzlich eigentlich zweimal: Zum ersten Mal, um den Kaufvertrag gem. § 311b I 1 notariell beurkunden zu lassen und ein zweites Mal, um vor dem Notar von dem Veräußerer die Auflassungserklärung gem. § 925 I 1 anzunehmen.

192 In der Praxis sieht das allerdings so aus, dass diese beiden verschiedenen Rechtsgeschäfte bei *einem* Besuch des Notars vorgenommen werden, d.h., die Vertragsparteien lassen sich zunächst ihre Kaufvertragsausfertigungen beurkunden und erklären dann die sachenrechtliche Auflassung. Damit ist die »Einigung« i.S.v. § 873 I ordnungsgemäß vollzogen.

193 Geht es nicht um das Eigentum an einem Grundstück, sondern um andere Rechte, wie z.B. Dienstbarkeiten oder Grundpfandrechte, die im Grundbuch in der zweiten

---

217 Vgl. dazu *Wörlen/Metzler-Müller*, BGB AT, Rn. 263.
218 § 311b I 1.

oder dritten Abteilung des Grundbuches erscheinen, so genügt eine einfache Einigung i.S.d. § 873 I. Die notarielle Beteiligung ist bei der materiellrechtlichen Begründung oder Übertragung solcher Rechte nicht erforderlich.

2. Eintragung ins Grundbuch

Der bei den beweglichen Sachen geltende Grundsatz, dass zur Eigentumsübertragung zwei Handlungen notwendig sind, nämlich einerseits die rechtsgeschäftliche Einigung zwischen Veräußerer und Erwerber und andererseits die Übergabe der Sache als Realakt, gilt auch für die Eigentumsübertragung bei Grundstücken. Aber wie soll man das Grundstück dem Erwerber »übergeben«? 194

Damit der mit der Einigung bezweckte Eigentumsübergang wirksam wird, ist bei Grundstücken anstelle der Übergabe die Eintragung der Rechtsänderung in das Grundbuch erforderlich! Lesen Sie dazu nochmals § 873 I!

Damit die Einigung zum rechtsgültigen Eigentümerwechsel führt, muss also der Erwerber gem. § 873 I in das Grundbuch eingetragen werden. Um die Bedeutung dieser gesetzlichen Regelung erfassen zu können, muss man Bedeutung und Inhalt des Grundbuches selbst zumindest in groben Zügen kennen. Je nachdem, in welchem Wirtschaftszweig Sie einmal tätig sein werden – nicht nur in der Kreditabteilung einer Bank oder bei einer Gebäudeversicherung –, sind gewisse Grundkenntnisse über Aufbau, Inhalt und Zweck des Grundbuches unerlässlich: Oft wird es notwendig sein, durch Einsichtnahme in das Grundbuch die Eigentumsverhältnisse und Belastungen eines Grundstücks festzustellen.

Literatur zur Vertiefung (Rn. 186–195): *Alpmann und Schmidt*, SachR 2, 1. Teil, 1. Abschn., 1.; *Baur/Stürner*, § 19; *Gottwald*, III, 2; *Schreiber*, Fünfter Teil, 2. Kap., A; *Prütting*, § 29; *Westermann*, Einführung, Kap. 17, I; *ders.*, §§ 74–76; *Wolf/Wellenhofer*, § 17. 195

II. Grundbuch und Grundbuchamt

1. Formelles und materielles Grundstücksrecht

Das Grundbuch wird beim Grundbuchamt geführt. Das Grundbuchamt ist eine Abteilung des Amtsgerichts und für die im jeweiligen Amtsgerichtsbezirk liegenden Grundstücke zuständig. Das ergibt sich aus § 1 der Grundbuchordnung.[219] Dieses Gesetz enthält das *formelle* Grundstücksrecht, während im BGB das *materielle* Grundstücksrecht geregelt ist. 196

An dieser Stelle sollten wir uns den Unterschied zwischen materiellem und formellem Recht nochmals[220] verdeutlichen.

■ Versuchen Sie selbst, den Unterschied zu formulieren!

---

[219] GBO § 1 *(Amtsgericht als Grundbuchamt*: Zuständigkeit)
»(1) Die Grundbücher, die auch als Loseblattgrundbuch geführt werden können, werden von den Amtsgerichten geführt (Grundbuchämter). Diese sind für die in ihrem Bezirk liegenden Grundstücke zuständig ...«
[220] Vgl. *Wörlen/Metzler-Müller*, BGB AT, Rn. 23.

6. Kapitel. Grundstücksrecht

▶ Das *materielle* oder auch »sachliche« Recht des BGB legt den Inhalt des bürgerlichen Rechts fest und regelt im Wesentlichen das Entstehen und Erlöschen von Ansprüchen. Als *formelles* Recht bezeichnet man die Regelungen, die der Feststellung oder Durchsetzung des materiellen Rechts dienen.

Zum formellen Recht gehört insbesondere das *Verfahrensrecht*. Wer ein Zivilgericht wegen eines Rechtsstreits anruft, muss die formellen Verfahrensvorschriften der Zivilprozessordnung (ZPO) beachten. Wer sich an das Grundbuchamt wendet, um eine Eintragung in das Grundbuch vornehmen zu lassen, muss die Verfahrensvorschriften der Grundbuchordnung (GBO) sowie der Verordnung zur Durchführung der Grundbuchordnung (Grundbuchverfügung, GBV) berücksichtigen.

197 Das Grundbuchamt hat die Aufgabe, die Einhaltung dieser Vorschriften zu überwachen, und vor allem, das Grundbuch zu führen. Das Grundbuch ist ein Verzeichnis aller im jeweiligen Amtsbezirk eines Amtsgerichts (Grundbuchamt) liegenden Grundstücke und gibt zugleich Auskunft über die wichtigsten privatrechtlichen Verhältnisse an den Grundstücken. Aus diesem Grund gestattet z.B. § 12 I 1 GBO jedem, der ein berechtigtes Interesse hat, die Einsicht in das Grundbuch (Vorschrift[221] lesen!).

■ Wann wird ein solches berechtigtes Interesse wohl vorliegen?
▶ Ganz sicher, wenn jemandem ein Grundstück, das im Grundbuch aufgeführt ist, gehört, oder wenn er irgendein anderes Recht als das Eigentum an diesem Grundstück hat.

Ein berechtigtes Interesse liegt aber auch vor, wenn jemand Einsicht nehmen will, weil er z.B. dem Eigentümer eines Grundstückes einen Kredit gewähren will, oder wenn jemand als Gläubiger eines Grundstückseigentümers gegen diesen die Zwangsvollstreckung betreiben will.

Auch ein Rechtsanwalt hat ein berechtigtes Interesse, wenn die Einsicht zur Bearbeitung einer bestimmten Rechtsangelegenheit erforderlich ist. Und auch der Versicherer einer beabsichtigten Gebäudeversicherung kann ein solches Interesse geltend machen. Derjenige, der Einsicht in das Grundbuch nehmen will, muss immer ein sachlich begründetes, tatsächliches Interesse nachweisen können.

Anträge auf Einsicht aus purer Neugier, etwa wenn sich jemand nur informieren will, wie viele Grundstücke sein reicher Nachbar besitzt, wird das Grundbuchamt dagegen zu Recht ablehnen.

2. Elektronisches Grundbuch

198 Das Ende 1993 in Kraft getretene RegVBG[222], durch das die §§ 126–134 neu in die GBO eingefügt wurden, lässt seither die Einrichtung des elektronischen Grundbuchs zu. Gem. § 126 I 1 GBO können die Landesregierungen durch Rechtsverordnung bestimmen, dass und in welchem Umfang das Grundbuch in maschineller Form als

---

221 **GBO § 12** *(Grundbucheinsicht ...)*
»(1) Die Einsicht des Grundbuchs ist jedem gestattet, der ein **berechtigtes Interesse** darlegt. Das gleiche gilt von Urkunden, auf die im Grundbuche zur Ergänzung einer Eintragung Bezug genommen ist, sowie von den noch nicht erledigten Eintragungsanträgen.«
222 Vgl. Abkürzungsverzeichnis.

automatisierte Datei geführt wird. Von dieser Ermächtigung haben alle Bundesländer Gebrauch gemacht.[223]

Die Einführung des elektronischen Grundbuches ermöglicht die *papierlose Führung* des Grundbuches. Die Grundbuchdaten werden in einer Datenbank abgelegt, die auch von externen Stellen, sofern sie bestimmte Voraussetzungen erfüllen – online eingesehen werden können.[224]

Als Weiterentwicklung des elektronischen Grundbuchs wurden durch das ERVGBG[225] zum 1.10.2009 mit den neuen §§ 135 ff. GBO die rechtlichen Rahmenbedingungen geschaffen, auch die *elektronische Einreichung* von Anträgen, Erklärungen und sonstigen Dokumenten zum Grundbuchamt zuzulassen.

Die strengen Formerfordernisse des papiergebundenen Grundbuchverfahrens, mit denen wir uns gleich beschäftigen werden, sind dadurch allerdings nicht aufgehoben. Eine zur Eintragung im Grundbuch erforderliche Erklärung bedarf auch im elektronischen Rechtsverkehr der notariellen Beurkundung oder Beglaubigung. An Stelle der Versendung in Papierform kann der Notar jedoch mit Hilfe seiner qualifizierten elektronischen Signatur elektronisch beglaubigte Abschriften (§ 39a BeurkG) der einzureichenden Dokumente fertigen (§ 137 I GBO).[226]

Wann sie den elektronischen Rechtsverkehr mit den Grundbuchämtern einführen, ist den Bundesländern nach § 135 I 2 GBO allerdings freigestellt.[227]

3. Inhalt und Aufbau des Grundbuchs

a) Überblick

Demjenigen, der das Recht auf Einsichtnahme in das Grundbuch ausüben darf, wird dieses Recht wenig nutzen, wenn er nicht weiß, wie ein Grundbuch im Einzelnen aussieht, bzw. woraus es überhaupt besteht.

199

Wir wollen uns deshalb gleich einen Auszug aus einem Grundbuch anschen. Nach § 3 I 1 GBO[228] (lesen!) erhält jedes Grundstück im Grundbuch eine besondere Stelle, das »**Grundbuchblatt**«. Das für jedes rechtlich selbstständige Grundstück eingerichtete besondere Grundbuchblatt bezeichnet man auch als »*Realfolium*«. Entgegen dem Wortlaut von § 3 GBO handelt es sich dabei nicht um ein einzelnes Blatt, sondern um eine Verbindung mehrerer Blätter. Bei der inzwischen vorherrschenden elektronischen Führung des Grundbuches (oben Rn. 198) geht es streng genommen um Seiten

---

223 Schlusslicht ist Mecklenburg-Vorpommern, wo man aber bis zum Jahresende 2011 die Umstellung bewerkstelligen will. S. dazu die Übersicht der Bundesnotarkammer unter www.elrv.info/de/elektronischer-rechtsverkehr/rechtsgrundlagen/elektronisches_Grundbuch.html.
224 S. dazu die Angaben auf dem Justizportal des Bundes und der Länder unter www.grundbuchportal.de/allg-infos.htm.
225 Vgl. Abkürzungsverzeichnis.
226 S. dazu *Gassen/Mödl*, ZRP 2009, 77 (79).
227 S. auch dazu die Übersicht der Bundesnotarkammer unter www.elrv.info/de/elektronischer-rechtsverkehr/rechtsgrundlagen/elektronisches_Grundbuch.html.
228 **GBO § 3** *(Grundbuchblatt ...)*
»(1) Jedes Grundstück erhält im Grundbuch eine besondere Stelle (Grundbuchblatt). Das **Grundbuchblatt ist** für das Grundstück **als das Grundbuch im Sinne des Bürgerlichen Gesetzbuchs** anzusehen.«

innerhalb eines elektronischen Verzeichnisses,[229] von denen aber auf Wunsch ein »Papierausdruck« erstellt werden kann. Um einen solchen handelt es sich bei dem Grundbuchauszug, den wir uns jetzt ansehen wollen (Rn. 201a ff.). Er betrifft demnach *ein Grundbuchblatt* im Rechtssinn. Wenn das BGB, wie in § 873, den Begriff »Grundbuch« verwendet, dann ist damit immer das Grundbuchblatt gemeint. Dies wird in § 3 I 2 GBO ausdrücklich klargestellt (Fn. 228 lesen!).

200 Über mehrere Grundstücke desselben Eigentümers, für die dasselbe Grundbuchamt zuständig ist, kann gem. § 4 I GBO[230] ein gemeinschaftliches Grundbuchblatt geführt werden, solange dadurch keine Verwirrung entsteht, d.h., die Übersichtlichkeit gewahrt bleibt! Das gemeinschaftliche Grundbuchblatt für mehrere Grundstücke eines Eigentümers wird im Gegensatz zum »Realfolium« als *»Personalfolium«* bezeichnet. Um ein solches Personalfolium handelt es sich auch bei unserem Muster-Grundbuchblatt (s. Rn. 201a).

Jedes Grundbuchblatt besteht aus der sogenannten »Aufschrift«, dem »Bestandsverzeichnis« und drei »Abteilungen«.

---

229 **§ 62 GBV Begriff des maschinell geführten Grundbuchs**
»Bei dem maschinell geführten Grundbuch ist der in den dafür bestimmten Datenspeicher aufgenommene und auf Dauer unverändert in lesbarer Form **wiedergabefähige Inhalt** des Grundbuchblatts (§ 3 I 1 der Grundbuchordnung) das Grundbuch. ...«

230 **GBO § 4 (Gemeinschaftliches Grundbuchblatt)**
»(1) Über mehrere Grundstücke desselben Eigentümers, deren Grundbücher von demselben Grundbuchamt geführt werden, kann ein gemeinschaftliches Grundbuchblatt geführt werden, solange hiervon Verwirrung nicht zu besorgen ist. ...«

b) **Aufschrift**

Betrachten Sie jetzt kurz die »Aufschrift« des folgenden Grundbuchblatt-Musters: **201**

Amtsgericht	Köln
Grundbuch von	Worringen
Blatt	3423

Dieses Blatt ist zur Fortführung auf EDV umgestellt worden und dabei an die Stelle des bisherigen Blattes getreten. In dem Blatt enthaltene Rötungen sind schwarz sichtbar.

Freigegeben am 19.04.2004, Manger

Köln Worringen 3423 · letzte Änderung 18.05.2011 · Abdruck vom 22.06.2011 · Seite 1/8

Die Aufschrift enthält die Bezeichnung des zuständigen Amtsgerichts, zugleich des Grundbuchamtes, die Angabe des Bezirks, für den das Grundbuch gilt und die Blattnummer.

Diese Angaben werden, um jede Verwechslung auszuschließen, in der Überschrift des Bestandsverzeichnisses (und jeder Abteilung) wiederholt!

6. Kapitel. Grundstücksrecht

c) Bestandsverzeichnis

201a Lesen Sie nun das Bestandsverzeichnis und die anschließenden Erläuterungen dazu:

Amtsgericht Köln **Grundbuch von** Worringen **Blatt** 3423 **Bestandsverzeichnis**

Laufende Nummer der Grundstücke	Bisherige laufende Nummer der Grundstücke	Bezeichnung der Grundstücke und der mit dem Eigentum verbundenen Rechte				Größe		
		Gemarkung (Vermessungsbezirk)	Karte		Liegenschaftsbuch	Wirtschaftsart und Lage		
			Flur	Flurstück				
		a	b		c/d	e	ha	a	m²
1	2	3					4		
1	–	Worringen	10	320	378	Wohn- und Fabrikgelände mit Lagerfläche	1	20	00
2	–	Worringen	14	85	937	Wohnhaus mit Garten, Hörnleinstraße 19		15	95
3	–	Worringen	27	412	1835	Wiese am Fühlinger See		51	25
4	1	Worringen	10	320		Wohn- und Fabrikgelände mit Lagerfläche	1	20	00
5	2	Worringen	14	85		Wohnhaus mit Garten, Hörnleinstraße 19		15	95

Köln Worringen 3423 · letzte Änderung 18.05.2011 · Abdruck vom 22.06.2011 · Seite 2/8

II. Grundbuch und Grundbuchamt

Amtsgericht Köln **Grundbuch von** Worringen **Blatt** 3423 **Bestandsverzeichnis**

	Bestand und Zuschreibung		Abschreibung
Zur laufenden Nummer der Grundstücke		Zur laufenden Nummer der Grundstücke	
5	6	7	8
1	Von Blatt 327 hierher übertragen am 26. Juli 1946 *Fiesel Huber*	3	Infolge Eigentumswechsels nach Blatt 7457 übertragen am 18. Mai 2011 *Greinel*
2	Von Blatt 4586 hierher übertragen am 16. April 1976 *Bach Franke*		
3	Von Blatt 252 hierher übertragen am 23. Nov. 1991 *Bach Franke*		

Köln Worringen 3423 · letzte Änderung 18.05.2011 · Abdruck vom 22.06.2011 · Seite 3/8

6. Kapitel. Grundstücksrecht

Worüber das Bestandsverzeichnis Auskunft gibt, können wir den einzelnen Spalten entnehmen.

Spalte 1

202 enthält die laufende Nummer des jeweiligen Grundstücks, aus der man die Reihenfolge des Erwerbs ersehen kann.

Spalte 2

203 bezieht sich auf die »bisherige« laufende Nummer der Grundstücke in demselben Bestandsverzeichnis (hier: Grundstücke mit den alten Nummern 1 und 2 tragen nun die neuen Nummern 4 und 5).

- Was lässt sich hieraus schließen? (Überlegen Sie!)
- ▶ Daraus folgt, dass diese Grundstücke inzwischen einen neuen Eigentümer bekommen haben, was wir gleich noch überprüfen werden.

Dass die Eintragung dieser Grundstücke als laufende Nummern 1 und 2 inzwischen überholt ist, können Sie daran erkennen, dass die gesamten Eintragungen unter den laufenden Nummern 1 und 2 gestrichen wurden. Eine nicht mehr gültige Eintragung im Grundbuch wird an sich nicht *durch*gestrichen, sondern *unter*strichen, und zwar immer *rot unterstrichen*. Mit dieser roten Unterstreichung, die man daher als »Rötung« bezeichnet, wird eine Eintragung im Grundbuch gelöscht. Nach der EDV-Umstellung der Grundbücher sind »Rötungen« auf Ausdrucken nur noch in schwarz sichtbar. Im Interesse der Klarheit machen daher viele Grundbuchämter von der Möglichkeit[231] Gebrauch, die Unterstreichung durch je einen über der ersten und unter der letzten Zeile der Eintragung oder des Vermerks verlaufenden waagerechten Strich, der durch einen Schrägstrich verbunden wird, zu ersetzen, also letztlich doch durchzustreichen.

Auch die laufende Nummer 3 wurde gelöscht. Wo sie geblieben ist, werden wir noch sehen.

Spalte 3

204 Um den Inhalt dieser Spalte verstehen zu können, muss man wissen, dass der Grund und Boden der gesamten Bundesrepublik Deutschland vermessungstechnisch in bestimmte Einheiten eingeteilt ist: in Gemarkungen, Fluren und Flurstücke. Unter dieser Bezeichnung werden alle Grundstücke im »Liegenschaftskataster«, einem vom Katasteramt, d.h., der Vermessungsbehörde geführten Verzeichnis (automatisiertes »Liegenschaftsbuch«) mit ihren vermessenen Grenzen verbucht und in der zugehörigen (automatisierten) »Liegenschaftskarte« grafisch dargestellt. Das Liegenschaftskataster gibt also über die *vermessungstechnischen* und das Grundbuch über die *rechtlichen* Verhältnisse an Grundstücken Auskunft.

Spalte 4

205 Dort sind, wie Sie sehen, die genauen Größenangaben in ha (1 Hektar = 100 a = 10 000 m²), a (1 Ar = 100 m²) und qm (m²) verzeichnet.

---

231 Nur bei Interesse: §§ 17 II 3, 17a der Grundbuchverfügung (GBV).

Um den Inhalt des Bestandsverzeichnisses anhand der eben untersuchten Spalten 1 bis 4 zusammenfassend zu charakterisieren, kann man festhalten: Das Bestandsverzeichnis enthält eine lückenlose Aufstellung und genaue Bezeichnung aller Grundstücke, die im Besitz des jeweiligen eingetragenen Eigentümers sind.

Spalte 5

enthält wieder die laufende Nummer der Grundstücke in demselben Bestandsverzeichnis, und 206

Spalte 6

macht ersichtlich, in welchem Grundbuch das Grundstück früher einmal eingetragen war, bevor es den Eigentümer wechselte. 207

Wenn man das jeweils angegebene Grundbuch einsehen würde, könnte man feststellen, dass die dortige Eintragung im Bestandsverzeichnis gelöscht ist.

Spalte 7

weist wiederum auf die laufende Nummer des Grundstücks hin, und zwar im Hinblick auf 208

Spalte 8

Dort wurde das Grundstück Nr. 3, das oben im Bestandsverzeichnis gelöscht wurde und ansonsten nicht wieder auftaucht, folgerichtig »abgeschrieben«. 209

Für den Erwerber dieses Grundstücks wurde ein neues Grundbuchblatt angelegt, bzw. es wurde ihm in den Spalten 5 und 6 seines bereits vorhandenen Grundbuchblattes »zugeschrieben«.

d) Erste Abteilung

210 Sehen wir uns nun Eintragungen in der »Ersten Abteilung« an:

Amtsgericht Köln Grundbuch von Worringen Blatt 3423 **Abteilung I**

Laufende Nummer der Ein- tragung	Eigentümer	Laufenden Nummer der Grund- stücke im Bestands- verzeichnis	Grundlage der Eintragung
1	2	3	4
1	Bankdirektor Rudolf Raffke in Köln	1	Aufgelassen am 30. Juni 1946 und eingetragen am 26. Juli 1946 *Fiesel Huber*
		2	Aufgelassen am 27. März 1976 und eingetragen am 16. April 1976 *Bach Franke*
		3	Aufgelassen am 25. Okt. 1991 und eingetragen am 23. Nov. 1991 *Bach Franke*
2	Karl Knete, geboren 7. Juli 1984	4, 5	Aufgelassen am 22. April 2011 und eingetragen am 18. Mai 2011 *Greinel*

Köln Worringen 3423 · letzte Änderung 18.05.2011 · Abdruck vom 22.06.2011 · Seite 4/8

II. Grundbuch und Grundbuchamt

■ Nachdem Sie sich am Ende von Rn. 209 möglicherweise gefragt haben, wo sich 211 denn nun eine Eintragung über den Eigentümer befindet, haben Sie die Antwort sicherlich mit dem Blick auf die »Erste Abteilung« im Grundbuch gefunden?
▶ Den Eintragungen in dieser Abteilung ist zu entnehmen, dass zunächst der Bankdirektor Rudolf Raffke (R) in Köln Eigentümer der im Bestandsverzeichnis unter den laufenden Nummern 1 bis 3 erscheinenden Grundstücke war. Aus Spalte 4, »Grundlage der Eintragung«, kann man entnehmen, dass das Grundbuchamt den neuen Grundstückseigentümer nur einträgt, wenn derjenige, zu dessen Gunsten die Eigentumsübertragung erfolgt, auch nachgewiesen hat, dass er einen materiell-rechtlichen Grund für die Eintragung hat. Hier war der Grund für den Eigentumserwerb am Grundstück jeweils eine Auflassung gem. § 925 BGB.
■ Haben Sie eine Idee, welche materiell-rechtliche Grundlage für die Eintragung 212 außer einer Auflassung überhaupt noch in Betracht käme? (Denken Sie nach!)
▶ Das Grundstück könnte natürlich auch geerbt sein. In diesem Fall muss der Erbe, um eingetragen zu werden, anstelle einer Auflassungsurkunde einen Erbschein vorlegen.

Aus den Rötungen in der ersten Abteilung unseres Grundbuchmusters geht hervor, dass Bankdirektor R alle drei Grundstücke veräußert hat, und zwar die laufenden Nummern 1 und 2, die im Bestandsverzeichnis zu den Nummern 4 und 5 wurden, an Karl Knete, der als neuer Eigentümer erscheint, während das Grundstück mit laufender Nummer 3 an einen anderen Erwerber überging, für den, wie gesagt, ein neues Grundbuchblatt angelegt wurde.

Nicht nur natürliche Personen wie R und K können als Eigentümer eingetragen werden, sondern auch juristische Personen (GmbH, AG) sowie unter ihrer Firma die OHG und die KG (s. §§ 124, 161 II HGB). Die Grundbuchfähigkeit der Gesellschaft bürgerlichen Rechts (GbR; BGB-Gesellschaft) hat der Gesetzgeber in § 47 II GBO[232] nun so gelöst, dass neben der GbR auch ihre Gesellschafter namentlich in das Grundbuch einzutragen sind.[233]

---

232 § 47 GBO
»(2) Soll ein Recht für eine Gesellschaft bürgerlichen Rechts eingetragen werden, so sind auch deren Gesellschafter im Grundbuch einzutragen. Die für den Berechtigten geltenden Vorschriften gelten entsprechend für die Gesellschafter.«
233 Näher dazu *Wolf/Wellenhofer*, § 17 Rn. 26; *Prütting*, Rn. 137a.

e) Zweite Abteilung

213 Lesen Sie sich die folgenden Eintragungen wieder erst sorgfältig durch und überlegen Sie, was damit gemeint ist, bevor Sie die anschließenden Erläuterungen lesen!

Amtsgericht Köln   **Grundbuch von** Worringen   **Blatt** 3423   **Abteilung II**

Laufende Nummer der Eintragung	Laufenden Nummer der betroffenen Grundstücke im Bestandsverzeichnis	Lasten und Beschränkungen
1	2	3
1	3	Der jeweilige Eigentümer des Grundstücks Flur 27 Flurstück 413 (eingetragen im Grundbuch von Köln Band 217 Blatt 30587) ist berechtigt, über das Grundstück zu gehen und zu fahren. Mit Bezug auf die Bewilligung vom 1. Juni 1977, eingetragen in Blatt 252 am 20. Juli 1977 und hierher übertragen am 23. Nov. 1991. *Bach Franke*
2	4, 5	Eigentumsvormerkung für Karl Knete, geboren am 7. Juli 1984. Bezug: Bewilligung vom 22. April 2011 (UR-Nr. 217/2011, Notar Werner Klugs, Köln). Eingetragen am 25. April 2011 *Franke*

Köln Worringen 3423 · letzte Änderung 18.05.2011 · Abdruck vom 22.06.2011 · Seite 5/8

214 Was in der »Zweiten Abteilung« des Grundbuches eingetragen wird, ergibt sich vor allem aus der Überschrift zu Spalte 3.

- ▪ Was haben wir unter »Lasten und Beschränkungen« zu verstehen?
- ▶ Lasten und Beschränkungen, die auf einem Grundstück ruhen, beziehen sich vor allem auf die Nutzung des Grundstücks.[234]

In unserem Muster ist ein solches Nutzungsrecht eingetragen: »Der jeweilige Eigentümer ...« (ersten Satz dort nochmals lesen!)

215 ▪ Wie würden Sie ein solches Recht bezeichnen? (Überlegen Sie!)
▶ Das Recht, über ein fremdes Grundstück zu gehen und zu fahren, nennt man »Wegerecht«!

Dieses Wegerecht soll dem jeweiligen Eigentümer des Grundstücks Flur 27, Flurstück Nr. 413 zustehen.

---

234 Näheres hierzu im 8. Kap. (Rn. 345 ff.).

Warum gerade für dieses Grundstück ein Wegerecht eingeräumt wurde, wird Ihnen sicher klar, wenn Sie sich noch einmal Flur- und Flurstücknummer der laufenden Nummer im Bestandsverzeichnis ansehen! Flur- und Flurstücknummer lauten 27/412.

Amtsgericht Köln **Grundbuch von** Worringen **Blatt** 3423 **Abteilung II**

Veränderungen		Löschungen	
Laufende Nummer der Spalte 1		Laufende Nummer der Spalte 1	
4	5	6	7
		1	Infolge Eigentumswechsels gelöscht und nach Blatt 7457 übertragen am 18. Mai 2011 *Greinel*
		2	Gelöscht am 18. Mai 2011 *Greinel*

Köln Worringen 3423 · letzte Änderung 18.05.2011 · Abdruck vom 22.06.2011 · Seite 6/8

▪ In welchem Verhältnis steht das Grundstück Nr. 412 wohl zu Nr. 413?   216
▶ Man kann unschwer davon ausgehen, dass es sich um nebeneinander liegende Flächen, also um Nachbargrundstücke, handelt.

Dieses Wegerecht wurde durch die Eintragung im Grundbuch dinglich gesichert. Bewilligt wurde diese Eintragung am 1. Juni 1977 von dem damaligen Eigentümer. Dieser hatte das Grundstück dann an den Bankdirektor R übertragen – wie wir aus der »Ersten Abteilung« entnommen haben (sehen Sie dort in Spalte 4 noch einmal nach!). Dort haben Sie auch gesehen, dass R aufgrund dieser Eintragung als Eigentümer von Grundstück Nr. 3 am 23. November 1991 eingetragen wurde. Und wenn Sie wieder in die »Zweite Abteilung« schauen, sehen Sie, dass am selben Tag auch die Belastung des Grundstücks mit dem Wegerecht hierher übernommen wurde. Als R sein Grundstück Nr. 3 2011 an einen neuen Eigentümer veräußerte, wurde das Wegerecht gelöscht und, wie wir aus dem Vermerk in Spalte 7 der »Zweiten Abteilung« ersehen können, in das Grundbuch des neuen Eigentümers übernommen.

Weiterhin können wir hier sehen, dass K seinen Anspruch auf Übertragung des Eigentums gegen R aus dem notariellen Kaufvertrag durch eine »Vormerkung«[235]

---

235 Näheres hierzu bei Rn. 239 ff.

6. Kapitel. Grundstücksrecht

abgesichert hatte, die mit seiner Eintragung als Eigentümer wieder gelöscht wurde. Weitere Lasten und Beschränkungen, die in der »Zweiten Abteilung« des Grundbuchs erscheinen können, sind Vorkaufsrechte, Dienstbarkeiten, Wohn- und Nießbrauchrechte, Altenteilsrechte und ähnliches mehr.

217 Im Einzelnen werden wir von diesen Rechten bei der Behandlung des materiellen Grundstücksrechts nur auf die Vormerkung näher eingehen. Ferner werden wir noch den Unterschied zwischen Hypotheken, Grundschulden und Rentenschulden kennenlernen, die in der »Dritten Abteilung« des Grundbuchs erscheinen, welche wir uns nun auf unserem Muster ansehen wollen.

f) Dritte Abteilung

Lesen Sie nun die folgenden Eintragungen in der »Dritten Abteilung« und überlegen Sie, was sie bedeuten!

Amtsgericht Köln   Grundbuch von Worringen   Blatt 3423   **Abteilung III**

Laufende Nummer der Eintragungen	Laufenden Nummer der belasteten Grundstücke im Bestandsverzeichnis	Betrag	Hypotheken, Grundschulden, Rentenschulden
1	2	3	4
1	1	90.000,--	Neunzigtausend Deutsche Mark. Hypothek nebst 9 vom Hundert Jahreszinsen für die Argus-Versicherung Aktiengesellschaft in Köln. Der jeweilig Grundstückseigentümer ist der sofortigen Zwangsvollstreckung unterworfen. Unter Bezug auf die Bewilligung vom 15. Febr. 1950 eingetragen am 20. März 1950. *Fiesel-Huber*
2	5	250.000 EUR	Zweihundertfünfzigtausend Euro Grundschuld – ohne Brief – mit 10 % Jahreszinsen ab Eintragungsdatum für die Lotra-Bank AG, Köln. Bezug: Bewilligung vom 22. April 2011 (UR-Nr. 218/2011, Notar Werner Klugs, Köln). Eingetragen am 18. Mai 2011 *Franke*

Köln Worringen 3423 · letzte Änderung 18.05.2011 · Abdruck vom 22.06.2011 · Seite 7/8

Amtsgericht Köln **Grundbuch von** Worringen **Blatt** 3423 **Abteilung III**

	Veränderungen			Löschungen		
Laufende Nummer der Spalte 1	Betrag			Laufende Nummer der Spalte 1	Betrag	
5	6	7		8	9	10
				1	90.000,--	Eintragung der Hypothek gelöscht am 2. Mai 1965. *Bach Franke*

Köln Worringen 3423 · letzte Änderung 18.05.2011 · Abdruck vom 22.06.2011 · Seite 8/8

»Hypotheken, Grundschulden und Rentenschulden«, wie die Überschrift zu Spalte 4 **218** dieser Abteilung lautet, werden gemeinhin unter dem Begriff »Grundpfandrechte« zusammengefasst.[236]

- Aus welchem Grund bzw. zu welchem Zweck z.B. eine Hypothek »bestellt« wird, ist Ihnen möglicherweise schon bekannt?
- ▶ Zur Sicherung eines relativ hohen Kredites, kurz: zur Sicherung einer beträchtlichen Geldforderung!
- Was können Sie aus der Eintragung in der »Dritten Abteilung« unseres Musters **219** entnehmen?
- ▶ Aus den Eintragungen in Spalte 4 geht hervor, dass die Argus-Versicherung 1950 gegen den Eigentümer R eine Geldforderung in Höhe von 90.000 DM hatte, die sie sich durch Eintragung einer entsprechenden Hypothek im Grundbuch sichern ließ, nachdem R am 15. Februar 1950 die Eintragung bewilligt hatte. Als diese Forderung nicht mehr bestand, wurde die Hypothek gelöscht, und zwar am 2. Mai 1965, wie in Spalte 10 der »Dritten Abteilung« ausdrücklich vermerkt ist. Weiterhin hat K – offenbar zur Finanzierung des Grundstückserwerbs – einen

---

236 Näheres hierzu im 7. Kap. bei Rn. 312 ff.

Kredit in Höhe von 250.000 € bei der Lotra-Bank AG aufgenommen, für dessen Absicherung sich diese von ihm eine *Sicherungsgrundschuld*[237] bestellen ließ.

Damit wollen wir unseren Einblick in das Grundbuch beenden und das, was wir daraus gelernt haben, noch einmal anhand der folgenden Übersicht 12 zusammenfassen.

Übersicht 12

	Bedeutung und Inhalt des Grundbuchs
220	I. Bedeutung 1. Das Grundbuch (G) ist ein Verzeichnis aller im Amtsbezirk eines Amtsgerichts (Grundbuchamt) liegenden Grundstücke und dient der Offenlegung der rechtlichen Verhältnisse an den Grundstücken. 2. Die Einsicht in das G ist jedem gestattet, der ein »berechtigtes Interesse« hat (§ 12 I 1 GBO). »Berechtigt« ist Interesse, wenn sachlich gerechtfertigt (z.B. Betroffene sind Rechtsinhaber oder Kreditgeber oder andere Gläubiger des Grundstückseigentümers). 3. Nach § 3 I 1 GBO erhält jedes Grundstück im G ein eigenes »Grundbuchblatt«. Grundbuchblatt = G i.S.d. BGB (§ 3 I 2 GBO). Für mehrere Grundstücke eines Eigentümers gemeinschaftliches G-Blatt (§ 4 I GBO).
221	II. Inhalt (vgl. dazu Muster »Amtsgericht Köln«) »Grundbuchblatt« = mehrere Blätter: 1. *Aufschrift* Grundbuchamt (Amtsgericht), Grundbuchbezirk und Blatt-Nr. 2. *Bestandsverzeichnis* Auflistung und genaue Bezeichnung (Lage, Größe ...) aller Grundstücke des jeweils eingetragenen Eigentümers 3. *Erste Abteilung* Eintragung des Eigentümers sowie Grundlage der Eintragung (z.B. Auflassung) 4. *Zweite Abteilung* Eintragung von Lasten u. Beschränkungen (z.B. Nießbrauch, Dienstbarkeiten ...) 5. *Dritte Abteilung* Eintragung von Hypotheken, Grund- und Rentenschulden

III. Eintragung von Rechten in das Grundbuch

222 Da Ihnen der Inhalt des Grundbuchs nun in groben Zügen bekannt ist, wollen wir die erlangten Kenntnisse anhand eines Übungsfalls vertiefen und erweitern:

---

237 *Die* **Sicherungsgrundschuld** (vgl. § 1192 Ia) *bildet in der Praxis den* **Regelfall**; *sie darf aber nicht unter dieser Bezeichnung in das Grundbuch eingetragen werden*, s. Palandt/*Bassenge*, § 1191 Rn. 13 m.w.N. Näheres hierzu bei Rn. 328 ff.

III. Eintragung von Rechten in das Grundbuch

> **Übungsfall 30**
>
> V in Köln ist Eigentümer eines Grundstücks in Freiburg, das er durch notariellen Vertrag an K in Münster verkaufen will. Den Vertragsantrag hat ein Notar in Köln beurkundet. In der Vertragsurkunde heißt es unter anderem: »V erklärt hiermit unwiderruflich die Auflassung und bewilligt zugleich die Eintragung des K in das Grundbuch«. Der Notar schickt die Urkunde zu einem Kollegen nach Münster. Dort erklärt K vereinbarungsgemäß die Annahme. Dann sendet K die Urkunde zum Grundbuchamt Freiburg mit der Bitte, den Eigentumswechsel einzutragen. Das Grundbuchamt weigert sich. Mit Recht?

Da wir wissen wollen, ob K vom Grundbuchamt verlangen kann, dass dieses tätig wird, oder ob das Grundbuchamt bzw. der dort zuständige Beamte sich weigern kann, tätig zu werden, müssen wir noch einige Voraussetzungen kennenlernen, die erfüllt sein müssen, damit das Grundbuchamt eine Eintragung vornehmen soll und darf.

Prüfungsschema GB-Eintragung

(1) **Antrag** (§ 13 I 1 GBO)
(2) **Antrags**berechtigung (§ 13 I 2 GBO)
(3) **Bewilligung** (§ 19 GBO; Form: § 29 GBO, nur bei Eigentumsübertragung § 20 GBO)
(4) **Voreintragung** des Betroffenen (§ 39 GBO)

1. Eintragungsantrag

Eine wichtige Eintragungsvoraussetzung, die das Grundbuchamt zu beachten hat, ist der »**Antragsgrundsatz**«! Lesen Sie hierzu nur § 13 I 1 GBO![238]   223

■ Ist diese Voraussetzung in unserem Fall erfüllt?
▶ K hat beim Grundbuchamt Freiburg beantragt, den Eigentumswechsel einzutragen. Somit kann das Grundbuchamt tätig werden, sofern weitere Grundsätze beachtet werden.

2. Antragsberechtigung

Zweite Voraussetzung ist die Antragsberechtigung gem. § 13 I 2 GBO (lesen!).   224

■ Wer ist nach dieser Vorschrift in unserem Fall antragsberechtigt?
▶ Sowohl der alte Eigentümer V als auch der K, zu dessen Gunsten die Eintragung erfolgen soll. Somit ist auch die zweite Voraussetzung erfüllt.

---

238 **GBO § 13 (Antragsgrundsatz)**
»(1) Eine Eintragung soll, soweit nicht das Gesetz etwas anderes vorschreibt, **nur auf Antrag** erfolgen. **Antragsberechtigt** ist jeder, dessen Recht von der Eintragung betroffen wird oder zu dessen Gunsten die Eintragung erfolgen soll.
(2) Der **genaue Zeitpunkt**, in dem ein Antrag beim Grundbuchamt eingeht, soll auf dem Antrag vermerkt werden. Der Antrag ist beim Grundbuchamt **eingegangen**, wenn er einer zur Entgegennahme zuständigen Person vorgelegt ist. Wird er zur Niederschrift einer solchen Person gestellt, so ist er mit Abschluß der Niederschrift eingegangen.«

3. Eintragungsbewilligung

225 Dritte Voraussetzung für eine Eintragung ist die Einhaltung des **Bewilligungsgrundsatzes** gem. § 19 GBO (lesen!).[239] § 19 GBO ist wohl die bedeutendste Bestimmung des Grundbuchrechts.[240] Die Regelung, dass zur Eintragung die einseitige Bewilligung desjenigen genügt, dessen Recht von der Eintragung betroffen ist, bezweckt die Erleichterung des Grundbuchverkehrs. Aufgrund dieser Regelung braucht der Grundbuchbeamte nicht jedes Mal nachzuprüfen, ob die zum Eintritt der beabsichtigten Rechtsänderung nach dem BGB erforderlichen sachenrechtlichen (materiellrechtlichen!) Erklärungen der Beteiligten vorliegen. Es genügt die formelle Bewilligung des Betroffenen. Man nennt den Bewilligungsgrundsatz des § 19 GBO das **formelle Konsensprinzip**.

- Ist dieser Grundsatz in unserem Fall eingehalten?
- ▶ Im Text der Urkunde des Notars in Köln, die K zum Grundbuchamt nach Freiburg geschickt hat, heißt es ausdrücklich, dass V die Eintragung ins Grundbuch bewilligt.[241]

226 Also könnte man meinen, dass der Eintragung ins Grundbuch nichts mehr im Wege steht und das Grundbuchamt sich zu Unrecht weigert. Das wäre richtig, wenn § 19 GBO auch für die *Eigentums*übertragung an Grundstücken gelten würde. Dies ist aber nicht der Fall, sondern § 19 GBO betrifft nur alle anderen Rechte an Grundstücken, z.B. die Eintragung von Lasten und Beschränkungen in der »Zweiten Abteilung« des Grundbuchs und die Eintragung von Hypotheken, von Grundschulden und Rentenschulden in der »Dritten Abteilung«, nicht aber die Eigentumsübertragung an Grundstücken (und ebenso wenig die Übertragung von »Erbbaurechten«[242]). (Zur Erinnerung: Im Grundbuch wurde in der zweiten und dritten Abteilung in unserem Muster immer auf die *Bewilligung* Bezug genommen.)

4. Einigungsnachweis

227 Für die Eintragung der Übertragung des Eigentums (oder eines Erbbaurechts) an einem Grundstück gilt nicht § 19 GBO, sondern § 20 GBO (lesen!).[243] Dort heißt es

---

239 **GBO § 19 (Bewilligungsgrundsatz)**
»Eine Eintragung erfolgt, wenn **derjenige sie bewilligt, dessen Recht von ihr betroffen wird.**«
240 Vgl. *Demharter*, § 19 GBO Anm. 1.
241 Zu beachten ist, dass die Bewilligung der **Form des § 29 GBO** (Nachweis der Eintragungsunterlagen) bedarf, welcher lautet:
»(1) Eine Eintragung soll nur vorgenommen werden, wenn die **Eintragungsbewilligung** oder die sonstigen zu der Eintragung erforderlichen Erklärungen durch **öffentliche oder öffentlich beglaubigte Urkunden** nachgewiesen werden. Andere **Voraussetzungen** der Eintragung bedürfen, soweit sie nicht bei dem Grundbuchamt offenkundig sind, des Nachweises durch **öffentliche Urkunden**.
(2) (weggefallen)
(3) Erklärungen oder Ersuchen einer Behörde, auf Grund deren eine Eintragung vorgenommen werden soll, sind zu unterschreiben und mit Siegel oder Stempel zu versehen.«
Diese Form wurde in unserem Fall eingehalten.
242 Näheres hierzu s. unten Rn. 335 ff.
243 **GBO § 20 (Einigungsgrundsatz)**
»Im Falle der **Auflassung** eines Grundstücks sowie im Falle der Bestellung, Änderung des Inhalts oder Übertragung eines **Erbbaurechts** darf die Eintragung nur erfolgen, wenn die erforderliche **Einigung des Berechtigten und des anderen Teils erklärt** ist.«

ausdrücklich, dass die Eintragung ins Grundbuch im Falle einer Auflassung nur erfolgen darf, wenn die erforderliche Einigung des Berechtigten und des anderen Teiles erklärt ist. Nach § 20 GBO genügt zur Eintragung des Eigentumsüberganges an einem Grundstück nicht die formelle Bewilligung des alten Eigentümers, sondern es muss der Nachweis der materiell-rechtlichen Einigung, also der Auflassung, nach dem BGB vorliegen. Man nennt den Grundsatz des § 20 GBO deshalb das **materielle Konsensprinzip** (in der »Ersten Abteilung« unseres Grundbuchmusters ist bei der »Grundlage der Eintragung« nicht auf eine Bewilligung, sondern auf die *Auflassung* Bezug genommen!).

- Nach welcher Vorschrift des BGB erfolgt die Einigung über den Eigentumsübergang an Grundstücken (Auflassung)? (Überlegen Sie!)   **228**
- ▶ Die Antwort gibt Fußnote[244]!
- Und wie erfolgt die Auflassung? (Nachlesen, falls Sie es nicht mehr wissen!)
- ▶ Durch Erklärungen vor einem Notar bei *gleichzeitiger Anwesenheit* beider Beteiligten!
- Ist dies in unserem Fall geschehen?
- ▶ Nach dem eindeutigen Wortlaut von § 925 I 1 muss die Einigung bei gleichzeitiger Anwesenheit des Veräußerers und des Erwerbers, die sich allerdings vertreten lassen können, erfolgen. V und K haben aber ihre Erklärungen bei zwei verschiedenen Notaren in Köln und Münster abgegeben.

Da § 925 als sogenannte »Muss-Vorschrift« zwingendes Recht[245] ist, macht ein Verstoß dagegen die Einigung über den Eigentumsübergang nichtig (§ 125!).

Aus diesem Grunde durfte das Grundbuchamt Freiburg K nicht als neuen Eigentümer des Grundstückes eintragen, sodass sich der Grundbuchbeamte zu Recht weigert, dem Antrag des K nachzukommen.

- Was ist Ihrer Meinung nach der Grund dafür, dass die Grundbuchordnung für die Übertragung des Eigentums an Grundstücken so strenge Maßstäbe stellt? (Nachdenken!)   **229**
- ▶ Das liegt zum einen wieder daran, dass mit der Übertragung eines Grundstücks in der Regel auch sehr hohe wirtschaftliche Werte übertragen werden, zum anderen daran, dass mit dem Eigentum eines Grundstückes auch eine Vielzahl von öffentlich-rechtlichen Verpflichtungen[246] verbunden ist.

Wir haben also im formellen Grundbuchrecht für die Eintragung von Rechten (Belastungen) weniger strenge Eintragungsvoraussetzungen als bei der Übertragung des Eigentums: Für die Eintragung des Eigentums gilt das materielle Konsensprinzip des § 20 GBO, während für andere Rechte das formelle Konsensprinzip des § 19 GBO maßgeblich ist.

- Versuchen Sie zur eigenen Lernkontrolle selbst, den Unterschied zwischen diesen beiden Prinzipien nochmals zu formulieren! (Versuchen Sie es schriftlich – das könnte auch eine Prüfungsfrage sein! Ein präziser Satz genügt!)

---

244 Nach § 925 I 1!
245 Vgl. *Wörlen/Metzler-Müller*, BGB AT, Rn. 283 ff.
246 Z.B. Zahlung von mindestens 3,5% Grunderwerbssteuer, s. §§ 1 I, 11 I GrEStG; die meisten Bundesländer erheben inzwischen 4,5 % bzw. 5 % GESt.

> Nach § 19 GBO genügt (dem Grundbuchamt) für die Eintragung von Rechtsänderungen an Grundstücken die formelle Bewilligung des voreingetragenen Betroffenen, während § 20 GBO für die Eintragung des Eigentumsübergangs den Nachweis der materiellrechtlichen Auflassung verlangt.

5. Voreintragung des Betroffenen

230 Schließlich – was in unserem Fall nicht mehr von Bedeutung ist, da es bereits am Nachweis der Auflassung fehlt – soll die Eintragung ins Grundbuch nur unter der Voraussetzung erfolgen, dass der durch sie Betroffene im Grundbuch eingetragen ist – § 39 GBO (lesen!)[247]. Somit bleibt dem Grundbuchbeamten die Prüfung, ob der Betroffene verfügungsberechtigt ist, erspart; denn was im Grundbuch eingetragen ist, gilt als richtig![248]

Die wichtigsten Grundsätze des formellen Grundbuchrechts sind auf der nachfolgenden Übersicht 13 (Rn. 231) zusammengefasst.

Übersicht 13

231

Eintragung von Rechten in das Grundbuch
Voraussetzungen
1. Antragsgrundsatz Eintragung nur auf Antrag (§ 13 I 1 GBO)
2. Antragsberechtigung Liegt bei dem, dessen Recht durch die Eintragung betroffen wird oder zu dessen Gunsten die Eintragung erfolgen soll (§ 13 I 2 GBO).
3. Bewilligungsgrundsatz Einseitige Bewilligung durch betroffenen Rechtsinhaber (§ 19 GBO) – *Formelles Konsensprinzip*: Dient Erleichterung des Grundbuchverkehrs! (*Form der Bewilligung: § 29 GBO !*) *Ausnahme*: § 20 GBO – *Materielles Konsensprinzip*: Bei Grundstückeigentumsübertragung (und Erbbaurecht) ist Nachweis der materiellrechtlichen Einigung (= z.B. Auflassung gem. § 925 I 1) zwingend erforderlich.
4. Voreintragung des Betroffenen § 39 GBO – Zweck: Erleichterung des Grundbuchverkehrs; Rechtssicherheit; Nachweis von Rechtsänderungen

---

Literatur zur Vertiefung (Rn. 196–231): *Alpmann und Schmidt*, SachR 2, 5. Teil; *Baur/Stürner*, §§ 14–16; *Böttcher*, Die Entwicklung des Grundbuch- und Grundstücksrechts im Jahr 2010, NJW 2011, 822; *ders.*, Die Entwicklung des Grundbuch- und Grundstücksrechts in den Jahren 2008/2009, NJW 2010, 1647; *ders.*, Immobilienrecht: Die Gesellschaft bürgerlichen Rechts nach der Reform, AnwBl 2011, 1; *Böhringer*, Entwicklungen des Grundstücks- und Grundbuchrechts seit 2009, Rpfleger 2011, 133;

---

247 GBO § 39 (Voreintragung des Betroffenen).
»(1) Eine Eintragung soll nur erfolgen, wenn die Person, deren Recht durch sie betroffen wird, als der Berechtigte eingetragen ist.«
248 Vgl. dazu §§ 891, 892 und unten Rn. 234.

Demharter, Das Grundbuchamt - Des Lyrikers Georg Heym Albtraum, NJW 2010, 734; *Gassen/Mödl*, Der elektronische Rechtsverkehr in Grundbuchsachen, ZRP 2009, 77; *Medicus*, Besitz, Grundbuch und Erbschein als Rechtsscheinträger, Jura 2001, 294; *Schreiber*, Fünfter Teil, 1. Kap.; *Prütting*, §§ 23, 24; *Vieweg/Werner*, § 13; *Westermann*, §§ 68, 69; *Wolf/Wellenhofer*, § 17 Rn. 24 ff.

IV. Gutgläubiger Erwerb des Eigentums und von anderen Rechten an Grundstücken

1. Grundsatz

Bevor wir nach dem *Eigentum* noch einige andere mit dem Grundstück verbundene Rechte im BGB betrachten, wollen wir noch einen Übungsfall lösen, der sich mit dem (gutgläubigen) Eigentumserwerb am Grundstück befasst.   232

Prüfungsschema §§ 873 I, 892 I

(1) **Einigung** (§ 873 I) über
   - Eigentumsübertragung (= Auflassung; Form: § 925) oder
   - Belastung mit dinglichem Recht oder
   - Übertragung eines bestehenden Rechts
(2) Bestehende **Grundbucheintragung des nichtberechtigten Veräußerers**/fehlende Eintragung von Belastungen (§ 892 I)
(3) **Gutgläubigkeit** des Erwerbers = Unkenntnis der Unrichtigkeit und kein Widerspruch eingetragen, § 892 I)
(4) **Eintragung des Erwerbs** in das Grundbuch (§ 873 I)

> **Übungsfall 31**   233
>
> N ist durch ein Versehen im Grundbuch als Eigentümer eines in Wirklichkeit dem E gehörenden Grundstückes eingetragen. Als er dies bemerkt, verkauft das Grundstück für 100.000 € an den gutgläubigen G und lässt ihm das Grundstück auf. G legt die Auflassungsurkunde dem Grundbuchamt vor und wird als neuer Eigentümer eingetragen. Ist dieser Eigentumserwerb wirksam?

Die Frage betrifft, wie angedeutet, den gutgläubigen Erwerb von Grundstücken. Die Antwort auf diese Frage gibt § 892 I 1 (lesen!).

§ 892 ist bezüglich des Grundstückserwerbs Parallelvorschrift zu § 932 für den gutgläubigen Erwerb von beweglichen Sachen.[249]

Gem. § 892 gilt zugunsten des gutgläubigen Erwerbers des Eigentums oder eines anderen Rechtes an einem Grundstück das Grundbuch als richtig. G konnte gem. §§ 873 I, 925 I 1 i.V.m. § 892 I 1 wirksam Eigentum erwerben.

2. Gesetzliche Vermutung für die Richtigkeit von Grundbucheintragungen

Eine weitere Parallelvorschrift des Grundstücksrechts zum Recht der beweglichen Sachen ist § 891 (lesen!).   234

---
249 Vgl. oben Rn. 220.

- An welche Vorschrift aus dem Recht der beweglichen Sachen erinnert Sie die Formulierung? Unter welcher Voraussetzung besteht eine Vermutung, dass jemand Eigentümer einer beweglichen Sache ist? (Nachdenken!)
▶ Die Vermutung, dass der Besitzer einer beweglichen Sache auch ihr Eigentümer ist, stellt § 1006 I 1 auf![250]

Das der Vermutung des § 1006 zugrundeliegende »**Rechtsscheinsprinzip**« gilt nach §§ 891, 892 auch im Grundstücksrecht. Durch die Eintragung ins Grundbuch wird der Rechtsschein gesetzt, dass das Grundbuch mit der wirklichen Rechtslage übereinstimmt.

Durch die Vermutung des § 899a (lesen!) wird § 891 inzwischen dahingehend ergänzt, dass die GbR (BGB-Gesellschaft) bei Grundstücksgeschäften ordnungsgemäß vertreten ist, wenn diejenigen Personen in ihrem Namen handeln, die als vertretungsberechtigte Gesellschafter im Grundbuch eingetragen (erinnern Sie sich? Lesen Sie ansonsten nochmals Rn. 212!) sind.[251]

V. Grundbuchberichtigungsanspruch

235 Hätte im Fall 31 E vorher bemerkt, dass N fälschlicherweise als Eigentümer eingetragen ist, hätte E gegenüber N einen Grundbuchberichtigungsanspruch gem. § 894 gehabt (lesen!).

- Welches ist die entsprechende Anspruchsgrundlage bei beweglichen Sachen?
▶ Antwort: Fußnote[252]!

Nach § 894 könnte E von N die Zustimmung zur Berichtigung des Grundbuches verlangen. Verweigert N die Zustimmung, bei der es sich um eine Willenserklärung handelt, kann E die Zustimmung einklagen, wobei er allerdings beweisen muss, dass er der wahre Eigentümer ist. Bekommt E durch Urteil Recht, dann ersetzt das gerichtliche Urteil die Zustimmung (§ 894 ZPO[253]).

236 Da ein gerichtliches Verfahren bis zu einem Endurteil i.d.R. längere Zeit braucht, könnte E sofort, wenn er von der Unrichtigkeit erfährt, bei Gericht eine »Einstweilige Verfügung« (§ 935 ZPO) erwirken und diese dem Grundbuchamt vorlegen.

VI. Widerspruch gegen die Eintragung

237 In diesem Fall müsste das Grundbuchamt einen Widerspruch in das Grundbuch eintragen. Das ergibt sich aus § 899 I und II, die Sie in diesem Zusammenhang lesen müssen.

Wenn ein Widerspruch gegen das Eigentum des N in unserem Fall eingetragen gewesen wäre, hätte G, wie wir eben in § 892 I 1 gelesen haben, nicht gutgläubig Eigentümer werden können.

§ 892 ist bezüglich des Grundstückserwerbs Parallelvorschrift zu § 932 für den gutgläubigen Erwerb an beweglichen Sachen.

---

250 Vgl. oben Rn. 13.
251 *Wolf/Wellenhofer*, § 19 Rn. 3, 18. S. ferner *Prütting*, Rn. 137a.
252 § 985! (nochmals lesen!)
253 § 894 ZPO gilt für alle Willenserklärungen, die »eingeklagt« wurden. Dass die Ziffern »894« der §§ des BGB und der ZPO dieselben sind, ist reiner Zufall!

VI. Widerspruch gegen die Eintragung

Prägen Sie sich die wichtigsten Vorschriften zum Eigentumserwerb an Grundstücken nochmals anhand der nächsten Übersicht 14 ein.

Literatur zur Vertiefung (Rn. 232–237): *Alpmann* und *Schmidt*, SachR 2, 1. Teil, 1. Abschn., 2; *Baur/Stürner*, § 23; *Böttcher*, Die Entwicklung des Grundbuch- und Grundstücksrechts im Jahr 2010, NJW 2011, 822; *ders.*, Die Entwicklung des Grundbuch- und Grundstücksrechts in den Jahren 2008/2009, NJW 2010, 1647; *ders.*, Immobilienrecht: Die Gesellschaft bürgerlichen Rechts nach der Reform, AnwBl 2011, 1; *Böhringer*, Entwicklungen des Grundstücks- und Grundbuchrechts seit 2009, Rpfleger 2011, 133; *Prütting*, §§ 19–21; *Schreiber*, Fünfter Teil, 2. Kap., C und D; *ders.*, Der Widerspruch gegen die Richtigkeit des Grundbuchs, Jura 2005, 241; *Westermann*, Einführung, Kap. 17, II, IV; *ders.*, § 84; *H.P. Westermann*, § 14; *Wolf/Wellenhofer*, §§ 19, 20.

Übersicht 14

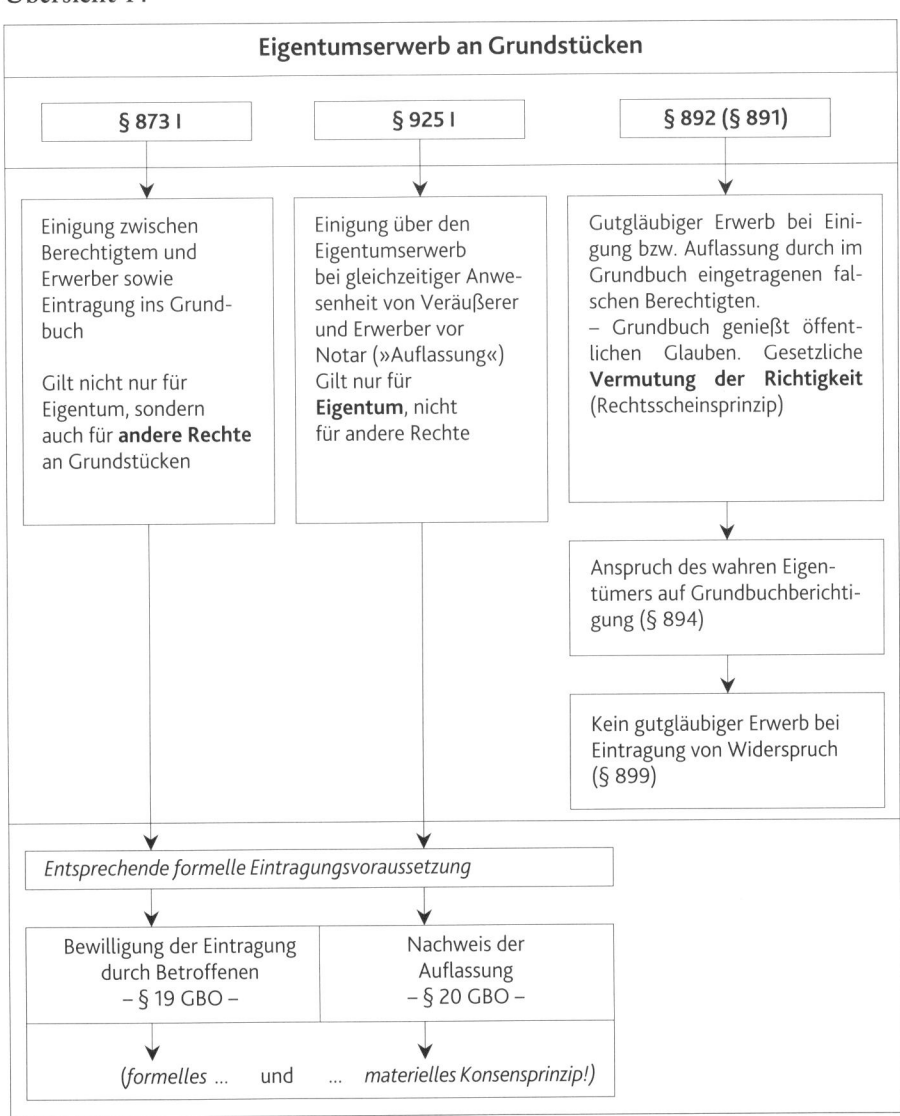

238

VII. Vormerkung

> **Übungsfall 32**
>
> K kauft von V das an einem See gelegene Hausgrundstück seiner Träume. In dem notariellen Kaufvertrag verpflichtet sich V, dem K das Grundstück zu übereignen. Wie kann sich K dagegen absichern, dass V es sich in der Zeit bis zu seiner Eintragung als Eigentümer in das Grundbuch anders überlegt und einem anderen, noch besser zahlenden Käufer das Eigentum überträgt?

Die Antwort gibt § 883, von dem Sie zunächst nur Abs. 1 lesen müssen.

K kann danach seinen schuldrechtlichen, im Kaufvertrag vereinbarten Anspruch auf Übereignung des Grundstücks durch die Eintragung einer »Vormerkung« sichern.

> ### Prüfungsschema Vormerkung
>
> (1) Sicherungsfähiger **Anspruch** i.S.d. § 883 I
> (2) **Bewilligung** des Berechtigten oder einstweilige Verfügung, § 885 I
> (3) Grundbuch**eintragung**, §§ 883 I, 885

1. Zweck der Vormerkung

Mit der Vormerkung hat der Gesetzgeber ein Rechtsinstitut geschaffen, das dazu dient, den Gefahren, die das Abstraktionsprinzip für den Erwerber eines Grundstücksrechts (z.B. des Eigentums) mit sich bringt, vorzubeugen.

- Zur Wiederholung: Welches ist der wesentliche Inhalt des Abstraktionsprinzips? Versuchen Sie selbst, dies mit einem Satz zu formulieren![254]
- Unter Abstraktionsprinzip versteht man die strenge Trennung zwischen schuldrechtlichem Verpflichtungsgeschäft und sachenrechtlichem (dinglichem) Verfügungsgeschäft!

Da zwischen dem schuldrechtlichen Verpflichtungsgeschäft (z.B. einem Grundstückskaufvertrag) und dem dinglichen Verfügungs- bzw. Erfüllungsgeschäft (z.B. der Einigung und Eintragung ins Grundbuch gem. §§ 873 I, 925 I 1) regelmäßig ein längerer Zeitraum liegt, besteht durchaus die Gefahr, dass die Erfüllung des durch den schuldrechtlichen Vertrag begründeten Anspruchs des Erwerbers verhindert wird: Jedes Verfügungsgeschäft kann bekanntlich, unabhängig von der Wirksamkeit des zugrundeliegenden Verpflichtungsgeschäfts, selbstständig (»abstrakt«) wirksam sein. Wenn der (schuldrechtlich) Verpflichtete (z.B. der Eigentümer), anstatt seine Verpflichtung gegenüber seinem Vertragspartner zu erfüllen, eine (dingliche) Verfügung zugunsten eines Dritten vornimmt, ist diese Verfügung grundsätzlich wirksam. Der (schuldrechtlich) Berechtigte wäre auf einen Schadensersatzanspruch gegen seinen Vertragspartner angewiesen, ohne die den Dritten begünstigende sachenrechtliche Verfügung rückgängig machen zu können, falls er keine Möglichkeit hätte, seinen schuldrechtlichen Anspruch gegen weitere Verfügungen des Veräußerers abzusichern. Diesem Sicherungszweck dient die Eintragung einer Vormerkung, deren praktisch

---

[254] Die gestellte Frage könnte durchaus einmal eine **Prüfungsfrage** sein!

bedeutsamste Form die *Auflassungsvormerkung* zur Absicherung des Eigentumsübergangs bei einem Grundstückskaufvertrag ist.[255]

2. Wirkung der Vormerkung

Wird – in Fall 32 – zugunsten des K eine Auflassungsvormerkung in das Grundbuch eingetragen[256], kann das zunächst die Wirksamkeit einer Übertragung des Eigentums durch V an einen Dritten D nicht verhindern: V ist als Eigentümer ins Grundbuch eingetragen, und unter Einhaltung der Voraussetzungen der §§ 873 und 925 würde D neuer Eigentümer des Grundstücks. 242

»Was soll dann also die Vormerkung«, könnte man sich zu Recht fragen, »wenn die Verfügung über das Eigentum von V an D wirksam ist?«

Die Antwort enthält die nicht ganz einfache Vorschrift des § 883 II 1 (lesen!).

- Was bedeutet das?
- In unserem Fall bedeutet das, dass die Verfügung des V an D zwar zwischen V und D wirksam, im Verhältnis zu dem Vormerkungsberechtigten K aber unwirksam ist (»**relative Unwirksamkeit**«), da sie sonst den gesicherten Auflassungsanspruch des K gegen V aus dem Kaufvertrag vernichten würde.

Aufgrund der Vorschrift des § 883 II 1 bleibt dieser schuldrechtliche Anspruch des K gegen V trotz der Verfügung des V an D bestehen. V muss aufgrund seiner schuldrechtlichen Verpflichtung, die aus der Vormerkung im Grundbuch ersichtlich ist, dem K das Eigentum verschaffen. Da aber inzwischen D als Eigentümer eingetragen ist, kann V den Anspruch des K auf Eigentumsverschaffung nur mit Hilfe des D erfüllen. Wenn die Vormerkung im Grundbuch nicht eingetragen wäre, wäre das nicht möglich, denn dann hätte D ohne jede Einschränkung Eigentum erworben. So aber hatte er bei seinem Eigentumserwerb von V von der im Grundbuch eingetragen Vormerkung zugunsten des K Kenntnis bzw. hätte davon Kenntnis haben müssen. D muss deshalb als derzeitiger neuer Eigentümer der Eigentumsübertragung an den Vormerkungsberechtigten K zustimmen. Auf diese Zustimmung hat K gem. § 888 I einen *Anspruch* (lesen!). Im Streitfall könnte K die Zustimmung einklagen. 243

Fassen wir Wesen und Wirkung der Vormerkung nochmals anhand der folgenden kurzen Übersicht (15) zusammen.

---

255 Ein Beispiel für eine Eintragung hatten wir bei Rn. 216 kennengelernt.
256 **In der »Zweiten Abteilung«!**

244 Übersicht 15

Vormerkung
Wesen und Wirkung
Gem. § 883 I ist es Sinn der Vormerkung, einen schuldrechtlichen Anspruch auf ein Recht an einem Grundstück grundbuchlich zu sichern.
Beispiel: Wenn ein Schuldner dieses Recht (z.B. Eigentum) an Dritte veräußert, ist die Verfügung gegenüber dem vormerkungsberechtigten Gläubiger des Anspruchs gem. § 883 II 1 unwirksam! Der Dritte, der aufgrund der eingetragenen Vormerkung vom Bestehen des Anspruchs wusste, muss deshalb gem. § 888 I der Erfüllung des Anspruchs (z.B. Eintragung als Eigentümer) durch den Schuldner zustimmen (ggf. gilt § 894 ZPO!).

Literatur zur Vertiefung (Rn. 239–244): *Alpmann und Schmidt*, SachR 2, 4. Teil; *Baur/Stürner*, § 20; *Prütting*, § 18; *Schreiber*, Fünfter Teil, 2. Kap., E; *Westermann*, Einführung, Kap. 17, III; *ders.*, § 83; *H.P. Westermann*, §§ 16 u. 17; *Wolf/Wellenhofer*, § 18.

VIII. Rangverhältnis unter mehreren Grundstücksrechten

245 An einem Grundstück können, wie wir an unserem Grundbuchmuster gesehen haben, mehrere Rechte bestehen, seien es Rechte in verschiedenen Abteilungen oder auch in derselben Abteilung, was besonders häufig in der dritten Abteilung vorkommt. Damit ergibt sich die Frage nach dem Rangverhältnis der Rechte. Das Rangverhältnis spielt vor allem für den Kreditverkehr eine bedeutende Rolle, in dem häufig von einem erstrangigen oder zweitrangigen bzw. vorrangigen oder nachrangigen Grundpfandrecht die Rede ist. Das Rangverhältnis von Kreditsicherungsrechten wird »interessant«, wenn sich die Gläubiger dieser Rechte aus dem Grundstück befriedigen wollen. Solange der Erlös für ein verkauftes oder zwangsversteigertes Grundstück ausreicht, um die Forderungen aller Gläubiger zu befriedigen, ist das Rangverhältnis »uninteressant«. Das ändert sich, wenn der Erlös dazu nicht ausreicht. In diesem Fall gilt der Grundsatz, dass das rangbessere Recht vor dem rangschlechteren Recht voll befriedigt wird. Ranggleiche Rechte werden anteilmäßig befriedigt. Rangschlechtere Sicherungsrechte bedeuten für den Gläubiger immer ein gewisses Risiko. Dieses Risiko lässt sich der Gläubiger i.d.R. vom Schuldner bezahlen, was sich in der Praxis dadurch äußert, dass ein zweitrangig besicherter Immobilienkredit höher zu verzinsen ist als ein erstrangiger. Wie es zu einer Reihenfolge des Rangverhältnisses kommt, zeigt der nächste Fall auf.

Übungsfall 33
Der Eigentümer eines Grundstücks, E, verpflichtet sich am 1. September gegenüber den Banken A, B und C zur Bestellung je einer Grundschuld – für A in Höhe von 50.000 €, für B 30.000 € und für C 20.000 €. Die gem. § 19 GBO erforderliche Eintragungsbewilligung des E für A geht am 3. September beim Grundbuchamt ein. Die B- und C-Bank legen die ihnen erteilten Eintragungsbewilligungen gleichzeitig erst am 10. September vor. In welcher Reihenfolge wird das Grundbuchamt eintragen?

VIII. Rangverhältnis unter mehreren Grundstücksrechten

Die Antwort darauf gibt § 879 I 1: Das Rangverhältnis in *derselben Abteilung* bestimmt sich nach der Reihenfolge der Eintragungen. Näheres dazu enthält eine formellrechtliche Vorschrift aus der Grundbuchordnung: § 45 GBO[257] (lesen!). Nach Abs. 1 dieser Norm erhalten mehrere Eintragungen in einer Abteilung des Grundbuchblattes, die beim Grundbuchamt beantragt werden, die Reihenfolge, welche der Zeitfolge der Anträge entspricht. Es gilt der **Prioritätsgrundsatz**. Sind die Anträge gleichzeitig gestellt, ist im Grundbuch gesondert zu vermerken, dass die Eintragungen gleichen Rang haben. Werden mehrere Eintragungen, die nicht gleichzeitig beantragt sind, in verschiedenen Abteilungen unter Angabe desselben Tages bewirkt, so haben diese grundsätzlich gleichen Rang (§ 879 I 2). Allerdings ist gem. § 45 II GBO im Grundbuch zu vermerken, dass die später beantragte Eintragung der früher beantragten im Rang nachsteht, sodass dem formellen Grundbuchrecht hier ausnahmsweise materielle Bedeutung zukommt.[258]

246

- In welcher Reihenfolge wird das Grundbuchamt in unserem Fall die Banken A, B und C eintragen?
▶ Das Grundbuchamt bzw. der zuständige Grundbuchbeamte wird an erster Stelle A eintragen sowie B und C gleichrangig an zweiter Stelle.

247

Sofern ein ausdrücklicher Rangvermerk durch das Grundbuchamt nicht eingetragen wurde, bestimmt sich das Rangverhältnis allein nach § 879 I.

Danach ist in *derselben Abteilung* allein die Reihenfolge der Eintragungen maßgeblich. *Am selben Tag* vorgenommene Eintragungen in *unterschiedlichen Abteilungen* des Grundbuches sind gleichrangig.

248

In unserem Fall ist nur die dritte Abteilung des Grundbuches betroffen und das Grundbuchamt hat aufgrund der Gleichzeitigkeit der Antragstellung den Gleichrang der Grundschulden für B und C vermerkt. Würde es in unserem Fall dazu kommen, dass E sein Grundstück veräußern muss, würde z.B. die A-Bank 50.000 €, die B 30.000 € und C 20.000 € erhalten, wenn der Verkauf 100.000 € einbringt.

- Wie viel würden A, B und C bekommen, wenn das Grundstück nur 70.000 € einbringt?
▶ Überlegen Sie erst selbst, bevor Sie Fußnote[259] lesen!

Wenn Sie noch einen Blick auf die §§ 879 III, 880 werfen, sehen Sie, dass die Beteiligten grundsätzlich eine abweichende Rangstelle *vereinbaren* oder diese nachträglich ändern können (vgl. ferner § 881: »Rangvorbehalt«).

249

- Unter welcher Voraussetzung wird das Grundbuchamt eine solche Eintragung vornehmen, wenn schon andere Gläubiger eingetragen sind?

---

257 **GBO § 45 (Reihenfolge der Eintragungen; Rangvermerk)**
»(1) Sind in **einer Abteilung** des Grundbuchs mehrere Eintragungen zu bewirken, so erhalten sie die **Reihenfolge, welche der Zeitfolge der Anträge** entspricht; sind die Anträge gleichzeitig gestellt, so ist im Grundbuche zu vermerken, dass die Eintragungen gleichen Rang haben.
(2) Werden mehrere Eintragungen, die nicht gleichzeitig beantragt sind, in **verschiedenen Abteilungen** unter Angabe desselben Tages bewirkt, so ist im Grundbuche zu vermerken, dass die später beantragte Eintragung der früher beantragten **im Rang nachsteht**.
(3) Diese Vorschriften sind insoweit nicht anzuwenden, als ein Rangverhältnis nicht besteht oder das Rangverhältnis von den Antragstellern **abweichend bestimmt** ist.«
258 Palandt/*Bassenge*, § 879 Rn. 9.
259 **A 50.000 €, B und C anteilig 20.000 € im Verhältnis 3:2, B also 12.000 € und C 8.000 €.**

▶ Es muss eine Bewilligung der betroffenen Gläubiger nach § 19 GBO vorliegen!

Auch hierzu eine kurze Übersicht (16) als Lernhilfe:

Übersicht 16

Rangverhältnis von Grundstücksrechten

Grundsatz:
Gläubiger eines rangbesseren Rechtes wird vor Gläubiger eines rangschlechteren Rechtes voll befriedigt. Gleichrangige Rechte werden anteilsmäßig befriedigt.

Rangverhältnis bestimmt sich gem. § 879 I 1 nach der Reihenfolge der Eintragungen
= *Prioritätsgrundsatz!*

Reihenfolge der Eintragungen im Grundbuch richtet sich nach zeitlicher Reihenfolge der Antragstellung beim Grundbuchamt (§ 45 I, II GBO).

Abweichende Bestimmung des Rangverhältnisses und Rangänderung möglich (§§ 879 III, 880)

Literatur zur Vertiefung (Rn. 245–250): *Alpmann und Schmidt*, SachR 2, 2. Teil, 6. Abschn.; *Baur/Stürner*, § 17; *Schreiber*, Fünfter Teil, 3. Kap., C; *ders.*, Der Rang im Grundbuch, Jura 2006, 502; *Prütting*, § 17; *Westermann*, §§ 79–82; *H.P. Westermann*, § 15.

7. Kapitel. Kreditsicherungsrechte

I. Überblick

251

Die Sicherungsrechte sind eine wichtige Grundlage der Kreditgewährung. Da der Kreditgeber grundsätzlich das Risiko trägt, falls sein Schuldner (= Kreditnehmer) das ihm überlassene Geld nicht zurückzahlt, will er sich absichern und lässt sich Sicherheiten bestellen.

- Welche Kreditsicherungsmittel sind Ihnen bekannt?
▶ Als Kreditsicherungsmittel können Immobilien, bewegliche Sache (= Mobilien), Rechte sowie Forderungen oder die Verpflichtung Dritter dienen.

Dinglich (»real«) besicherte Kredite heißen auch *Realkredite*. Wird der Kredit nicht zurückgezahlt, kann der Kreditgeber die Sache oder das Recht, an der oder an dem das Sicherungsrecht besteht, für sich behalten oder verwerten (veräußern) und den erzielten Erlös mit der Kreditschuld verrechnen.

- Kennen Sie auch den Gegenbegriff hierzu?
▶ Den Gegenbegriff zum Realkredit stellt der *Personalkredit* dar.

Hier gewährleistet die Verpflichtung weiterer *Personen* (z.B. des Bürgen gem. § 765, des Gesamtschuldners nach § 421 oder die Sicherungsabtretung einer Forderung gegen einen Dritten) die Sicherheit des Kredits.[260] Wird der Kredit vom Schuldner nicht zurückgezahlt, haften diese Personen dem Gläubiger mit ihrem Vermögen.

Im Wirtschaftsleben werden Kredite vor allem für Investitionszwecke aufgenommen. Wenn Unternehmen ein Bauvorhaben (z.B. Laden- oder Bürogebäude, Fabrik o.ä.) realisieren wollen oder neue Produktionsanlagen sowie größere Maschinen benötigen, haben sie oft nicht den gesamten Betrag »locker«. Soweit ihre Eigenmittel nicht ausreichen, müssen sie Fremdmittel – die ihnen der Kreditgeber in der Regel nur gegen Sicherheiten überlässt – aufnehmen.

252

Da erst mit dem Verkauf der fertigen Produkte Geld in die Unternehmenskasse fließt, sind häufig auch für die laufende Produktion Fremdmittel nötig, um z.B. Rohstoffe und Material für die Fertigung zu erwerben und die Löhne der Arbeitnehmer zahlen zu können.

Privatpersonen benötigen für den Hausbau typischerweise viel Fremdkapital. Sie nehmen häufig Kredite auch für Konsumzwecke und -güter (Reisen, Autos, Möbel) auf, wenn sie ihre Wünsche zu einem Zeitpunkt realisieren möchten, zu dem sie das dafür nötige Geld noch nicht angespart haben.[261]

Im Wirtschaftsleben treten vor allem Banken und Sparkassen sowie Versicherungen als Kreditgeber auf. Unternehmen, die (typischerweise unter Eigentumsvorbehalt) liefern und von ihren Abnehmern keine sofortige Zahlung verlangen, sondern Zahlungsziele einräumen, gewähren dadurch ebenfalls Kredit. Eine direkte Kreditvergabe

253

---

260 *Wolf/Wellenhofer*, § 13 Rn. 8.
261 S. zum Ganzen *Wolf/Wellenhofer*, § 13 Rn. 1 ff.

durch Privatpersonen ist eher selten. Legen sie ihr Geld allerdings auf Spar-, Tages- oder Festgeldkonten an, stellen sie rechtlich ihrer Bank oder Sparkasse ein Darlehen (§ 488) zur Verfügung; Sicherungsrechte spielen dabei üblicherweise keine Rolle (weshalb wir uns nicht näher damit beschäftigen werden).

254 Anders ist dies bei den Banken und Sparkassen selbst: Sie gewähren Kredite (Darlehen i.S.v. § 488) in der Regel nur gegen Sicherheiten. Die Mittel hierfür erhalten sie u. a. durch die Einlagen ihrer Kunden. Sie dürfen die Kundeneinlagen jedoch nicht uneingeschränkt für Kredite verwenden, sondern haben ihre Mittel so anzulegen, dass jederzeit eine ausreichende Zahlungsbereitschaft (Liquidität) gewährleistet ist.[262] Im Interesse der Sicherheit der ihnen anvertrauten Kundengelder müssen sie zudem über angemessene Eigenmittel verfügen, damit sie Kreditausfälle in gewissem Umfang abfedern können.[263] Weil diese Gefahr bei (insbesondere grundpfandrechtlich, also durch Hypotheken und Grundschulden) besicherten Krediten geringer ist, sind auch die Eigenmittelanforderungen für die Banken geringer.[264]

255 Die Sicherungsrechte bilden eine wesentliche Stütze des Kreditsystems. Der Kreditgeber hat nicht nur ein vorrangiges Befriedigungsrecht vor anderen Gläubigern, er spart auch Kosten für die ständige Kontrolle und Überwachung des aktuellen Schuldnervermögens.

Jeder Vermögensgegenstand, den der Kreditgeber verwerten, also »zu Geld machen« kann, ist als Kreditsicherheit geeignet.

II. Kreditsicherheiten an beweglichen Sachen und Rechten

1. Pfandrecht an beweglichen Sachen

Es gibt drei Arten von Pfandrechten an beweglichen Sachen.

a) Gesetzliches Pfandrecht

256 Das Gesetz sieht wegen der im Rahmen eines Vertragsverhältnisses erwachsenden Forderungen oft vor, dass einem Vertragspartner (Gläubiger) zur Sicherung für seine Forderungen ein Pfandrecht an den dem anderen Vertragspartner (Schuldner) gehörenden Gegenständen zusteht, sofern diese in das Vertragsverhältnis mit einbezogen sind. Es entsteht kraft Gesetzes, *ohne* dass es irgendeiner *Vereinbarung* bedarf.

- Das *gesetzliche Pfandrecht* aufgrund von *Besitz* müsste Ihnen aus dem Besonderen Schuldrecht ein Begriff sein! Denken Sie an den Fall, dass Sie Ihr Fahrzeug in die Werkstatt geben. Welches Beispiel aus dem Werkvertragsrecht fällt Ihnen dazu ein?

---

[262] Nur bei Interesse: § 11 des Gesetzes über das Kreditwesen (KWG); die Einzelheiten dazu sind in der Liquiditätsverordnung (LiqV) geregelt; KWG und LiqV sind abzurufen unter www.gesetze-im-internet.de, Rubrik Gesetze/Verordnungen, Buchstabe K bzw. L. Zu den Details s. *Kokemoor* in Beck/Samm/Kokemoor, § 11 KWG Rn. 5, 53 ff., 99 ff.

[263] § 10 I 1 KWG; was als angemessen anzusehen ist, ergibt sich (zumindest für Fachleute...) aus der Solvabilitätsverordnung – SolvV (abzurufen unter www.gesetze-im-internet.de, Rubrik Gesetze/Verordnungen, Buchstabe S). S. dazu bei Interesse *Kokemoor* in Beck/Samm/Kokemoor, § 10 KWG Rn. 4 f.

[264] Nur bei Interesse: Vgl. § 35 SolvV; auch bei den zu überprüfenden Kreditunterlagen ergeben sich bei gesicherten Krediten Erleichterungen, s. § 18 I 2, 3 KWG.

- Das Pfandrecht des Werkunternehmers gem. § 647.

Weitere gesetzliche **Besitzpfandrechte** sind das Pfandrecht des Pächters (§ 583), im Handelsrecht das des Kommissionärs (§ 397 HGB) und des Frachtführers (§ 441 HGB).

- Aufgrund einer Einbringung von Sachen in ein räumliches Verhältnis zum Pfandgläubiger sollten Ihnen weitere (*besitzlose*) **Einbringungspfandrechte** bekannt sein! Überlegen Sie!
- Hierzu zählen das Pfandrecht des Vermieters (§§ 562 ff.), des Verpächters (§ 592) sowie das des Gastwirts (§ 704).

Das gesetzliche Pfandrecht entsteht nur an den Sachen, die sich im Eigentum des Schuldners befinden; es kann nicht gutgläubig erworben werden.[265] Beim Leasing entsteht daher an dem im Besitz des Leasingnehmers befindlichen Leasinggegenstand kein gesetzliches Pfandrecht, denn dieser steht im Eigentum des Leasinggebers.[266]

Gem. § 1257 finden auf das gesetzliche Pfandrecht die Vorschriften über das vertragliche Pfandrecht entsprechende Anwendung. Allerdings wird durch den Wortlaut »ein kraft Gesetzes *entstandenes* Pfandrecht« deutlich, dass sich der Entstehungstatbestand nach Spezialbestimmungen richtet.

b) Pfändungspfandrecht

Der Gläubiger kann zur zwangsweisen Befriedigung für seine Forderungen bewegliche Sachen nach §§ 808 ff. ZPO (z.B. Autos, Uhren, Schmuck), Forderungen (§§ 828 ff. ZPO; z.B. Guthaben eines Kontos als Forderung gegen eine Bank; Arbeitsentgeltforderung gegenüber dem Arbeitgeber) und sonstige Rechte (§ 857 ZPO; z.B. Patente) im Weg der Zwangsvollstreckung pfänden. Hierdurch erlangt er ein Pfandrecht (§ 804 I ZPO) und hat grundsätzlich die Befugnisse, die nach §§ 1204 ff. auch für das rechtsgeschäftlich bestellte Pfandrecht gelten, mit dem wir uns nun näher beschäftigen wollen.

c) Vertragliches Pfandrecht

aa) Anwendungsbereich

Ein rechtsgeschäftliches Pfandrecht kann an beweglichen Sachen (§§ 1204 ff.) und Rechten (§§ 1273 ff.) bestellt werden. Wir wollen uns zunächst dem Pfandrecht an beweglichen Sachen zuwenden. Es erfordert den Besitz des Pfandgläubigers, deshalb wird es auch **Faustpfandrecht** genannt und kann nur an beweglichen Sachen, nicht aber an Grundstücken bestellt werden (§ 1204 I lesen!). In der Praxis hat es an Bedeutung verloren. Im Wesentlichen beschränkt sich sein Anwendungsbereich auf folgende zwei Gebiete:

- In den Pfandleihhäusern werden Kleinkredite gegen Hingabe eines (Faust-) Pfandes gewährt.[267]

---

[265] BGHZ 34, 153; str., s. dazu *Prütting*, Rn. 790 sowie mit anschaulichem Fallbeispiel *Wolf/Wellenhofer*, § 16 Rn. 44.
[266] Weitere Details zum Leasing finden Sie bei Rn. 311.
[267] Geregelt in der VO über den Geschäftsbetrieb der gewerblichen Pfandleiher (**Pfandleiherverordnung – PfandlV**).

- Im Bankenverkehr lassen sich die Kreditinstitute gegen Hingabe eines Darlehens an den in ihrer Verwahrung befindlichen Wertpapieren ihrer Darlehensnehmer ein Pfandrecht zur Sicherung der ausgezahlten Darlehenssumme bestellen (sog. *Lombarddarlehen*[268]).

bb) Entstehung

> **Übungsfall 34**
>
> Der Uhrenfabrikant E benötigt einen Bankkredit in Höhe von 100.000 € von der B-Bank. Diesen will er durch ein Pfandrecht an seinen gefertigten Uhren sichern. Im normalen Geschäftsgang will er allerdings Uhren veräußern können und zum Ausgleich andere in das Pfandlager geben. Ist das rechtlich möglich?

261
- Was müssen E und die Bank B vereinbaren? Lesen Sie zunächst §§ 1205 und 1206!
  ▶ Die Begründung des Pfandrechts setzt nach § 1205 I 1 Einigung und Besitzverschaffung voraus. D.h., Verpfänder E und Gläubiger B müssen sich einigen, eine bestimmte Forderung (§ 1204 I) durch ein Pfandrecht an einer bestimmten Sache zu sichern.

Die Pfandbestellung ist abstrakt, also von der zugrunde liegenden Sicherungsvereinbarung unabhängig. Im vorliegenden Fall stellt die Vereinbarung zwischen E und der B-Bank, E solle einen Kredit in Höhe von 100.000 € erhalten und einen Teil seines Warenlagers zur Sicherheit verpfänden, die schuldrechtliche Sicherungsabrede (§ 311 I) dar. Diese muss durch Einigung über die Pfandrechtsbestellung und Übergabe der Sache i.S.d. § 1205 erfüllt werden.

262

> **Prüfungsschema Pfandrechtsbestellung**
>
> (1) Zu sichernde **Forderung**, § 1204
> (2) **Einigung** über Pfandrechtsbestellung, § 1205 I 1
> (3) **Besitzverschaffung**, §§ 1205 I, II, 1206
> (4) **Berechtigung** oder § 1207

Bei der Einigung muss der Sicherungswille erklärt werden, wobei nicht ausdrücklich das Wort »Verpfändung« erforderlich ist. Es genügt die Äußerung, eine Sache zur Sicherheit zu hinterlegen. In der Praxis enthalten oft auch Allgemeine Geschäftsbedingungen eine Verpfändungsklausel. Sie finden sich beispielsweise in den Allgemeinen Geschäftsbedingungen der Banken und Sparkassen,[269] den Allgemeinen Deutschen Spediteurbedingungen[270] und in den – im Kraftfahrzeugreparaturgewerbe weit verbreiteten – »Bedingungen für die Ausführung von Arbeiten an Kraftfahrzeugen …«.[271]

263 Als Beispiel wollen wir uns Ziffer 14 der Allgemeinen Geschäftsbedingungen der Volks- und Raiffeisenbanken ansehen. Diese lautet wie folgt:

---

[268] »Lombard« = langobardische Beleihung. Der Begriff leitet sich aus den im Mittelalter in Italien in der **Lombardei** entwickelten Darlehensgeschäften ab.
[269] Ziff. 14 Muster-AGB der privaten Banken; Ziff. 14 AGB-Volks- und Raiffeisenbanken; Ziff. 21 AGB-Sparkassen.
[270] Ziff. 20 ADSp.
[271] Ziff. VII Kfz-Reparaturbedingungen.

> *(1) Einigung über das Pfandrecht*
> Der Kunde und die Bank sind sich darüber einig, dass die Bank ein Pfandrecht an den Wertpapieren und Sachen erwirbt, an denen eine inländische Geschäftsstelle im bankmäßigen Geschäftsverkehr Besitz erlangt hat oder noch erlangen wird. Die Bank erwirbt ein Pfandrecht auch an den Ansprüchen, die dem Kunden gegen die Bank aus der bankmäßigen Geschäftsverbindung zustehen oder künftig zustehen werden (zum Beispiel Kontoguthaben).
>
> *(2) Gesicherte Ansprüche*
> Das Pfandrecht dient der Sicherung aller bestehenden, künftigen und bedingten Ansprüche, die der Bank mit ihren sämtlichen in- und ausländischen Geschäftsstellen aus der bankmäßigen Geschäftsverbindung gegen den Kunden zustehen ...«

■ Was fällt Ihnen beim Lesen auf, wenn Sie an die nach § 1205 I 1 für die Pfandrechtsbestellung erforderliche Einigung denken? 264
▶ Die Einigung wird hier teilweise *vorab* erklärt!

Die Juristen nennen das »*antizipierte*« (= vorweggenommene) *Einigung*.

Sie als Bankkunde können ihre Willenserklärung (= Bestandteil der Einigung) aber jederzeit widerrufen oder einschränken. Ein konkludenter Widerruf kann sich bereits aus dem Zweck der Übergabe ergeben: So, wenn Sie Ihre Wertsachen nur zu einer vorübergehenden Verwahrung – wie z.B. während Ihrer urlaubsbedingten längeren Abwesenheit – in Ihren dortigen Safe geben.

Kommen wir zurück zu unserem kleinen Fall.

■ Welcher im Sachenrecht (für Verfügungen) geltende Grundsatz wurde nicht beachtet? 265
▶ Der *Bestimmtheitsgrundsatz*! E kann nicht eine unbestimmte Anzahl von Uhren verpfänden, eine gattungs- oder quotenmäßige Bezeichnung reicht hierfür nicht aus.

Es hätte also der Abrede bedurft, dass z.B. die in einem bestimmten Regal oder Raum liegenden Uhren verpfändet werden sollen.

Das Verfügungsgeschäft ist vollzogen, wenn dem Gläubiger der Pfandbesitz eingeräumt wird.

■ An welche sachenrechtliche Vorschrift erinnert Sie der »Regelfall« der Pfandrechtsbestellung durch Einigung und Übergabe in § 1205 1 1? 266
▶ An § 929 S. 1, der die Voraussetzung für die Eigentumsübertragung an beweglichen Sachen (Einigung und Übergabe) enthält.

Die Übergabe erfordert, dass der Verpfänder den Besitz an dem Pfand aufgibt und der Gläubiger unmittelbaren Besitz gem. § 854 I oder II begründet. Allerdings muss dies mit dem Willen des bisherigen Besitzers geschehen. Sofern dieser der Besitzverschaffung nicht zustimmt, erlangt der Gläubiger trotz vorheriger Einigung kein Pfandrecht.[272]

■ Was genügt, wenn der Pfandgläubiger im Besitz der Sache ist? 267
▶ Die dingliche Einigung gem. § 1205 I 2.

Dies entspricht der Regelung des § 929 S. 2 für die Eigentumsübertragung.

---

272 Erman/*Michalski*, § 1205 Rn. 6; Palandt/*Bassenge*, § 1205 Rn. 5.

7. Kapitel. Kreditsicherungsrechte

»Ähnlichkeiten« mit den Vorschriften für die Eigentumsübertragung finden wir auch in

> **Übungsfall 35**
>
> S ist zurzeit »nicht flüssig«, schuldet dem G jedoch 500 €. Zur Sicherung dieser Forderung bestellt S dem G ein Pfandrecht an seinem Laptop, den er allerdings dem Studenten D für die Anfertigung seiner Bachelorarbeit geliehen hat. S tritt deshalb dem G den Herausgabeanspruch gem. § 604, der ihm gegenüber D zusteht, ab. D wusste von der geplanten Verpfändung, deshalb hat S keine Veranlassung gesehen, sie dem D mitzuteilen.
>
> Hat G ein Pfandrecht an dem Laptop erworben?

268
- Was sind die Voraussetzungen für den Pfandrechtserwerb an beweglichen Sachen (§ angeben!)?
- ▷ Gem. § 1205 I müssen sich S und G über die Pfandrechtsbestellung zur Sicherung einer Forderung (§ 1204) einigen. Gem. § 1205 II kann die Übergabe einer im mittelbaren Besitz des Eigentümers (S) befindlichen Sache dadurch ersetzt werden, dass der S den mittelbaren Besitz auf den Pfandgläubiger G überträgt und die Verpfändung dem Besitzer anzeigt.
- Zwischenfrage: An welche Vorschrift erinnert Sie § 1205 II?
- ▷ Antwort: Siehe Fußnote[273].
- An welcher Voraussetzung scheitert die Pfandrechtsbestellung?
- ▷ An der notwendigen Anzeige gem. § 1205 II a.E. Da diese eine empfangsbedürftige Willenserklärung darstellt, genügt die bloße Kenntnis des Besitzmittlers (D) von der Verpfändung nicht.

Nach alledem hat G also kein Pfandrecht am Laptop erworben.

269 Die Ihnen – aus den §§ 929 ff. – bekannte Vereinbarung eines *Besitzkonstituts* ist bei der Pfandrechtsbestellung als Übergabesurrogat entsprechend § 930 *nicht vorgesehen* und folglich auch nicht möglich. Denn die Pfandrechtsbestellung soll durch eine Änderung der Besitzverhältnisse für andere Gläubiger äußerlich erkennbar sein.

- An welchen sachenrechtlichen Grundsatz denken Sie hierbei?
- ▷ Wenn Sie wirklich nachgedacht haben, ist Ihnen sicherlich der »Publizitätsgrundsatz« eingefallen...

In der Praxis lässt sich dieser »Nachteil« des Pfandrechts durch eine *Sicherungsübereignung* vermeiden – wir kommen gleich (bei Rn. 282) darauf zu sprechen.

Besonderheiten ergeben sich aus § 1206, wonach die Verpfändung durch Einräumung eines qualifizierten gesamthänderischen Mitbesitzes (z.B. durch Anbringen von zwei Schlössern)[274] möglich ist.

cc) Gutgläubiger Erwerb

270 Da der Pfandgläubiger oft nicht feststellen kann, ob der Verpfänder Eigentümer und/oder Verfügungsberechtigter der Pfandsache ist, besteht gem. § 1207 die Möglichkeit eines gutgläubigen Erwerbs.[275] Dieser unterliegt den Vorschriften der §§ 932 ff.

---

273 **An § 931!**
274 Palandt/*Bassenge*, § 1206 Rn. 2.

Hierzu

> **Übungsfall 36**[276]
>
> S bringt sein Kraftfahrzeug zur Reparatur in die Werkstatt des G. Im Rahmen des Reparaturvertrages wurden die AGB des G vereinbart, die auch die Klausel enthalten, dass der Werkunternehmer ein Pfandrecht an Sachen, die zwecks Reparatur in seinen Besitz gelangen, erwirbt. Der Wagen des S war allerdings, was dem G nicht bekannt war, der Bank B sicherungsübereignet; die Zulassungsbescheinigung Teil II (früher »Kraftfahrzeugbrief«) befand sich im dortigen Safe (bei vielen anderen...). Hat G ein Pfandrecht an dem Pkw erlangt?

- Was sind die Voraussetzungen des gutgläubigen Erwerbs des Pfandrechts?
- ▶ Gem. § 1207 i.V.m. § 932 muss der Pfandgläubiger insbesondere gutgläubig sein.
- Wann ist dieser bösgläubig?
- ▶ Der Pfandgläubiger ist bösgläubig, wenn er weiß oder infolge grober Fahrlässigkeit nicht weiß (§ 932 II), dass der Verpfänder nicht Eigentümer der Pfandsache ist.

271

Im vorliegenden Fall hatte G keine Kenntnis von der Sicherungsübereignung. Da die Vorlage der Zulassungsbescheinigung Teil II bei Reparaturen nicht üblich ist, war sie ihm auch nicht infolge grober Fahrlässigkeit unbekannt. Er hat daher aufgrund der Pfandklausel wirksam ein Pfandrecht an dem in seinen Besitz übergegangenen Wagen erworben.[277]

dd) Akzessorietät

272

Da das Pfandrecht nach seinem gesetzlichen Zweck auf die Sicherung einer Forderung gerichtet ist (vgl. § 1204), hat der Gesetzgeber dieses eng an die Forderung angelehnt und von dieser abhängig gemacht. Diese Akzessorietät des Pfandrechts bedeutet, dass es nicht ohne eine zu sichernde Forderung bestehen kann. Wenn und solange also die gesicherte Forderung nicht besteht, kann es nicht entstehen. Sofern die gesicherte Forderung erlischt, erlischt auch das Pfandrecht (§ 1252).

Die inhaltliche Abhängigkeit des Pfandrechts von der Forderung zeigt sich darin, dass das Pfandrecht erst in dem Zeitpunkt ausgeübt werden kann, in dem die Forderung fällig geworden ist. Außerdem ist die Verwertungsbefugnis gem. § 1210 I 1 durch die Höhe der Geldforderung begrenzt.

Die Akzessorietät wird auch in § 1211 (lesen!) deutlich und wirkt sich auf die Übertragung aus: Das Pfandrecht kann nicht für sich allein übertragen werden. Vielmehr muss die Forderung nach § 398 abgetreten werden. Das Pfandrecht geht dann *kraft Gesetzes* automatisch mit der Forderung über (§ 1250 I).

273

- Verständnisfrage: Das Pfandrecht kann immer nur dem Gläubiger der Forderung zustehen. Muss der Verpfänder mit dem Schuldner identisch sein?
- ▶ Der Verpfänder braucht nicht mit dem Schuldner identisch zu sein. Er kann das Pfandrecht für eine eigene wie auch für eine fremde Schuld bestellen.

---

275 **Achtung! Dies gilt nur für das hier behandelte vertragliche Pfandrecht.** Für das Pfändungspfandrecht und die gesetzlichen Pfandrechte ist ein gutgläubiger Erwerb nicht vorgesehen.
276 Nach BGHZ 68, 323 ff.
277 In der Literatur ist die Entscheidung BGHZ 68, 323 ff.) auf Kritik gestoßen, s. bei Interesse *Schreiber*, Rn. 259 m.w.N.

Übersicht 17

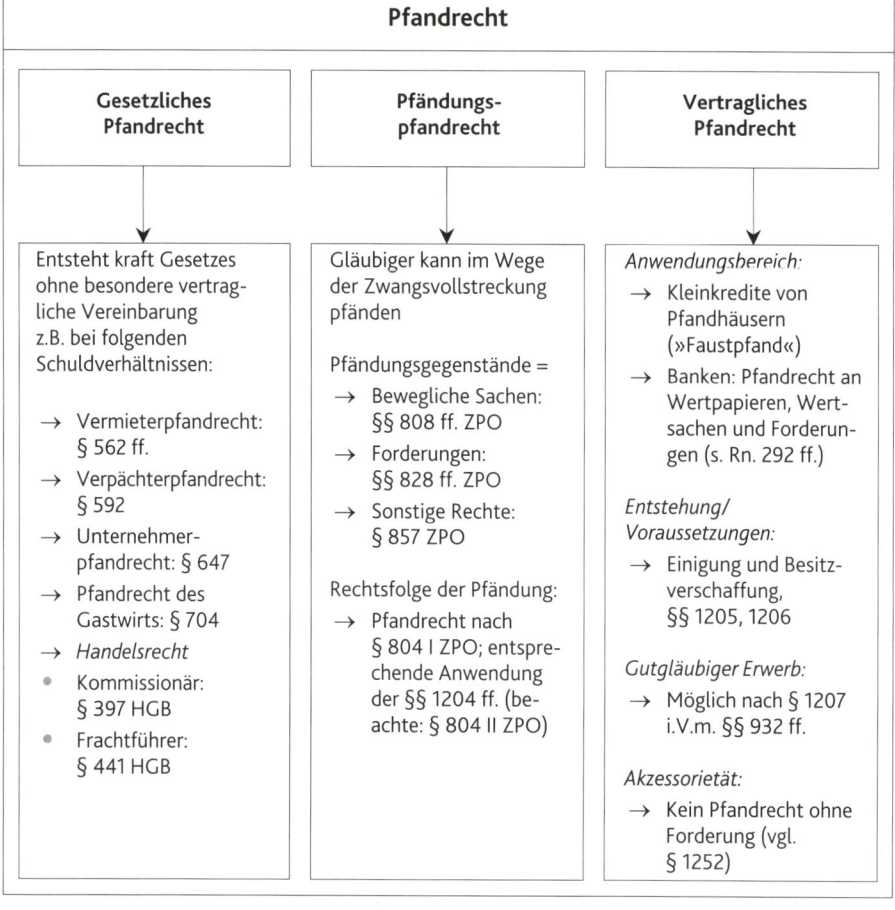

ee) Verwertung

- Lesen Sie § 1228 (ganz)! Dann können Sie die sog. »Pfandreife« erläutern!
- ▶ Mit Fälligkeit der gesicherten Forderung tritt die Pfandreife ein (§ 1228 II 1), und das Pfand darf verwertet werden.

Die Verwertung des Pfandes ist auf verschiedene Weise möglich:

Grundsätzlich erfolgt sie durch *Pfandverkauf* (= Veräußerung des Pfandgegenstandes) gem. §§ 1228 I, 1233 I im Rahmen einer öffentlichen Versteigerung nach §§ 1235 I, 383 III.

Der Versteigerer (= Gerichtsvollzieher, öffentlich bestellter Auktionator, Notar) wird als Vertreter des Pfandgläubigers tätig. Mit dem Erwerber schließt er einen Kaufvertrag ab (§ 156 lesen!) und übereignet diesem den Pfandgegenstand gem. §§ 929 ff. Die in § 1243 normierten Rechtmäßigkeits- und Ordnungsvorschriften sind hierbei zu beachten.

Hierzu

> **Übungsfall 37**
>
> Die wertvolle Briefmarkensammlung wurde dem E gestohlen. Mittlerweile hat diese der gutgläubige S in Besitz und verpfändet die Sammlung dem G zur Sicherung einer Darlehensforderung. G lässt die Briefmarkensammlung mit Eintritt der Pfandreife ordnungsgemäß öffentlich versteigern. Versehentlich wurde der Versteigerungstermin nicht öffentlich bekannt gemacht.

Hat der Ersteigerer D Eigentum an der Briefmarkensammlung erworben?

An sich liegen die Voraussetzungen des Eigentumserwerbs nach § 929 S. 1 – Einigung und Übergabe – vor. **276**

- Welche Voraussetzungen müssen zusätzlich bei einer Versteigerung beachtet werden?
- ▶ G muss ein Pfandrecht an der Briefmarkensammlung gehabt haben und die Rechtmäßigkeitsvoraussetzungen der Pfandveräußerung müssen gegeben sein.
- An welcher Vorschrift scheitert ein Pfandrechtserwerb des G?
- ▶ Gem. §§ 1207, 935 ist ein Pfandrechtserwerb an gestohlenen Sachen nicht möglich.
- Wie steht es mit den Voraussetzungen für die Pfandveräußerung?
- ▶ Gem. §§ 1243 I i.V.m. 1237 S. 1 hätten Zeit und Ort der Versteigerung öffentlich bekannt gemacht müssen.

Somit dürfte ein Eigentumserwerb seitens D nicht vorliegen.

- Lesen Sie § 1244! Sind die Voraussetzungen dieser Vorschrift gegeben? **277**
- ▶ Ein gutgläubiger Eigentumserwerb durch D gem. § 1244 ist gegeben. Die Sammlung wurde als Pfand veräußert, die Veräußerung erfolgte durch öffentliche Versteigerung (§§ 1235, 383 III) und der D war gutgläubig i.s.v. § 932 I, II.
- Wird der gutgläubige Erwerb durch D aufgrund des Diebstahls der Briefmarkensammlung verhindert? **278**
- ▶ Da § 1244 nur auf die §§ 932–934 und 936, nicht aber auf § 935 verweist, steht dem gutgläubigen Erwerb durch D nichts entgegen!

Somit ist D gem. § 1244 wirksam Eigentümer der Briefmarkensammlung geworden.

Wegen des Eigentumsverlustes und der i.S.d. § 1243 I unrechtmäßigen Pfandveräußerung kommen Schadensersatzansprüche[278] des E gegen G in Betracht, nach denen aber nicht gefragt ist und denen wir aus Platzgründen auch nicht weiter nachgehen können wollen. Interessieren soll uns aber der Erlös aus der Pfandverwertung, weshalb wir zur Verdeutlichung und Vereinfachung den Fall leicht abwandeln:

Die öffentliche Versteigerung ist ordnungsgemäß verlaufen, und D hat die Briefmarkensammlung für 5.000 € ersteigert. Den Betrag hat er dem G bezahlt.

Im Normalfall erfolgt die Verteilung des Versteigerungserlöses gem. § 1247 (lesen!): **279** Grundsätzlich erlischt die Forderung, soweit der Pfandgläubiger aus dem Erlös befriedigt wurde (§ 1247 S. 1). Der überschüssige Erlös tritt gem. § 1247 S. 2 an die Stelle des Pfandes und fällt kraft Gesetzes an den Eigentümer des Pfandes.

---

278 S. dazu Palandt/*Bassenge*, § 1243 Rn. 2.

- Steht dem G der Versteigerungserlös zu?
▸ Da G wegen §§ 1207, 935 an der gestohlenen Sammlung kein Pfandrecht erworben hatte, war er auch nicht Pfandgläubiger. Er hat nach § 1247 S. 1 keinen Anspruch auf den Versteigerungserlös. Seine Forderung gegen S besteht fort.
- Wer wird Eigentümer der 5.000 €?
▸ Eigentümer dieses Geldbetrages wird E gem. § 1247 S. 2.

Und das, obwohl das Geld von D an G gegeben wurde!

Grund dafür ist: »§ 1247 ist stärker als § 929«.[279]

- Was ist, wenn D kein Eigentum an der Briefmarkensammlung erlangt hat – z.B., da er das Nichtbestehen des Pfandrechts kannte?
▸ In diesem Fall bleibt E Eigentümer der Sammlung und kann sie von D herausverlangen.
- Welche Anspruchsgrundlage kommt in Betracht, wenn E die Versteigerung nach § 185 genehmigt?
▸ Dann kann E von G den Erlös nach § 816 I herausverlangen.[280]

Für den Fall, dass bei einem von E dem G bestellten Pfandrecht und völlig rechtmäßigem Pfandverkauf der Erlös 5.000 € beträgt, die Forderung aber nur über 4.000 € lautete, gilt: An dem Erlös entsteht Miteigentum von G und E im Verhältnis 4 : 1. G kann 4.000 € behalten und muss 1.000 € an E bezahlen.

280 Sofern der Pfandgläubiger gegen den Eigentümer einen vollstreckbaren Titel erlangt hat, kann er den Verkauf des Pfandes auch nach den für den Verkauf einer gepfändeten Sache geltenden Vorschriften bewirken (§ 1233 II); die Verwertung erfolgt dann durch den Gerichtsvollzieher gem. §§ 814 ff. ZPO. Hat das Pfand einen Börsen- oder Marktpreis (was insbesondere bei Wertpapieren regelmäßig der Fall ist), ist auch ein »freihändiger Verkauf« gem. § 1235 II i.V.m. § 1221 zulässig.

Gem. § 1245 I können Eigentümer und Pfandgläubiger ferner eine von den §§ 1234–1240 abweichende Art des Pfandverkaufs vereinbaren.

ff) Erlöschen

281 Das Pfandrecht als akzessorisches Recht erlischt »mit der Forderung, für die es besteht« (§ 1252 lesen!). Es entsteht also kein Eigentümerpfandrecht.

Auch wenn die Forderung fortbesteht, kann das Pfandrecht erlöschen. So, wenn der Gläubiger es aufhebt (§ 1255) oder wenn er das Pfand dem Verpfänder oder Eigentümer zurückgibt (§ 1253 I).

Der Verpfänder hat nach Erlöschen des Pfandrechts gem. § 1223 I das Recht, vom Pfandgläubiger das Pfand zurückzuverlangen. Gem. § 985 steht dieses Recht auch dem Eigentümer zu.

---

279 *Baur/Stürner*, § 55 Rn. 29; vgl. ferner Palandt/*Bassenge*, § 1243 Rn. 4.
280 *Baur/Stürner*, § 55 Rn. 29.

2. Sicherungsübereignung

Zu den Fällen des Eigentumserwerbs an beweglichen Sachen nach § 930 gehört, wie bereits angedeutet, auch die »Sicherungsübereignung«, mit der wir uns nun etwas ausführlicher befassen.

Prüfungsschema Sicherungsübereignung

(1) **Einigung** über Eigentumsübergang (§ 929)
(2) als Kreditsicherheit (**Sicherungsabrede**)
(3) Besitzmittlungsverhältnis als **Übergabesurrogat** (§§ 929, 930)
(4) **Berechtigung** oder § 933

Der Sicherungsübereignung kommt im Wirtschaftsleben ganz besondere Bedeutung zu, da sie eine sehr häufig praktizierte Form der Sicherung von Krediten ist. Wie die Sicherungsübereignung im Einzelnen vonstatten geht, wollen wir uns zunächst an einem sehr einfachen Fall verdeutlichen, den Sie vielleicht kennen.

> **Übungsfall 38**[281]
>
> Der Bärentreiber Schulli (S) möchte von Gläubel (G) ein Darlehen haben. Als Sicherheit für dieses Darlehen bietet er ihm seinen wertvollen Tanzbären Brummi an. Was kann G tun, um sein Darlehen zu sichern?

- An welches Sicherungsmittel würden Sie denken, wenn Sie nicht wüssten, dass die Vereinbarung einer Sicherungsübereignung in Betracht kommt? Welches ist sozusagen das klassische Mittel, um sich durch Belastung einer beweglichen Sache einen Kredit (= Geld) zu verschaffen? (Wenn Sie bisher aufmerksam gelesen haben, müssten Sie dieses Sicherungsmittel kennen! Überlegen Sie!)
- G könnte sich z.B. ein *Pfandrecht* an dem Bären bestellen lassen: § 1204 (nochmals lesen!).
- Wie aber wird ein Pfandrecht bestellt? Lesen Sie hierzu § 1205 I!
- Neben der Einigung über das Bestehen des Pfandrechts ist auch die Übergabe der Sache erforderlich.

Die Aussicht, sich einen Bären ins Wohnzimmer zu stellen, ist sicherlich nicht geeignet, die Kreditbereitschaft des G zu fördern. Ihm kommt es darauf an, dass er den Bären verwerten kann, falls S nicht zahlt!

Und auch S wird das nicht so wörtlich gemeint haben, als er seinen Bären zur Sicherheit angeboten hatte; denn was tut ein Bärentreiber[282] ohne Bär?

Wie kann man den beiden helfen, damit S seinen Bären behalten darf sowie das Darlehen bekommt und G seine Sicherheit erhält?

---

281 Nach *Nawratil*, Fall 97.
282 Falls Sie sich unter einem »Bärentreiber« nichts vorstellen können, werden Sie selbst im »Duden, Deutsches Universalwörterbuch« keine Erklärung finden. Dort finden Sie aber unter »Tanzbär« einen Hinweis auf unseren »Sachverhalt« = »Dressierter Bär, der (auf Jahrmärkten) tänzerische Bewegungen ausführt …«
Kurz: Ohne Bär kann ein Bärentreiber seinen Lebensunterhalt nicht verdienen!

Die Antwort kennen Sie: Die beiden können eine *Sicherungsübereignung* vereinbaren, die einem **besitzlosen Pfandrecht** ähnelt!

- Was bedeutet die Vereinbarung der Sicherungsübereignung? Versuchen Sie einmal, mit eigenen Worten zu formulieren, was der Darlehensgeber und der Darlehensnehmer bei der Sicherungsübereignung vereinbaren!
- ▶ Der Darlehensnehmer überträgt dem Darlehensgeber zur Sicherung einer Geldforderung das Eigentum an dem Sicherungsgegenstand, also der beweglichen Sache, während er selbst den unmittelbaren Besitz an der Sache behält.

285
- An welches Rechtsinstitut aus dem Besonderen Schuldrecht, das wir bereits angesprochen haben, erinnert Sie diese Konstruktion? (Nachdenken!)
- ▶ An den *Eigentumsvorbehalt*[283]! Auch dort ist der Kreditgeber Eigentümer der Sache, während der Kreditnehmer unmittelbarer Besitzer der Sache ist. Allerdings ist die Situation beim Eigentumsvorbehalt umgekehrt.
- Worin liegt der Unterschied (§ 449 lesen!)?
- ▶ Beim *Eigentumsvorbehalt* hat der Kreditgeber ursprünglich Eigentum und Besitz an der Sache und gibt zunächst den Besitz an den Kreditnehmer weiter. Das Eigentum an der Sache behält er sich unter der aufschiebenden Bedingung (§ 158 I!) der Zahlung der letzten Kaufpreisrate vor.
Bei der *Sicherungsübereignung* hat der Kreditgeber zunächst weder Eigentum noch Besitz an der Sache, sondern beides liegt im Regelfall beim Kreditnehmer. Während dieser den *Besitz* an der Sache behält, überträgt er das *Eigentum* auf den Kreditgeber, und zwar grundsätzlich unter der auflösenden Bedingung (§ 158 II!), dass diesem das Eigentum nur so lange zustehen soll, bis die letzte Rate des Kredits bezahlt ist. Mit diesem Zeitpunkt tritt der alte Rechtszustand ein, d.h., der Kreditnehmer wird dann »automatisch« wieder Eigentümer.

286 In der Praxis wird allerdings anstelle einer Bedingung i.S. von § 158 II regelmäßig vereinbart, dass die Bank das Eigentum auf den Kreditnehmer gesondert zurück übertragen muss. In dem entsprechenden Vertragsformular, das im Anschluss an Übersicht 17[284] wiedergegeben ist, heißt es unter § 10 I: »Soweit die durch den Sicherungsübereignungsvertrag gesicherten und sich aus ihm ergebenden Forderungen in voller Höhe getilgt sind, hat der Sicherungsnehmer die ihm übertragenen Sicherheiten auf den Sicherungsgeber zurück zu übertragen.«

- Nach allem, was Sie bisher über die verschiedenen Eigentumsübertragungen gelesen haben, müssten Sie die Frage, nach welcher Rechtsvorschrift diese *Rückübertragung* des Eigentums erfolgt, leicht beantworten können. (Überlegen Sie![285])

287 Bleiben wir aber bei § 930, der die Sicherungsübereignung betrifft, und betrachten ihre Konstruktion an einem weiteren praktischen *Beispiel*:

---

283 Vgl. dazu *Wörlen/Metzler-Müller*, SchR BT, Rn. 69 ff., sowie unten Rn. 291a.
284 Unten Rn. 291 ff.
285 **§ 929 S. 2!**

II. Kreditsicherheiten an beweglichen Sachen und Rechten

> **Übungsfall 39**
>
> Der Taxiunternehmer Schulte (S) braucht dringend Geld. Die Girus-Bank (G), bei der er nachgefragt hat, ist zwar bereit, Kredit zu geben, verlangt aber Sicherheiten. S, der keinen Grundbesitz hat, denkt zunächst an seine beiden Taxis. Eine Verpfändung kommt wegen der damit verbundenen Übergabe nicht in Betracht. S will die Autos behalten, um damit Geld zu verdienen und den Kredit zurückzuzahlen. Andererseits hat auch die Bank kein Interesse an einer Aufbewahrung der Autos. Wie lassen sich die Interessen der beiden vereinbaren?

Wie Sie sehen, ist dieser Fall dem Bärentreiberfall gleichgelagert; nur der Sicherungsgegenstand ist etwas zeitgemäßer. Die Antwort auf die Fallfrage kennen Sie natürlich: Als Mittel zur Darlehenssicherung kommt eine Sicherungsübereignung in Betracht.

Wir wollen diesen Fall dazu benutzen, anhand des Gesetzes noch einmal genau nachzuvollziehen, wie die Sicherungsübereignung konstruiert ist. Lesen Sie deshalb nochmals §§ 930 und 931.

- Welche Gemeinsamkeiten weisen diese beiden Vorschriften im Wortlaut auf? (Überlegen Sie!)
- Beide Vorschriften setzen eine *Einigung i.S.v. § 929 S. 1 voraus und ermöglichen es, die Übergabe zu ersetz*en.
- Warum passt § 931 in unserem Fall nicht, um den gewünschten Kredit des S abzusichern? (Vorschrift nochmals lesen!)
- Weil nicht ein Dritter, sondern S selbst im Besitz der Sache ist und auch bleiben will!

Das, was G und S wollen, nämlich Übergang des Eigentums ohne Übergabe der Sache, ermöglicht nur § 930. Da § 930 von einem *Ersatz der Übergabe durch Einräumung des mittelbaren Besitzes spricht,* folgt daraus zwingend (s.o.), dass daneben stets auch eine *Einigung* über den Eigentumsübergang *i.S.v. § 929 vorliegen muss!* § 929 S. 1 ist bei der Sicherungsübereignung immer zusammen mit § 930 zu zitieren. Wenn man sich dies einmal deutlich vor Augen geführt hat, wird einem das Rechtsinstitut der Sicherungsübereignung keine Schwierigkeiten mehr bereiten.

Sehen Sie sich die Sicherungsübereignung nochmals auf einem Schaubild an (= Übersicht 18):

Übersicht 18

290

Sicherungsübereignung
Rechtliche Voraussetzungen: Einigung über Eigentumsübertragung gem. § 929 S. 1 und anstelle der Übergabe Vereinbarung von Besitzkonstitut gem. § 930

»*Rechtsfolgen*«:

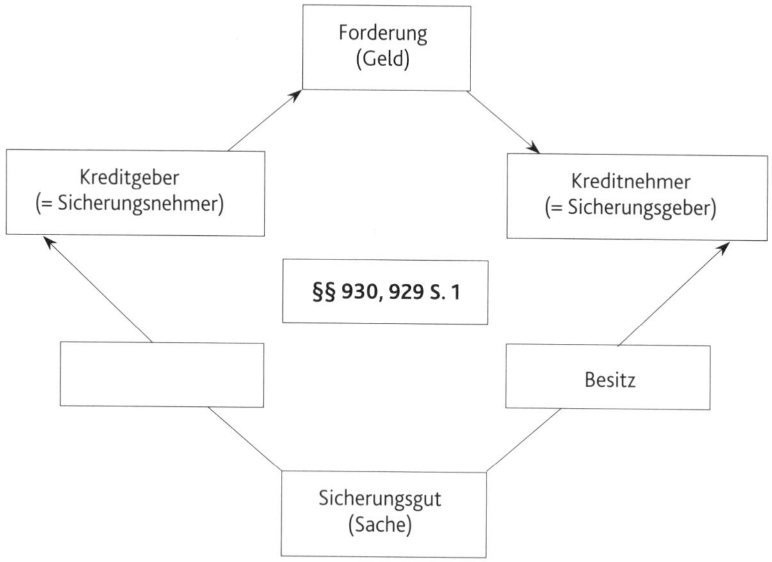

- Forderung (Geld)
- Kreditgeber (= Sicherungsnehmer)
- Kreditnehmer (= Sicherungsgeber)
- §§ 930, 929 S. 1
- Besitz
- Sicherungsgut (Sache)

Wesen: Die Sicherungsübereignung ist eine Eigentumsübertragung mit der Abrede (= »Sicherungsabrede«), die zur Sicherung übereignete Sache bei Nichterfüllung der gesicherten Forderung(en) zu verwerten (= »Sicherungszweck«).

Wie sich diese rechtliche Konstruktion in der Praxis auswirkt, zeigen die folgenden Vertragsbedingungen[286] eines Kfz-Sicherungsübereignungsvertrags:

---

286 »Bedingungen« nicht i.S.v. § 158, sondern i.S.v. »Allgemeine Geschäftsbedingungen«!

Sicherungsübereignungsvertrag[287]

zwischen

A ...... – nachfolgend Sicherungsgeber genannt –

und

B ...... – nachfolgend Sicherungsnehmer genannt –

§ 1 Gegenstand der Sicherungsübereignung

(1) Der Sicherungsgeber überträgt hiermit an den Sicherungsnehmer das Eigentum an folgendem Gegenstand (nachfolgend Sicherungsgut genannt):
Pkw
Hersteller/Typ/Fahrgestellnummer/Amtliches Kennzeichen/Tag der Erstzulassung/Km-Stand/Versicherung.

(2) Das Sicherungsgut befindet sich in der Garage am ersten Wohnsitz des Sicherungsgebers. Eine dauernde Veränderung des Standortes bedarf der Einwilligung des Sicherungsnehmers.

(3) Für die Dauer der Sicherungsübereignung übergibt der Sicherungsgeber dem Sicherungsnehmer den über das Sicherungsgut ausgestellten Fahrzeugbrief (Zulassungsbescheinigung Teil II). Der Sicherungsnehmer bestätigt den Empfang der vorgenannten Unterlagen.

(4) Die Übergabe des Sicherungsgutes an den Sicherungsnehmer wird in der Weise ersetzt, dass der Sicherungsnehmer dem Sicherungsgeber das Sicherungsgut zu treuen Händen überlässt. Soweit Dritte unmittelbaren Besitz am Sicherungsgut erlangen, tritt der Sicherungsgeber bereits jetzt seine bestehenden und zukünftigen Herausgabeansprüche an den Sicherungsnehmer ab.

§ 2 Sicherungszweck

Die Übereignung und die Übertragung der sonstigen mit diesem Vertrag bestellten Rechte und Ansprüche erfolgt zur Sicherung aller gegenwärtigen, künftigen – auch bedingten oder befristeten – Forderungen, die dem Sicherungsnehmer gegen den Sicherungsgeber aus dem Darlehensvertrag vom ...... in Höhe von ...... und Zinsen p. a. in Höhe von ...... zustehen, und zwar auch dann, wenn die vereinbarte Laufzeit des Darlehens verlängert wird.

§ 3 Deckungsgrenze

Die Parteien sind sich darüber einig, dass der Wert des Sicherungsgutes bei Vertragsabschluss ......% (Deckungsgrenze) der zu sichernden Forderung (§ 2) entspricht. Unterschreitet der Wert des Sicherungsgutes die Deckungsgrenze nachhaltig, so ist der Sicherungsgeber zu einer entsprechenden Ergänzung des Sicherungsgutes verpflichtet.

§ 4 Nutzung des Sicherungsgutes

(1) Im Rahmen des üblichen Gebrauchs ist es dem Sicherungsgeber gestattet, das Sicherungsgut zu nutzen. Er ist verpflichtet, das Sicherungsgut auf seine Kosten in ordnungsgemäßem und betriebsfähigem Zustand zu halten und insbesondere die notwendigen Reparaturen sachgerecht durchführen zu lassen. Der Sicherungsgeber hat die Wartungs-, Pflege und Gebrauchsempfehlungen des Herstellers zu befolgen.

(2) Der Sicherungsnehmer ist jederzeit berechtigt, das Sicherungsgut am Standort (§ 1 Abs. 2) zu überprüfen. Für diesen Zweck ist dem Sicherungsnehmer freier Zutritt zum Standort zu gewähren und jede zu diesem Zweck erforderliche Auskunft zu erteilen.

---

[287] Quelle: *Schaumburg*, in: Beckert/von Drygalski/Friedl u.a., Formularbuch Recht und Steuern, B 23. Weitere Muster bei Fingerhut/*Karg*, § 4 Rn. 2 f. (Sicherungsübereignung eines Pkw) und § 4 Rn. 4 ff. (Sicherungsübereignung eines Warenlagers).

(3) Soweit sich das Sicherungsgut in unmittelbarem Besitz Dritter befindet, werden diese vom Sicherungsgeber angewiesen, dem Sicherungsnehmer Zutritt zum Sicherungsgut zu gewähren.

§ 5 Eigentum, Belastungen und sonstige Maßnahmen Dritter

(1) Der Sicherungsgeber versichert, dass ihm an dem Sicherungsgut das unbedingte sowie unbelastete Eigentum zusteht.

(2) Der Sicherungsgeber versichert ferner, dass rückständige Forderungen wegen Garagen- oder Stellplatzmiete, durch die ein Vermieterpfandrecht begründet sein könnte, sowie Prämienrückstände gegenüber dem Haftpflicht- oder dem Kasko-Versicherer oder Pfandrechte aus einem Werkvertrag nicht bestehen.

(3) Soweit das Sicherungsgut in gemieteten Räumen abgestellt wird, hat der Sicherungsgeber auf Verlangen des Sicherungsnehmers den Nachweis zu erbringen, dass die Mietzahlungen geleistet worden sind.

(4) Sollten Pfändungen oder sonstige Maßnahmen Dritter in das Sicherungsgut erfolgen, hat der Sicherungsgeber den Sicherungsnehmer unverzüglich hierüber zu informieren. Dies gilt gleichfalls für alle mit dem Sicherungsgut zusammenhängenden Vorkommnisse. Der Sicherungsnehmer ist befugt, zur Abwendung von Maßnahmen Dritter diese auf Kosten des Sicherungsgebers abzuwenden.

§ 6 Ersatzteile und Zubehör

Werden nach Abschluss dieser Vereinbarung Teile aus dem Sicherungsgut entfernt bzw. ausgebaut, so verbleiben diese solange im Eigentum des Sicherungsnehmers, bis sie durch gleichwertige Teile ersetzt worden sind. Hinzu erworbene Bestandteile und Zubehörstücke werden mit ihrem Einbau bzw. ihrer Einbringung in das Sicherungsgut Eigentum des Sicherungsnehmers; sie werden dem Sicherungsgeber gleichfalls leihweise zur Benutzung überlassen.

§ 7 Lastentragung

(1) Der Sicherungsgeber trägt sämtliche das Sicherungsgut betreffenden Gefahren, Haftungen, Steuern, Abgaben und alle sonstigen Lasten, auch soweit sie mit dem Betrieb des Sicherungsgutes in Zusammenhang stehen, insbesondere bleibt der Sicherungsgeber Halter des Fahrzeugs im Sinne von § 7 StVG.

(2) Der Sicherungsgeber ist verpflichtet den Sicherungsnehmer von allen Verbindlichkeiten freistellen, die ihn als Eigentümer des Sicherungsgutes etwa treffen sollten.

§ 8 Versicherungen

(1) Der Sicherungsgeber ist verpflichtet, das Sicherungsgut für die Dauer der Sicherungsübereignung im Rahmen einer Vollkaskoversicherung sowie einer ausreichenden Haftpflichtversicherung zu versichern. Der Sicherungsgeber hat dem Sicherungsnehmer das Bestehen der Versicherung anzuzeigen sowie die Verpflichtung, sämtliche Prämienzahlungen dem Sicherungsnehmer unverzüglich nach dem Fälligkeitstermin unaufgefordert nachzuweisen. Besteht das Versicherungsverhältnis nicht mehr, so darf das Sicherungsgut nicht mehr genutzt werden.

(2) Sämtliche sich aus diesem Versicherungsverhältnis ergebenden gegenwärtigen und zukünftigen Ansprüche gegen den Versicherer tritt der Sicherungsgeber unter Maßgabe der Zweckbestimmung des § 2 an den Sicherungsnehmer hiermit ab.

(3) Der Sicherungsgeber ist verpflichtet, dem Versicherer mitzuteilen, dass das Sicherungsgut an den Sicherungsnehmer zu Eigentum übertragen ist und sämtliche Rechte aus dem Versicherungsvertrag, soweit sie das Sicherungsgut betreffen, dem Sicherungsnehmer zustehen und der Sicherungsnehmer in die Rechte, nicht aber in die Pflichten des Versicherungsvertrages eintritt.

(4) Der Sicherungsgeber beantragt bei der Versicherung einen entsprechenden Sicherungsschein, der dem Sicherungsnehmer zu übersenden ist.

§ 9 Verwertung

(1) Verstößt der Sicherungsgeber gegen die ihm obliegenden Pflichten zur vertragsgemäßen Behandlung des Sicherungsgutes in erheblicher Weise oder verfügt er über das Sicherungsgut über

den Rahmen des üblichen Gebrauchs hinaus, ist der Sicherungsnehmer berechtigt, die Nutzungsbefugnisse zu widerrufen und die Herausgabe des Sicherungsgutes zu verlangen. Dasselbe gilt, wenn der Sicherungsgeber die Zahlungen eingestellt hat oder ein Insolvenzantrag gestellt worden ist. Die Herausgabe kann der Sicherungsnehmer ferner dann verlangen, wenn der Sicherungsgeber mit fälligen Zahlungen hinsichtlich der durch diesen Vertrag gesicherten Forderung in Verzug ist oder seine vertraglichen Verpflichtungen nicht erfüllt.

(2) Im Falle des Zahlungsverzugs hinsichtlich der durch diesen Vertrag gesicherten Forderung und Nebenleistungen ist der Sicherungsnehmer zudem berechtigt, das Sicherungsgut in unmittelbaren Besitz zu nehmen und zu verwerten, soweit dies zur Erfüllung der rückständigen Forderung erforderlich ist.

(3) Die Verwertung ist dem Sicherungsgeber unter Fristsetzung von einem Monat schriftlich anzudrohen.

(4) Im Verwertungsfalle ist der Sicherungsnehmer berechtigt, das Sicherungsgut nach seiner Wahl öffentlich zu versteigern oder freihändig zu verkaufen und den Erlös zur Abdeckung der durch diesen Vertrag gesicherten Forderung zu verwenden.

(5) Nach Verwertung hat der Sicherungsnehmer nach Abführung der Umsatzsteuer einen noch verbleibenden Überschuss an den Sicherungsgeber herauszugeben.

§ 10 Rückübertragung und Freigabe von Sicherheiten

(1) Soweit die durch den Sicherungsübereignungsvertrag gesicherten und sich aus ihm ergebenden Forderungen in voller Höhe getilgt sind, hat der Sicherungsnehmer die ihm übertragenen Sicherheiten auf den Sicherungsgeber zurück zu übertragen.

(2) Schon vor vollständiger Befriedigung der durch diesen Vertrag gesicherten Ansprüche ist der Sicherungsnehmer auf Verlangen des Sicherungsgebers verpflichtet, das übertragene Sicherungsgut an den Sicherungsgeber ganz oder teilweise freizugeben, soweit der Schätzwert des Sicherungsgutes ...... % der gesicherten Ansprüche des Sicherungsnehmers nicht nur vorübergehend überschreitet. Der Sicherungsgeber hat dem Sicherungsnehmer in diesem Fall ein anderes werthaltiges Sicherungsgut zur Sicherung anzubieten.

(3) Für den Wertvergleich maßgebend ist der jeweilige Verkehrswert des Sicherungsgutes, der sich nach der jeweils aktuellen Schwacke-Liste richtet.

§ 11 Salvatorische Klausel

Soweit eine Bestimmung dieses Vertrages ganz oder teilweise unwirksam ist oder nicht durchgeführt wird, berührt dies die Gültigkeit des Vertrages im Übrigen nicht.

3. Eigentumsvorbehalt und Anwartschaftsrecht

Das im BGB nicht geregelte, aber heute allgemein anerkannte *Anwartschaftsrecht*[288] *auf Eigentumserwerb* hat seine größte wirtschaftliche Bedeutung beim Kauf unter *Eigentumsvorbehalt* (§ 449), den wir eben bei Rn. 285 angesprochen hatten.[289] Beim Eigentumsvorbehalt übergibt der Verkäufer einer beweglichen Sache diese dem Käufer bereits, behält sich das Eigentum daran jedoch bis zur Zahlung des Kaufpreises vor. Es liegt also ein *unbedingtes Verpflichtungsgeschäft* vor, während die *Erfüllung*, die Eigentumsübertragung (§ 929 S. 1), unter der *aufschiebenden Bedingung* (§ 158 I) der vollständigen Zahlung des Kaufpreises erfolgt. Der Vorbehaltskäufer hat aufgrund des Vertrags bereits den Besitz und ein *Recht zum Besitz* an der Sache (§ 986 I) und kann diese nutzen. Die Kreditsicherheit für den Verkäufer besteht darin, dass er

291a

---

288 Zur Einordnung des Begriffs vgl. *Medicus/Petersen*, BR, Rn. 456 und *Wörlen/Metzler-Müller*, SchR BT, Rn. 75 ff.

289 S. dazu die Übungsfälle 4 und 5 bei *Wörlen/Metzler-Müller*, SchR BT, Rn. 74 u. 77.

bei Zahlungsverzug oder Nebenpflichtverletzungen ggf. vom Vertrag zurücktreten (§§ 323 V, 324) und die Herausgabe der Sache verlangen kann (vgl. § 449 II).

291b Der Vorbehaltskäufer rückt dem Erwerb des Eigentums an der Kaufsache umso näher, je mehr Kaufpreisraten er bezahlt hat. Seine Anwartschaft auf den Eigentumserwerb, das Anwartschaftsrecht, wird mit jeder Zahlung stärker. Das Anwartschaftsrecht ist also einerseits erst ein im Wachsen begriffenes Eigentum, wird aber andererseits in vielen Beziehungen dem Eigentum schon gleichgestellt. Man bezeichnet es gegenüber dem Eigentum als ein »wesensgleiches Minus«[290]. Andere[291] ordnen es als ein »Erwerbsrecht eigener Art« ein. Das Anwartschaftsrecht ist jedenfalls ein *dingliches, selbstständiges Recht* wie das Vollrecht Eigentum und kann unter entsprechender Anwendung der §§ 929 ff. übertragen werden. So kann der Käufer seine Anwartschaftsrecht z.B. auch verpfänden oder abtreten.

Wie der Besitz, so ist auch das Anwartschaftsrecht ein »sonstiges Recht« i.S.v. § 823 I, sodass der Anwartschaftsberechtigte bei Verletzung dieses Rechts Schadensersatz verlangen kann. Ferner ist § 1004 analog anwendbar. Gegen Verfügungen des (Noch-)Eigentümers über die Sache ist der anwartschaftsberechtigte Vorbehaltskäufer durch § 161 I 1 geschützt, wonach solche Verfügungen unwirksam sind.

Weiteres können Sie der nachfolgenden »Literatur zu Vertiefung« (Rn. 311) entnehmen.

4. Pfandrecht an Rechten

292 Neben beweglichen und unbeweglichen Sachen – den sog. *Sachsicherheiten* – dienen auch Rechte aller Art (sog. *Rechtssicherheiten*) der Kreditsicherung. Hierzu finden wir im Sachenrecht als Kreditsicherungstyp das Pfandrecht an Rechten (§ 1273 I lesen!).

- Ein Blick in § 1274 II – und Sie wissen, welche Rechte für dieses Pfandrecht in Betracht kommen!
- Ein Pfandrecht kann an allen Rechten bestehen, sofern diese *übertragbar* sind.

Folglich kommen z.B. Geldforderungen, Grundschulden, Miterbenanteile am Nachlass, Patent- und Urheberrechte, Aktien, Anteile an Handelsgesellschaften sowie GmbH-Anteile in Betracht. Das Eigentum an Sachen zählt nicht dazu, da hier die bewegliche Sache selbst verpfändet werden kann. Nicht verpfändbar sind das Erbbaurecht und das Wohnungseigentum, da diese rechtlich den Grundstücken gleichgestellt sind.[292] Die Sicherungsabtretung hat das Pfandrecht an Rechten in der Praxis stark »verdrängt« (dazu sogleich bei Rn. 300 ff.).

a) Bestellung und Übertragung des Pfandrechts

293 Aus § 1274 I ergibt sich, dass die Bestellung des Pfandrechts nach den für die Übertragung des Rechts geltenden Vorschriften erfolgt.

---

290 BGHZ 28, 21.
291 Palandt/*Ellenberger*, Einf. v. § 158 Rn. 9.
292 *Prütting*, Rn. 826.

■ Wenn sie als Kontoinhaber ein Guthaben auf einem Festgeldkonto bei einer Bank unterhalten und Sie dieses Ihrem Gläubiger G verpfänden wollen, müssen Sie also welche Voraussetzungen beachten?

▶ Die für die Übertragung einer *Forderung* geltenden Vorschriften finden Anwendung. Da zur Übertragung einer Forderung ein *formloser Abtretungsvertrag* genügt (§ 398), ist eine formlose Einigung über die Verpfändung gem. § 398 ausreichend.

Allerdings ist gem. § 1280 zusätzlich die **Anzeige der Verpfändung** an den Schuldner, hier also die Bank, erforderlich. Erfordert die Übertragung der Forderung – und damit auch die Verpfändung – aber mehr als einen bloßen Abtretungsvertrag, ist keine Verpfändungsanzeige erforderlich (§ 1280 nochmals genau lesen!). Ist z.B. eine Grundbucheintragung oder die Übergabe einer Sache notwendig, bedarf es daher keiner Verpfändungsanzeige.[293] Dies betrifft etwa die Verpfändung einer Brief- oder Buchhypothek (näher dazu unten bei Rn. 320 f.), da hier neben der Forderungsabtretung die Eintragung in das Grundbuch (§§ 1154 III, 873 I) bzw. die Übergabe[294] des Hypothekenbriefes (§§ 1154 I, 1117) erforderlich ist.

Prüfungsschema Pfandrecht an Rechten 293a

(1) Zu sichernde **Forderung**, §§ 1273 II, 1204

(2) **Einigung** über Pfandrechtsbestellung, § 1274 I i.V.m. z.B. § 398/§ 873

(3) a) **Anzeige** an Gläubiger (§ 1280) *oder*

b) Übergabe einer Sache (z.B. §§ 1154 I, 1117) *oder*

c) Grundbucheintragung (z.B. §§ 1154 III, 873 I)

(4) **Berechtigung**

■ Was müssen Sie veranlassen, um Ihrem Gläubiger G einen *Wechsel*[295] zu verpfänden? Tipp: Im BGB den Titel »Pfandrecht an Rechten« weiterlesen!.

▶ Gem. § 1292 müssen sich Gläubiger und Pfandgläubiger über die Bestellung des Pfandrechts einigen und den Wechsel mit einem die Verpfändung anzeigenden Indossament[296] übergeben.

Die **Übertragung** des Pfandrechts an Rechten vollzieht sich nach den Regeln des Pfandrechts an beweglichen Sachen (§ 1273 II lesen und daneben § 1250 I notieren!). Es gelten also die §§ 1250 I, 398, 401. Auch das Pfandrecht an Rechten geht daher kraft Gesetzes mit über, wenn die gesicherte Forderung (§ 398) übertragen wird.

Ein verpfändetes Recht kann durch Rechtsgeschäft gem. § 1276 nur mit Zustimmung 294 des Pfandgläubigers aufgehoben werden. Anderenfalls wäre es möglich, ohne dessen

---

293 Palandt/*Bassenge*, § 1280 Rn. 1.
294 Ein Besitzkonstitut – wie nach § 1117 I 2 möglich – reicht für die Pfandrechtsbestellung nicht aus, s. §§ 1274 I 2 i.V.m. §§ 1205 f.
295 Ein Wechsel ist eine **besondere Form der Anweisung** (§ 783) oder eines Schuldversprechens (§ 780) und hat als schuldrechtliches Wertpapier insbesondere im Kredit- und Zahlungsverkehr zwischen Kaufleuten Bedeutung, s. z.B. *Creifelds*, Stichwort Wechsel.
296 Lat. »dorso« = auf dem Rücken. Ein Indossament ist im Wertpapierrecht eine Erklärung (»für mich an G, gez. S«), durch die eine Person (= Indossant) die Rechte aus einem Orderpapier auf eine andere Person (= Indossator) überträgt.

7. Kapitel. Kreditsicherungsrechte

Willen den Gegenstand des Pfandrechts und damit dieses selbst zu beseitigen. Das Pfandrecht würde seinen Wert als Sicherung des Gläubigers verlieren.

b) Rechtsverhältnis vor der Pfandreife

295 Vor der Pfandreife, d.h. der Fälligkeit der Forderung (§ 1228 II lesen!) ist vor allem die Frage relevant, wer eine verpfändete Forderung einziehen darf.

- ▪ Die Antwort finden Sie in § 1281!
- ▶ Gem. § 1281 darf der Schuldner in diesem Stadium nur an den Pfandgläubiger und den Gläubiger gemeinschaftlich leisten.

Es kann jeder von ihnen für sich allein vom Schuldner der verpfändeten Forderung die Leistung verlangen, aber jeder kann dabei nur verlangen, dass an *beide gemeinschaftlich geleistet* wird (§ 1281 S. 2). Beide sind gem. § 1285 gegenseitig verpflichtet, bei der Einziehung mitzuwirken.

296 Zum besseren Verständnis: Bei der Verpfändung einer Forderung gibt es den *Pfandgläubiger*, den *Gläubiger* der verpfändeten Forderung sowie den *Schuldner* der verpfändeten Forderung.

Um zu erörtern, was geschieht, wenn der Schuldner auf die verpfändete Forderung leistet, lösen wir

> **Übungsfall 40**
>
> K kauft bei V einen Perserteppich für 15.000 €. Von seiner Bank erhält er einen Kredit in Höhe von 10.000 €. Zur Sicherung bestellt er der Bank ein Pfandrecht an seiner Forderung (= Lieferanspruch gem. § 433 I 1) gegenüber V. V übereignet und übergibt dem K den Teppich. Welche Rechte stehen der Bank nunmehr noch zu?

297 - ▪ Was ist aufgrund der Übereignung des V an K mit dem Lieferanspruch des K rechtlich geschehen?
- ▶ Dieser ist gem. § 362 I durch Bewirkung der geschuldeten Leistung erloschen.

Um den Untergang des Pfandrechts in solch einer Situation zu vermeiden, bestimmt § 1287, dass sich das Pfandrecht im Wege der **dinglichen Surrogation**[297] am geleisteten Gegenstand fortsetzt.

- ▪ Was hat die Bank also erworben?
- ▶ Gem. § 1287 hat sie durch dingliche Surrogation ein Pfandrecht an dem Perserteppich erworben; das Pfandrecht an einem Recht (= Lieferanspruch) besteht also nunmehr als Pfandrecht an einer beweglichen Sache (= Teppich) fort.[298]

Mit der Lieferung wurde also der Gläubiger K Eigentümer des Teppichs und der Pfandgläubiger des verpfändeten Lieferanspruchs (= Bank) zum Inhaber eines Pfandrechts an dem an die Stelle des verpfändeten Lieferanspruchs getretenen Teppich.

---

297 *Surrogation* = Ersetzung eines Gegenstandes eines Vermögens durch einen Ersatzgegenstand (= *Surrogat*).
298 Ist der verpfändete Anspruch auf Leistung eines Grundstücks gerichtet, so verwandelt sich gem. § 1287 S. 2 das Pfandrecht in eine Sicherungshypothek am Grundstück.

Zur Wiederholung: 298

- Was geschieht, wenn K den Kredit nicht zurückzahlen kann und bei der Pfandverwertung für den Teppich ein Versteigerungserlös von 14.000 € erzielt werden kann? Lesen Sie dazu § 1247 sowie ggf. nochmals Rn. 279!
▶ Dann erhält die Bank von dem Erlös nur 10.000 € und ihre Kreditforderung erlischt (§ 1247 S. 1). Der restliche bei der Versteigerung erzielte Betrag tritt gem. § 1247 S. 2 an die Stelle des Pfandes und gebührt dem K als dem bisherigen Eigentümer des verpfändeten Teppichs.

c) Rechtsverhältnis nach der Pfandreife

Nach der Pfandreife, die mit der Fälligkeit der gesicherten Forderung eintritt (vgl. 299 § 1228 II) kann der Pfandgläubiger gem. § 1282 die *verpfändete Forderung* im eigenen Namen **einziehen**. Der Schuldner kann nur an ihn leisten. Gem. §§ 1275, 404 (neben § 1282 notieren!) muss sich der Pfandgläubiger aber alle Einwendungen und Einreden gegen die verpfändete Forderung entgegenhalten lassen.

§ 1277 verweist im Übrigen für die Verwertung auf die Vorschriften der ZPO (§§ 828 ff., 857 ZPO). D.h., der Pfandgläubiger kann sein Pfandrecht an einem Recht nur geltend machen, wenn seine pfandrechtliche Verwertungsbefugnis durch Urteil festgestellt ist. Er hat also nur bei der Verpfändung einer Forderung ein unmittelbares Einziehungsrecht ohne vollstreckbaren Titel (§§ 1279 ff.).

5. Sicherungszession

a) Überblick 300

An die Stelle des Pfandrechts an Rechten ist heute im modernen Kreditsicherungsrecht überwiegend das Rechtsinstitut der Sicherungszession[299] getreten. Diese erfolgt, indem ein Schuldner seinem Gläubiger zur Sicherung der gegen ihn bestehenden Forderung eine ihm gegen einen Dritten zustehende Forderung abtritt. Diese kann auf Geld oder eine andere Leistung gerichtet sein.

Prüfungsschema Sicherungszession

(1) **Einigung** über Forderungsabtretung (§ 398)
(2) als Kreditsicherheit (**Sicherungsabrede**)
(3) **Bestand** und Abtretbarkeit (§§ 399 f.) der Forderung
(4) **Berechtigung** (kein gutgläubiger Erwerb möglich)

Die Beteiligten bei der Sicherungszession sind:

Gläubiger (G)   = Sicherungsnehmer (meist: kreditgewährende Bank)/neuer Gläubiger
Schuldner (S)   = Sicherungsgeber/alter Gläubiger der sicherungshalber abgetretenen Forderung (z.B. Kreditnehmer der Bank) und
Drittschuldner (DS) = Schuldner der sicherungshalber abgetretenen Forderung (z.B. Kunde von S, der Kaufpreisforderung nicht sofort begleicht)

---
299 Zession = Abtretung.

7. Kapitel. Kreditsicherungsrechte

was die nachfolgende Grafik verdeutlicht:

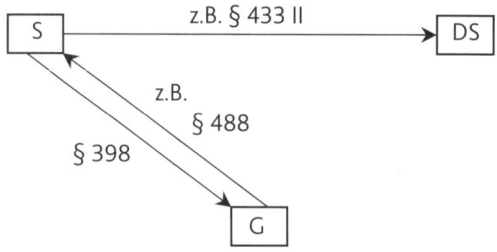

301 Die Vorteile dieses Kreditsicherungsrechts sind Folgende:

Bei der Verpfändung einer Forderung ist, wie wir gesehen haben (oben, Rn. 293), nach § 1280 neben dem Verpfändungsvertrag die Anzeige an den Drittschuldner Voraussetzung. Durch die Anzeige wird die Verpfändung bekannt und kann die Kreditwürdigkeit des Schuldners mindern. Auch ist vor Pfandreife dessen Mitwirkung bei der Einziehung der Forderung erforderlich. Um diese unerwünschten Effekte zu vermeiden, hat die Praxis das Institut der Sicherungsabtretung entwickelt. Es erfordert keine Anzeige an den Drittschuldner; der Gläubiger hat mehr Freiheiten bei der Verwertung der Sicherheit, und die Abtretung ist im Gegensatz zum Pfandrecht nicht akzessorisch.

b) **Rechtsform**

302 Die Sicherungsabtretung erfolgt nach dem Abtretungsrecht gem. § 398. Regelmäßig genügt ein formloser Abtretungsvertrag zwischen Zedent[300] und Zessionar[301]. Sofern für die Abtretung eine Form vorgeschrieben ist (wie z.B. gem. § 1154 bei der Hypothekenforderung), so muss diese auch bei der Sicherungszession beachtet werden.

- Warum erhält der Sicherungsnehmer durch die Abtretung materiellrechtlich mehr als das von den Beteiligten erstrebte Sicherungs- und Verwertungsrecht?
- ▶ Der Sicherungsnehmer wird nach außen vollberechtigter *Inhaber* des sicherungshalber abgetretenen Rechts.

303 Die Forderung soll aber entsprechend dem Sicherungszweck nicht in das Vermögen des Gläubigers übergehen, sondern ihm nur die Möglichkeit einer vorzugsweisen und gesonderten Befriedigung gegenüber den anderen Gläubigern geben. Im Verhältnis zum Sicherungsnehmer ist der Sicherungsnehmer deshalb durch den Sicherungsvertrag treuhänderisch gebunden. Sofern er – entgegen der Sicherungsvereinbarung – über das Recht verfügt, ist diese Verfügung voll wirksam. Im Verhältnis zum Sicherungsgeber stellt sie allerdings eine Pflichtverletzung dar.

Dem Schuldner wird in der Regel eine Einzugsermächtigung nach § 185 erteilt, um seine Kreditwürdigkeit zu erhalten. Somit kann er die Forderung im eigenen Namen geltend machen und Zahlung an sich verlangen.[302]

---

300 Bisheriger Gläubiger.
301 Neuer Gläubiger; s. hierzu: *Wörlen/Metzler-Müller*, SchR AT, Rn. 279 ff.
302 Sog. »*stille Zession*«: Die Abtretung wird gegenüber dem Drittschuldner auch bei der Einziehung der Forderung nicht offengelegt, s. *Baur/Stürner*, § 58 Rn. 4.

Wenn der Sicherungsgeber seine Schuld gegenüber dem Sicherungsnehmer erfüllt hat, steht ihm ein schuldrechtlicher Anspruch auf Rückabtretung (nach § 398) der sicherungshalber abgetretenen Forderung zu. Sofern die Sicherungsabtretung unter der auflösenden Bedingung (§ 158 II) des Wegfalls des Sicherungszwecks durch Tilgung der Schuld vereinbart wurde, fällt die Forderung mit der Tilgung automatisch an den Sicherungsgeber zurück.

304

c) Verwertungsrecht

Wenn der Schuldner die gesicherte Forderung bei Eintritt der Fälligkeit nicht erfüllt, kann der Gläubiger die zur Sicherheit abgetretene Forderung verwerten. Dies erfolgt entweder durch Verkauf (meist bei leicht veräußerbaren Forderungen wie z.B. bei Wertpapieren oder Wechseln) oder der Gläubiger zieht die Forderung selbst ein, indem er den Drittschuldner in Anspruch nimmt und ggf. auf Zahlung an sich klagt. Falls im Sicherungsvertrag nichts Entsprechendes vereinbart wurde, kann der Gläubiger zwischen beiden Arten der Verwertung wählen.

305

d) Sicherungsglobalzession

Forderungen können auch in größerem Umfang zur Sicherheit abgetreten werden. Wenn eine Vielzahl von gegenwärtigen und künftigen Forderungen unter einer Gesamtbezeichnung abgetreten wird, spricht man von *Globalzession*.[303]

306

Eine entsprechende Vertragsklausel könnte folgendermaßen lauten:

> »Als Sicherheit ... tritt die Firma hiermit der Bank ihre sämtlichen gegenwärtigen und künftigen Forderungen aus Warenlieferungen ... an die Kunden mit den Anfangsbuchstaben ... bis ... ab.
> Die gegenwärtigen Forderungen der Firma gegen diese Kunden gehen mit Unterzeichnung dieses Vertrags, die künftigen mit ihrer Entstehung auf die Bank über.«[304]

Der BGH stellt hinsichtlich der Bestimmtheit auf die einzelne Forderung ab und lässt es genügen, wenn diese ausreichend individualisierbar ist.[305]

Bei der Globalzession besteht wegen ihrer inhaltlichen Reichweite (ebenso wie bei einer umfangreichen Sicherungsübereignung) die Gefahr, dass der Schuldner »geknebelt« bzw. der Gläubiger übersichert wird. Dies kann zur Sittenwidrigkeit nach § 138 I bzw. §§ 305c I, 307 I 1 führen – vor allem dann, wenn dem Schuldner durch die Globalzession jegliche wirtschaftliche Bewegungsfreiheit genommen wird.[306]

307

6. Factoring und Finanzierungsleasing

Das Factoring-Geschäft[307] enthält eine besondere Form der Übertragung von Forderungen: Der Forderungsgläubiger (meist: Unternehmer) überträgt seine Forderungen gegen seine Abnehmer (»Außenstände«) durch Abtretung (§ 398) auf einen *Factor* (in

308

---

303 Im Gegensatz zur **Singularabtretung (bzw.-zession)**, im Rahmen derer eine Forderung abgetreten wird.
304 Eine ausführliche Musterformulierung findet sich bei Fingerhut/*Karg*, § 17 Rn. 4 ff. (Sicherungsabtretungsvertrag).
305 BGHZ 108, 98, 105.
306 Hierzu: *Prütting*, Rn. 851 ff., 853.
307 Engl.: »Absatzfinanzierung«.

der Regel eine Bank) und erhält hierfür den entsprechenden Gegenwert gutgeschrieben – abzüglich einer Gebühr für die Leistung des Factors (ca. 0,5–1,5%). Der Unternehmer erspart sich dadurch die Debitorenbuchhaltung und das Mahnwesen.[308]

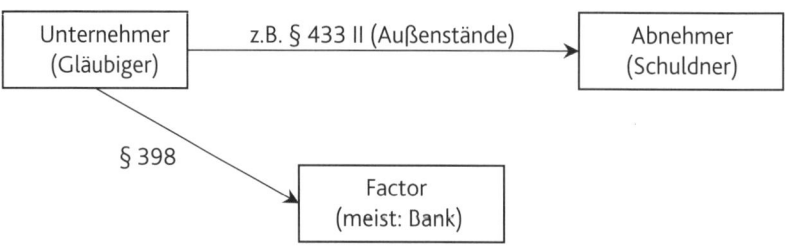

Es handelt sich hierbei um eine Kreditart, die gern von kleineren und mittleren Betrieben in Anspruch genommen wird. In der Regel werden nur Forderungen gegenüber einem näher bestimmten Kundenkreis mit einer Laufzeit bis zu 90 Tagen erfasst (bei längerfristigen sowie größeren Transaktionen spricht man zumeist von »Forfaitierung«).

309 Beim »echten Factoring« trägt der Factor das Risiko der Bezahlung der Forderungen durch die Abnehmer. Es handelt sich schuldrechtlich um einen *Forderungskauf*: Wenn der Factor das Angebot des Kunden zum Ankauf der Forderungen annimmt, ist der Kaufvertrag zustande gekommen. Auf den Zugang der Annahmeerklärung wird nach § 151 verzichtet. Sofern der Dritte nicht zahlt, geht dies zu Lasten des Factors.[309]

Das »unechte Factoring« stellt rechtlich ein Kreditgeschäft dar. Für die Übertragung der Forderungen gewährt der Factor dem Kunden ein Darlehen in Form eines Vorschusses auf den Forderungsbetrag. Sofern die Forderungen nicht realisiert werden können, ist der Factoring-Kunde verpflichtet, das Darlehen zurückzuzahlen. Das Zahlungsrisiko verbleibt also beim Unternehmer.[310]

Bei beiden Arten handelt es sich um eine Globalzession der gegenwärtigen und künftigen Forderungen des Factoring-Kunden. Diese ist aber – anders als die Globalzession zur Absicherung eines Kredits (oben Rn. 307) – i.d.R. unproblematisch, weil der Factoring-Kunde den Kaufpreis behalten darf (echtes Factoring) oder aber der Factor nur den Forderungseinzug für den Kunden übernimmt (unechtes Factoring).[311]

310 ■ Wenn Sie an das allgemeine Schuldrecht (§§ 362 ff.) denken: Können Sie den Unterschied hinsichtlich der Erfüllungswirkung beider Arten des Factoring aufzeigen?
▶ Beim echten Factoring stellt die Forderungsabtretung das Erfüllungsgeschäft (§ 362 I) des jeweiligen Kaufvertrages über die Einzelforderung dar. Beim unechten Factoring hingegen erfolgt die Forderungsabtretung nur erfüllungshalber (§ 364 II) und der Factoring-Kunde muss den vom Factor erhaltenen Vorschuss

---

308 *Baur/Stürner*, § 58 Rn. 11.
309 Zu der Ansicht, dass auch das echte Factoring als Kreditgeschäft anzusehen sein könnte, s. *Baur/Stürner*, § 58 Rn. 12 m.w.N.
310 *Prütting*, Rn. 858.
311 Einzelheiten bei *Wolf/Wellenhofer*, § 14 Rn. 71, 76 f.

zurückzahlen, wenn sich die übertragenen Forderungen als uneinbringlich erweisen.

Ähnlich wie beim Factoring gibt es auch beim **Leasing** zwei Grundformen, die sich hinsichtlich ihrer rechtlichen Struktur unterscheiden. Das »*Operating-Leasing*« ist letztlich eine Sonderform der Miete (§ 535), die neben der Gebrauchsüberlassung weitere mietuntypische Dienstleistungen (z.B. Wartung und Reparatur des Leasing-Gegenstands) umfasst. Das Operating-Leasing ermöglicht es einem Unternehmen etwa, stets Geräte der neuesten technischen Generation einzusetzen (z.B. Computer, Kopierer usw.), ohne sich um die Beschaffung, den Unterhalt und den Verkauf kümmern zu müssen. 311

Demgegenüber werden beim »*Finanzierungsleasing*« Elemente des kreditfinanzierten Kaufs mit solchen der Gebrauchsüberlassung kombiniert (»Mietkauf«). Der Leasing-Nehmer kann die Sache nutzen, muss sich aber zumeist um die Instandhaltung kümmern und die Kosten dafür wie ein Eigentümer tragen. Er hat die Möglichkeit (Kaufoption), das Eigentum an der Sache zum Ende der Vertragslaufzeit zu einem Preis zu erwerben, der typischerweise unter dem Restwert liegt. Die Leasingraten decken hier die Gebrauchsüberlassung ab, enthalten insofern aber auch Kaufpreiselemente. Anders als der Vorbehaltskäufer (oben Rn. 291a f.) erwirbt der Leasingnehmer kein Anwartschaftsrecht.[312]

Literatur zur Vertiefung (Rn. 251–311): *Alpmann und Schmidt*, SachR 1, 3. und 4. Teil; *Armgard*, Das Anwartschaftsrecht – dogmatisch unbrauchbar, aber examensrelevant, JuS 2010, 486; *Baur/Stürner*, §§ 55, 57, 58; *Bernhard*, Eigentumsvorbehalt im Fitnessstudio, Jura 2010, 62; *Gehrlein*, Die Wirksamkeit einer Sicherungsübereignung, MDR 2008, 1069; *Latta/Rademacher*, Der gutgläubige Zweiterwerb, JuS 2008, 1052; *Lorenz*, Grundwissen Zivilrecht: Der Eigentumsvorbehalt, JuS 2011, 199; *Lux*, Das Anwartschaftsrecht bei bedingter Übereignung – bloßes Sprachkürzel oder eigenständiges absolutes Recht?, Jura 2004, 145; *Omlor*, Leasingrecht im Dreieck von Gewährleistungs-, Verbraucherschutz- und Aufsichtsrecht, JuS 2011, 305; *Prütting*, §§ 69–74; *Reinicke/Tiedtke*, Zweiter Teil, A; *Schreiber*, Vierter Teil; *ders.*, Anwartschaftsrechte, Jura 2001, 623; *ders.*, Vertragliche Pfandrechte an Mobilien, Jura 2004, 36; *Schünemann*, B III 8 h, j–l; *Völzmann*, Der Eigentumsherausgabeanspruch gegen den gutgläubigen Werkunternehmer bei Verarbeitung bestellerfremder Sachen, JA 2005, 264; *Weber*, §§ 6–8, 15–17; *Weber/Haselmann*, Die Konkurrenz um die Nutzungen zwischen Sicherungseigentümer und Inhaber eines Vermieterpfandrechts, Jura 2008, 372; *Westermann*, §§ 126–133, 136; *Wolf/Wellenhofer*, §§ 13–16.

III. Kreditsicherheiten an Grundstücken

Nachdem wir die *Hypotheken* und die anderen **Grundpfandrechte** (*Grundschuld* und *Rentenschuld*) bereits mehrfach angesprochen haben, wollen wir uns die rechtliche Konstruktion der Grundpfandrechte anhand einiger wichtiger Vorschriften ansehen. 312

Die Grundpfandrechte sind im BGB im 7. Abschnitt des Sachenrechts in den §§ 1113–1203 geregelt. Allen Grundpfandrechten ist gemeinsam, dass sie regelmäßig dem Gläubiger zur Sicherung von nicht unbeträchtlichen längerfristigen Geldforderungen dienen.

---

312 *Prütting*, Rn. 865a; *Wolf/Wellenhofer*, § 14 Rn. 91 ff.; s. zum Leasing auch oben Rn. 257.

313 Denkbar wäre eigentlich auch, sich als Verkäufer für den Fall, dass der Käufer eines Grundstücks den Kaufpreis nicht sofort bezahlen kann, das Eigentum an einem Grundstück vorzubehalten.

- ▬ Dass dies nicht möglich ist, ergibt sich aus § 925 II i.V.m. § 449 (beide Vorschriften lesen und selbst formulieren, warum das Gesetz einen Eigentumsvorbehalt an Grundstücken nicht gestattet!).
- ▶ Gem. § 925 II ist eine Auflassung unter einer Bedingung unwirksam. Da § 449 die Vereinbarung vorsieht, dass das Eigentum erst unter der aufschiebenden Bedingung der vollständigen Bezahlung des Kaufpreises auf den Käufer übergehen soll, ist der Eigentumsvorbehalt nur an beweglichen (vgl. Wortlaut § 449) Sachen möglich.

314 Wenn also der Grundstücksverkäufer dem Käufer den Kaufpreis als Kredit gewährt, muss er die nachfolgende Eigentumsübertragung bzw. die Auflassung bedingungslos vornehmen und benötigt deshalb andere Möglichkeiten, sich abzusichern. Zu diesem Zweck kann der Schuldner dem Gläubiger ein Grundpfandrecht an einem Grundstück bestellen, mit der Folge, dass er ggf. die Zahlung einer bestimmten Geldsumme aus dem Grundstück verlangen kann. Welche Grundpfandrechte das BGB zur Verfügung stellt, konnten Sie aus der Überschrift des siebenten Abschnitts des BGB (vor §§ 1113 ff.; ähnlich auch die Überschrift der »Dritten Abteilung« des Grundbuches[313]) ersehen: »Hypothek, Grundschuld, Rentenschuld«.

1. Hypothek

a) Begriff

315 Die Legaldefinition der Hypothek finden Sie in § 1113 I (lesen!). Die Hypothek ist danach ein dingliches Recht des Gläubigers, sich ggf. wegen einer ihm gegen den Schuldner zustehenden Forderung aus einem Grundstück zu befriedigen. Dieses Recht des Gläubigers ist derart mit dem Grundstück verbunden, dass es auch bestehen bleibt, wenn der Schuldner das Eigentum an dem Grundstück auf einen anderen überträgt. Die Hypothek kommt dadurch nicht zum Erlöschen.

b) Akzessorietät von Hypothek und Forderung

316 Entscheidend für das Bestehen der einmal eingetragenen Hypothek ist allein das Bestehen der ihr zugrundeliegenden Forderung gegen den Schuldner. Eine Forderung ist, wie aus der Formulierung des § 1113 I (nochmals lesen!) hervorgeht, umgekehrt auch zwingende Voraussetzung, dass eine Hypothek überhaupt bestellt werden kann. Es gilt der Grundsatz »Keine Hypothek ohne Forderung«. Hypothek und Forderung sind streng voneinander abhängig.

317
- ▬ Wir haben dieses strenge Abhängigkeitsverhältnis bereits bei den Kreditsicherheiten an beweglichen Sachen und Rechten kennen gelernt. Erinnern Sie sich?
- ▶ Auch das Pfandrecht an beweglichen Sachen und Rechten ist streng akzessorisch (lesen Sie ggf. nochmals Rn. 272 f.!).

---

313 Vgl. oben Rn. 217.

- Auch beim Personalkredit (oben Rn. 251) gibt es Vergleichbares. Kennen Sie das betreffende Rechtsinstitut aus dem Besonderen Schuldrecht? Überlegen Sie, innerhalb welchen Schuldverhältnisses dort von »Akzessorietätsprinzip« die Rede war.
▶ Eine ähnliche Abhängigkeit besteht zwischen der Verpflichtung des Bürgen aus einer Bürgschaft und der Hauptverbindlichkeit des Schuldners.[314]

Lesen Sie dazu § 767 I 1: Auch Bürgschaftsschuld und Hauptschuld sind »akzessorisch«.

Eine solche Akzessorietät besteht ebenfalls zwischen Hypothek und der ihr zugrundeliegenden Forderung. Lesen Sie hierzu § 1137 I 1, der nicht ohne Grund auf § 770 (lesen!) im Bürgschaftsrecht verweist!

- Was bedeutet das z.B., wenn die durch die Hypothek gesicherte Forderung gegen den Schuldner gestundet wurde?
▶ Der Eigentümer des belasteten Grundstücks kann sich ebenfalls auf die Stundung berufen, wenn der Gläubiger sich aus der Hypothek befriedigen will.

318

Da die Verjährung einen Anspruch nicht erlöschen lässt, behält der Gläubiger nach § 216 I das Recht, sich aus der ihm eingeräumten Sicherheit (Hypothek) zu befriedigen.[315]

Eine weitere wichtige Folge des Akzessorietätsprinzips zeigt uns § 1153 I (lesen!). Eine durch eine Hypothek gesicherte Geldforderung kann also nicht übertragen bzw. abgetreten werden, ohne dass auch die Hypothek auf den neuen Gläubiger übergeht. § 1153 II drückt das unmissverständlich aus (lesen!). Daraus folgt, anders formuliert: Der Gläubiger der Hypothek (»Hypothekar«) und der Gläubiger der Forderung müssen immer identisch sein, nicht jedoch der Eigentümer des haftenden Grundstücks und der Schuldner der Forderung!

Dazu folgendes *Beispiel*:

> Jungunternehmer S kauft von H einen Lastwagen mit Anhänger für 90.000 €. Für den als Darlehen gewährten Kaufpreis hat E, der Vater des S, dem H eine Hypothek bestellt. Als H den E aus der Hypothek in Anspruch nehmen will (vgl. § 1147), macht E geltend, dass S den Kaufvertrag wegen eines arglistig verschwiegenen Mangels gem. § 123 anfechten könne.
> Gem. §§ 1137 I 1 i.V.m. § 770 I i.V.m. § 123 I kann E daher die Befriedigung aus der Hypothek gegenüber H verweigern.

Sofern dem E gegen H keine Einrede zur Verfügung steht, muss er an H zahlen. In diesem Fall geht die Forderung des H gegen S gem. § 1143 I 1 auf E über.[316]

c) Bestellung der Hypothek

- Wenn Sie sich daran erinnern, wie das Eigentum an einem Grundstück übertragen wird, und berücksichtigen, dass es sich bei der Hypothek auch um ein Recht an einem Grundstück handelt, könnte Ihnen *eine* der Vorschriften, die für die Bestellung einer Hypothek maßgeblich ist, in den Sinn kommen! (Denken Sie nach!)

319

---
314 Vgl. *Wörlen/Metzler-Müller*, SchR BT, Rn. 332–340.
315 Palandt/*Ellenberger*, § 216 Rn. 2.
316 **Vgl. dazu unten das Schaubild auf Übersicht 19 (Rn. 333).**

▶ Antwort: Fußnote [317]!

Die Bestellung einer Hypothek erfolgt also grundsätzlich durch **Einigung und Eintragung** ins Grundbuch. Abweichungen können sich ergeben, weil es zwei verschiedene Formen gibt, wie eine Hypothek bestellt werden kann: Entweder als »Briefhypothek« oder als »Buchhypothek«.

aa) Briefhypothek

320 Lesen Sie § 1116 I, aus dessen Formulierung hervorgeht, dass das Gesetz die Briefhypothek als den Regelfall ansieht.

Neben der Einigung und Eintragung im Grundbuch gem. § 873 I ist zum Erwerb der Briefhypothek gem. § 1117 I 1 (lesen!) die **Übergabe des Briefes** notwendig. Der Vorteil der Briefhypothek liegt darin, dass der Gläubiger diese Hypothek leichter übertragen kann, wenn er z.B. seine Forderung gegen den Schuldner an einen neuen Gläubiger abtritt. In diesem Fall genügt gem. § 1154 I 1 (lesen!) eine schriftliche Abtretungserklärung und die Übergabe des Briefes, ohne dass eine Umschreibung im Grundbuch erfolgen muss. Die Briefhypothek trägt den praktischen Bedürfnissen Rechnung, die hypothekarisch gesicherte Forderung schnell zu übertragen.

bb) Buchhypothek

321 Wird die Erteilung eines Briefes – bei der Buchhypothek – ausgeschlossen, so bedarf der **Ausschluss** gem. § 1116 II 3 (lesen!) ausdrücklich der **Eintragung** ins Grundbuch.

Soll eine dergestalt ins Grundbuch eingetragene Hypothek übertragen werden, muss sie im Grundbuch auf den neuen Inhaber eingetragen (und der frühere Inhaber gelöscht) werden.

Der Bestellung einer Buchhypothek wird man daher den Vorzug geben, wenn die Übertragung erschwert werden und die Person des Gläubigers jederzeit feststellbar sein soll. Eine Briefhypothek ist einfacher zu übertragen: Da eine Übertragung der Briefhypothek durch schriftliche Forderungsabtretung und Übergabe des Briefes auch außerhalb des Grundbuches vorgenommen werden kann, muss der jeweilige Hypothekeninhaber (Gläubiger) bei der Briefhypothek nicht mit dem im Grundbuch eingetragenen Gläubiger identisch sein.

322 Je nachdem, welche Art von Hypothek bestellt werden soll, müssen für ihre Bestellung folgende Voraussetzungen erfüllt sein:

Prüfungsschema Hypothekenbestellung

(1) Vorliegen einer **Forderung**
(2) Wirksame **Einigung**
(3) **Eintragung** ins Grundbuch   } § 873
(4) (a) **Übergabe** des Briefes – §§ 1117 I 1, 1116 I
    oder
    (b) Einigung über den Ausschluss der Brieferteilung und Eintragung des Ausschlusses – § 1116 II 3.
(5) **Berechtigung/§ 892**

---
317 § 873 I!

d) Besondere Hypothekenarten

aa) Sicherungshypothek

Eine Hypothek kann **gutgläubig** vom Nichtberechtigten erworben werden. Aufgrund des öffentlichen Glaubens des Grundbuchs (§§ 891–892)[318] darf nicht nur davon ausgegangen werden, dass die Eintragung einer Hypothek, die vom Bestehen einer Forderung abhängig ist, richtig ist, sondern auch davon, dass diese Forderung tatsächlich besteht (vgl. § 1138 – lesen!).

323

Soll dieser Vertrauensschutz ausgeschlossen werden, muss die Hypothek gem. § 1184 I als Sicherungshypothek bestellt und als solche ausdrücklich (§ 1184 II) im Grundbuch bezeichnet werden (§ 1184 ganz lesen!). Der Gläubiger muss dann, um die Hypothek geltend machen zu können, den Bestand der Forderung nachweisen.

bb) Höchstbetragshypothek

Eine Sicherungshypothek kann auch in der Weise begründet werden, dass nur der jeweilige Höchstbetrag bestimmt ist, bis zu welchem das mit ihr belastete Grundstück haften soll (§§ 1190 I 1, III – lesen!). Dieser Höchstbetrag muss gem. § 1190 I 2 in das Grundbuch eingetragen werden, während die eigentliche Forderung bis zu ihrer Feststellung im Sicherungsfall noch veränderbar ist.[319] Damit eignet sich die Höchstbetragshypothek zur Sicherung von *Kontokorrentkrediten* (bei Privatpersonen spricht man auch vom *Überziehungskredit* oder *Dispositionskredit*, bei Unternehmen vom *Betriebsmittelkredit* oder einer *Kreditlinie*).

324

- Worin liegt das Wesen eines Kontokorrentkredites?
- ▶ Beim Kontokorrentkredit handelt es sich um einen Kredit, bei dem die Kreditsumme ständigen Schwankungen unterworfen ist. Möglich ist dabei natürlich auch, dass das Konto des Kreditnehmers vorübergehend ausgeglichen oder »im Plus« ist.
- Verständnisfrage: Welche Folge hätte das für eine »normale« Hypothek, die ja mit einem festen Betrag ins Grundbuch eingetragen wird (§ 1115)?
- ▶ In diesem Moment wäre *diese* Kreditforderung zurückgeführt, also durch Erfüllung erloschen (§ 362 I). Wegen der Akzessorietät von Hypothek und Forderung gilt dies auch für die Hypothek.

Die Hypothek könnte auch nicht wieder aufleben, wenn das Konto wieder im Soll wäre, da es sich ja um eine neue Forderung handelt. Vielmehr geht sie auf den Eigentümer über, wenn die zugrundeliegende Forderung ganz oder teilweise erlischt, und zwar als:

cc) Eigentümerhypothek

Lesen Sie dazu § 1163 I! Danach steht die Hypothek, sofern die Forderung, für die sie bestellt ist, noch nicht entstanden oder erloschen ist, dem Eigentümer des Grundstücks selbst zu. Gem. § 1177 I 1 (lesen und neben § 1163 I notieren!) verwandelt sich die Eigentümerhypothek in eine »Eigentümergrundschuld«. Um diese etwas eigenartige Konstruktion verstehen zu können, muss man das Wesen der Grundschuld kennen, die unabhängig von einer Forderung besteht und auf die wir gleich (Rn. 327) zu sprechen kommen.

325

---

318 Vgl. oben Rn. 230 und 234.
319 Palandt/*Bassenge*, § 1190 Rn. 2, 4.

dd) Gesamthypothek

326 Eine Hypothek kann als Gesamthypothek auch an mehreren Grundstücken bestellt werden mit der Folge, dass jedes Grundstück für die ganze Forderung haftet und der Gläubiger nach seiner Wahl seine Befriedigung aus jedem Grundstück zu einem beliebigen Teil, also auch zum vollen Betrag, suchen kann (§ 1132 I lesen!).

2. Grundschuld

327 Die Grundschuld ist ein Grundpfandrecht, das den Bedürfnissen des Kreditverkehrs wesentlich besser entspricht als die Hypothek. Das Wesen der Grundschuld ist in § 1191 I beschrieben. Lesen Sie diese Vorschrift und vergleichen Sie sie mit § 1113 I!

- ■ Was fällt Ihnen bei diesem Vergleich auf? (Worin liegt der Unterschied in den Formulierungen?)
- ▶ Bei der Grundschuld wird das Bestehen einer Forderung *nicht* vorausgesetzt!

Ansonsten lauten die beiden Vorschriften fast identisch. Sofern sich daraus, dass die Grundschuld keine Forderung voraussetzt, nicht etwas anderes ergibt, sind daher gem. § 1192 I die Vorschriften des Hypothekenrechts auf die Grundschuld entsprechend anwendbar.

Für die Bestellung einer Grundschuld müssen folgende Voraussetzungen erfüllt sein:

Prüfungsschema Grundschuldbestellung

(1) Wirksame **Einigung**
(2) **Eintragung** ins Grundbuch } § 873
(3) (a) **Übergabe** des **Briefes** – §§ 1192 I, 1117 I 1, 1116 I
    oder
    (b) Einigung über den Ausschluss der Brieferteilung und Eintragung des Ausschlusses – §§ 1192 I, 1116 II 3.
(4) **Berechtigung/§ 892**

328 In der Praxis des Wirtschaftslebens hat die Grundschuld ungleich größere Bedeutung als die Hypothek. Banken sichern langfristige Kredite im Regelfall durch Grundschulden ab. Auch bei der Grundschuld besteht regelmäßig zwischen dem Grundpfandrecht und einer Forderung ein wirtschaftlicher Zusammenhang, aber **keine** rechtliche **Akzessorietät**. Die Grundschuld entsteht unabhängig davon, ob auch die Forderung existiert. Einreden gegen die Grundschuld können grundsätzlich nur auf das Grundschuldverhältnis selbst gestützt werden. Deshalb ziehen Banken die Grundschuld der Hypothek vor. Für den Schuldner und den Grundstückseigentümer birgt die Grundschuld als **abstraktes**, von einer Kreditforderung unabhängiges **Sicherungsmittel** allerdings Gefahren.

329 In das öffentliche Bewusstsein rückten diese, als deutsche Banken etwa ab dem Jahr 2003 damit begannen, verstärkt notleidende Kredite (Neudeutsch: »*Non-performing Loans*«), bei denen der Schuldner mit den fälligen Zins- und Tilgungszahlungen in Verzug geraten war, an Finanzinvestoren zu verkaufen. Wird die Kreditforderung gem. § 398 übertragen, geht damit aber – anders als bei einer Hypothek gem. § 1153 – nicht automatisch auch die Grundschuld mit über. Sie muss vielmehr gesondert über-

tragen werden. Deshalb ist es denkbar, dass Kreditforderung und Grundschuld an verschiedene Personen übertragen werden und beide den Schuldner in Anspruch nehmen. Im schlimmsten Fall muss dann der Schuldner doppelt leisten - einmal auf die Forderung und zusätzlich noch einmal auf die Grundschuld![320]

Dem hat der Gesetzgeber inzwischen mit § 1192 Ia 1 einen Riegel vorgeschoben: Bei einer **Sicherungsgrundschuld**, die zur Sicherung eines Anspruchs verschafft wurde,[321] können Einreden, die dem Eigentümer aufgrund des Sicherungsvertrags mit dem bisherigen Gläubiger gegen die Grundschuld zustehen oder sich aus dem Sicherungsvertrag ergeben, auch jedem Erwerber der Grundschuld entgegengesetzt werden. In einem solchen (formfreien) *Sicherungsvertrag* wird bei der Besicherung eines Kredits mit einer Grundschuld ausdrücklich oder zumindest konkludent geregelt, dass der Gläubiger die Rechte aus der Grundschuld nur geltend machen darf, wenn die besicherte Forderung nicht vertragsgemäß zurückgezahlt wird. Als weitere Absicherung verlangt das Gesetz nun zwingend eine *Kündigung* der Grundschuld mit sechsmonatiger Frist, § 1193 II 2.[322]

330

Darüber hinaus besagt § 1192 Ia 1, dass § 1157 S. 2 (und damit auch § 892 – alle Vorschriften lesen!) keine Anwendung findet. Dadurch wird der *gutgläubige einredefreie Erwerb* einer Sicherungsgrundschuld ausgeschlossen, der bei einer »normalen« Grundschuld oder Hypothek möglich ist.[323]

3. Rentenschuld

Die Rentenschuld ist eine besondere Form der Grundschuld, bei der der Schuldner an den Gläubiger in regelmäßigen Zeitabschnitten eine bestimmte Geldsumme aus dem Grundstück zahlen muss (§ 1199 I – lesen!).

331

Die Bedeutung der Rentenschuld tendiert in der Praxis gegen Null. Zweck dieser Art der Kreditsicherung war ursprünglich vornehmlich die wirtschaftliche Sondersituation von Landwirten: Sie sollten die Möglichkeit haben, Kredite aus ihren Ernteerträgen zu bezahlen.

Fassen wir das Wichtigste zu den Grundpfandrechten abschließend anhand der folgenden Übersicht (19) zusammen.

Literatur zur Vertiefung (Rn. 312–333): *Alpmann und Schmidt*, SachR 2, 2. Teil; *Baur/Stürner*, §§ 36–47; *Bülow*, Die Sicherungsgrundschuld als gesetzlicher Tatbestand, ZJS 2009, 1; *Deubner*, Grenzen der Grundschuldhaftung, JuS 2008, 586; *Hamm*, Das Risikobegrenzungsgesetz in der Praxis, Jura 2009, 539; *Hey*, Neues zu Sicherungsgrundschuld und Darlehen im BGB – Gefahren für Darlehensnehmer bei Kreditverkäufen?, Jura 2008, 721; *Joussen*, Der gesetzliche Übergang der Hypothek, Jura 2005, 577; *Koch*, Zulässigkeit und Auswirkungen der Übertragung von Darlehensforderung und Grundschuld, Jura 2010, 179; *Meyer*, Einwendungen und Einreden des Grundstückeigentümers gegen den

---

320 S. *Prütting*, Rn. 770 ff.
321 Anders als eine Sicherungshypothek (oben Rn. 323) *darf sie nicht unter der Bezeichnung Sicherungsgrundschuld in das Grundbuch eingetragen werden* (Palandt/*Bassenge*, § 1191 Rn. 13 m.w.N.). Ein Beispiel für die Eintragung finden Sie bei Rn. 219.
322 S. dazu *Wolf/Wellenhofer*, § 28 Rn. 19 ff., 21, 25 f.
323 *Prütting*, Rn. 771a. Die Rechtslage ähnelt damit derjenigen bei der Sicherungshypothek, vgl. Rn. 323.

Grundschuldgläubiger nach neuem Recht, Jura 2009, 561; *ders.*, Die Regelung der Sicherungsgrundschuld in § 1192 Abs. 1a BGB – ein nicht durchdachter Schnellschuss des Gesetzgebers, WM 2010, 58; *Neumann*, § 1192 Abs. 1a BGB – ein dringend überarbeitungsbedürftiger Schnellschuss des Gesetzgebers, ZJS 2010, 683; *Prütting*, §§ 54–67; *Reinicke/Tiedtke*, Zweiter Teil, B; *Schreiber*, Fünfter Teil, 3. Kap., D; *ders.*, Hypothekenrecht, Jura 2002, 109; *ders.*, Die Grundschuld, Jura 2006, 22; *ders.*, Der Hypothekenhaftungsverband, Jura 2006, 597; *Schünemann*, B III 8 i; *Schwab*, Der Löschungsanspruch des nachrangingen Grundpfandgläubigers, JuS 2010, 385; *Weber*, §§ 11–14; *Weller*, Die Sicherungsgrundschuld, JuS 2009, 969; *Westermann*, §§ 94–98, 103–120; *ders.*, Einführung, Kap. 18; *H.P. Westermann*, §§ 19–23; *Wolf/Wellenhofer*, § 26–28.

Übersicht 19

332

Kreditsicherheiten an Grundstücken	
Hypothek (§§ 1113 ff.)	**Grundschuld (§§ 1191 ff.)**
Die Hypothek ist ein dingliches Recht des Gläubigers, sich wegen einer ihm zustehenden Forderung aus dem Grundstück zu befriedigen (§ 1113 I). Forderung und Hypothek (H) sind voneinander abhängig = Akzessorietätsprinzip (vgl. dazu z.B. §§ 1153, 1137 I) *Voraussetzungen für die Bestellung einer Hypothek:* a) Vorliegen einer Forderung b) wirksame Einigung (§ 873 I) c) Eintragung ins Grundbuch (§ 873 I) d) Übergabe des Briefes bei Briefhypothek (§§ 1117, 1116 I) Einigung und Eintragung bzgl. Ausschluss der Brieferteilung bei Buchhypothek (§ 1116 II) (Briefhypothek ist leichter übertragbar, vgl. § 1154 I 1)	Die Grundschuld (G) ist ein dingliches Recht des Gläubigers, sich aus dem Grundstück zu befriedigen (§ 1191 I). Bestehen einer Forderung ist nicht erforderlich. Soweit sich daraus (G ohne Forderung) nichts anderes ergibt, gelten für G die Vorschriften über H (vgl. § 1192 I). G ist bevorzugtes Kreditsicherungsmittel von Banken. Dient sie der Absicherung konkreter Forderungen, handelt es sich um eine *Sicherungsgrundschuld*, bei der ein besserer Schutz des Eigentümers durch die §§ 1192 Ia, 1193 II 2 angeordnet ist (Erhalt von Einreden aus dem Sicherungsvertrag; Kündigung mit 6-monatiger Frist; kein gutgläubiger Erwerb). *Voraussetzungen für die Bestellung einer Grundschuld:* gem. §§ 1192 I wie Hypothek b)-d), dabei a) = Vorliegen einer Forderung unerheblich

Übersicht 19 *(Fortsetzung)*

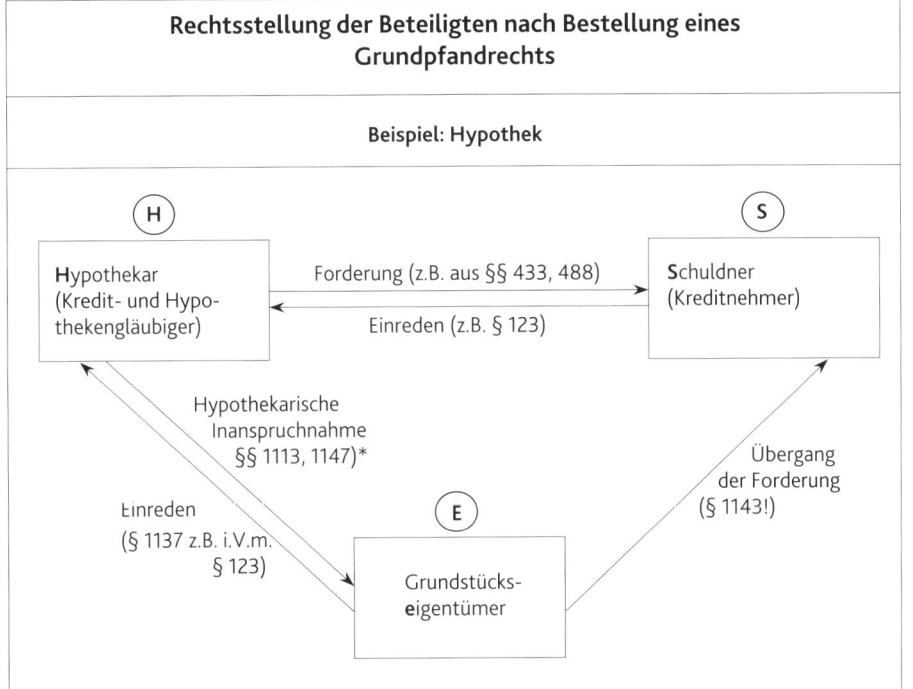

* **Lesen Sie § 1147 nochmals!** Befriedigung des Gläubigers, von der auch in § 1113 die Rede ist, heißt: der Gläubiger kann »sein Geld«, das der (hier mit dem Grundstückseigentümer nicht identische) Schuldner nicht (pünktlich) gezahlt hat, vom Eigentümer des haftenden Grundstücks fordern. Zahlt der Eigentümer »freiwillig«, geht nach § 1143 I 1 (lesen!) die Forderung auf ihn über! Zahlt er nicht freiwillig, so gilt § 1143 I 1 ebenfalls, wenn er aufgrund der Zwangsvollstreckung gem. § 1147 gezahlt hat...

8. Kapitel. Andere Rechte an fremden Sachen

Die dinglichen *Verwertungsrechte* (Hypothek, Grundschuld, Rentenschuld sowie das Pfandrecht an beweglichen Sachen) geben dem Berechtigten die Befugnis, den Pfandgegenstand oder das belastete Grundstück zu verwerten. **Dingliche Nutzungsrechte** hingegen erfassen die aus dem Eigentum fließenden Nutzungsbefugnisse. Sie ähneln dadurch den schuldrechtlichen Verträgen der Miete (§ 535) oder der Pacht (§ 581), sind aber im Unterschied zu diesen *dinglicher* Natur. Neben dem Erbbaurecht sieht das BGB bei Grundstücken Grunddienstbarkeiten (§ 1018) und beschränkte persönliche Dienstbarkeiten (§ 1090) sowie – an Grundstücken und an beweglichen Sachen – den Nießbrauch (§ 1030) vor.

334

I. Erbbaurecht

1. Inhalt

Die erstrebte »Idealform des Wohnens« stellt für die wohl meisten Menschen das Wohnen in einem Eigenheim auf einem eigenen Grundstück dar. Allerdings ist der Erwerb eines Grundstückes wie auch der Bau eines Hauses eine teure Angelegenheit. Durch das Erbbaurecht wird die Bebauung eines Grundstücks ermöglicht, obwohl der Bauherr nicht Grundstückseigentümer wird. Für ihn hat dies den Vorteil, dass er den Grundstückskauf nicht finanzieren muss.

335

- Wenn Sie sich an das erinnern, was Sie im Allgemeinen Teil des BGB gelernt haben, könnten Ihnen Zweifel an dieser rechtlichen Konstruktion kommen. Welche Vorschriften des Allgemeinen Teils des BGB könnten dazu im Widerspruch stehen?
- Gebäude, die auf Grundstücken errichtet werden, sind gem. §§ 93, 94 wesentliche Bestandteile des Grundstücks, dessen Eigentümer dadurch auch Eigentum an den Gebäuden erlangt (vgl. § 946).

Für das Erbbaurecht trifft das ErbbauRG[324] aber eine Sonderregelung. Gem. § 12 ErbbauRG ist das Gebäude wesentlicher Bestandteil des Erbbaurechts und nicht der Eigentümer des Grundstücks, sondern der Inhaber des Erbbaurechts Eigentümer des Gebäudes.

336

Bei dem Erbbaurecht handelt es sich um ein beschränktes dingliches Recht am Grundstück. Danach darf der Berechtigte auf oder unter der Erdoberfläche des Grundstücks ein Bauwerk haben. Der Eigentümer verliert den Besitz des belasteten Grundstücks sowie alle Nutzungen. Das Bauwerk, das vom Erbbaurecht erfasst wird, haftet konsequenterweise nicht für die am Grundstück bestehenden Grundpfandrechte (§ 12 I 3 ErbbauRG).

Das Erbbaurecht hat einige »Eigentümlichkeiten«:

---

[324] Die ErbbauVO vom 15.01.1919 wurde 2007 ohne inhaltliche Änderung in ErbbauRG umbenannt. Das Erbbaurecht war ursprünglich (1900–1919) in den aufgehobenen §§ 1012–1017 im BGB geregelt, s. Hk-BGB/*Staudinger*, §§ 1012 bis 1017, Rn. 1.

8. Kapitel. Andere Rechte an fremden Sachen

Meist wird es nur auf Zeit begründet – häufig für 99 Jahre, wobei das ErbbauRG aber keine Zeitvorgaben enthält. Es kann veräußert werden (ggf. unter der Voraussetzung, dass der Grundstückseigentümer zustimmen muss – § 5 I ErbbauRG) und ist vererblich.

Die Beziehungen zwischen Eigentümer und Erbbauberechtigtem werden meist durch einen entsprechenden Vertrag geregelt. Gem. § 2 ErbbauRG haben diese Vereinbarungen dingliche Wirkung; es werden also der jeweilige Eigentümer des Grundstücks und der jeweilige Erbbauberechtigte daran gebunden.

Als Entschädigung für die Entziehung von Besitz und Nutzung wird ein Erbbauzins zugunsten des Grundstückseigentümers vereinbart (§ 9 I ErbbauRG).

2. Bestellung

337
- Für die Bestellung des Erbbaurechts gelten grundsätzlich die gleichen Voraussetzungen (und Vorschriften!) wie für den Erwerb und die Belastung des Grundstücks mit einem Recht – also welche?
- ▶ Für den Eigentumserwerb an Grundstücken sowie für die Belastung von Grundstücken mit einem Recht sind gem. § 873 Einigung und Eintragung erforderlich. Gleiches gilt gem. § 11 I ErbbauRG für die Bestellung eines Erbbaurechts (§ 925 ist danach allerdings nicht anzuwenden).

Diesem Verfügungsgeschäft liegt ein schuldrechtlicher Vertrag zugrunde, der dem Grundstückskaufvertrag ähnelt (statt des einmalig zu zahlenden Kaufpreises wird ein i.d.R. jährlich zu entrichtender Erbbauzins vereinbart)[325] und der – wie der Grundstückskaufvertrag – der Form des § 311b I (notarielle Beurkundung) bedarf, § 11 II ErbbauRG.

Prüfungsschema Erbbaurechtsbestellung

(1) Wirksame **Einigung**
(2) **Eintragung** ins Grundbuch } § 873 i.V.m. § 11 ErbbauRG
(3) **Berechtigung/§ 892**

338 Von Amts wegen enthält das Erbbaurecht ein besonderes Grundbuchblatt – das sog. »*Erbbaugrundbuch*« (§ 14 ErbbauRG). Dieses stellt das Grundbuch i.S.d. BGB dar. Im Erbbaugrundbuch wird der Inhalt des Erbbaurechts festgelegt, im (Grundstücks-) Grundbuch wird nur Bezug auf dieses genommen (§ 14 II ErbbauRG). Das Erbbaugrundbuch wird gem. § 16 ErbbauRG von Amts wegen geschlossen, wenn das Erbbaurecht gelöscht wird.

Da auf das Erbbaurecht die für Grundstücke geltenden Vorschriften entsprechende Anwendung finden[326] – einschließlich der Vorschriften für Ansprüche aus dem Eigentum – (vgl. § 11 ErbbauRG), ist dieses wie ein Grundstück zu behandeln.

339
- Welche Ansprüche hat der Erbbauberechtigte also bei Entziehung oder Störung des Besitzes?

---

325 Vgl. *Prütting*, Rn. 870.
326 **Mit Ausnahme der §§ 925, 927, 928.**

- Er hat die Ansprüche analog § 985 und § 1004.
- Und was ist, wenn er nicht »flüssig« ist und sein Erbbaurecht zur Absicherung eines Kredits belasten will/muss?
- Dann kann er dieses mit denselben Rechten wie ein Grundstück belasten, also Hypotheken oder Grundschulden bestellen.

3. Beendigung

Da das Bauwerk als wesentlicher Bestandteil des Erbbaurechts gilt[327] (§ 12 I 1, 2 ErbbauRG), fällt es automatisch mit dem Ende des Erbbaurechts in das Eigentum des Grundstückseigentümers (§ 12 III ErbbauRG) und haftet nicht mehr für die Belastungen des Erbbaurechts.[328]

Normalerweise endet das Erbbaurecht mit Ablauf der im Vertrag bestimmten Zeit. In der Praxis liegen diese Zeiträume zwischen 30 und 100 Jahren. Gem. § 27 I ErbbauRG hat der Eigentümer eine Entschädigung für das Bauwerk zu leisten, das in sein Eigentum fällt, ohne dass ihm dafür Kosten entstanden sind.

- Wie der Grundstückseigentümer kann auch der Erbbauberechtigte Miet- und Pachtverträge abschließen. Was geschieht wohl mit diesen Verträgen, wenn das Erbbaurecht erlischt und der Grundstückseigentümer das Grundstück unbelastet übernimmt?
- Hier gilt wiederum die gleiche Regelung wie für Grundstücke (§ 566 und § 581 II), d.h., der Grundstückseigentümer tritt in diese ein (vgl. § 30 ErbbauRG).

Eine Besonderheit – und nicht mit dem Erlöschen des Erbbaurechts zu verwechseln – ist der sog. »Heimfall«. Darunter versteht man die Verpflichtung des Erbbauberechtigten, sein Recht auf den Grundstückseigentümer zu übertragen (vgl. § 2 Nr. 4 ErbbauRG). Die Folge hiervon ist, dass es dann wieder dem Eigentümer zusteht und er es an einen Dritten übertragen kann. Meist wird eine entsprechende Regelung bei Begründung des Erbbaurechts getroffen, etwa für den Fall der Vernachlässigung des Bauwerks oder den des Verzugs mit der Zahlung des Erbbauzinses (vgl. § 9 IV ErbbauRG).

- Welche Rechtswirkungen hat die Erfüllung des Heimfallanspruchs?
- Der Berechtigte verliert sein Eigentum an dem Gebäude und das Erbbaurecht wird auf den Grundstückseigentümer übertragen.
- Was wird wohl der Erbbauberechtigte in diesem Fall vom Grundstückseigentümer verlangen?
- Eine Vergütung, denn sonst wäre der Eigentümer auf Kosten des Erbbauberechtigten bereichert.

Diese in § 32 ErbbauRG geregelte Vergütung wird meist durch Vereinbarung zwischen Eigentümer und Erbbauberechtigtem im Voraus bestimmt.

---

[327] »Gilt« = Fiktion. Denn das BGB kennt keine Bestandteile an Rechten, sondern nur an Sachen. Durch diese Regelung wird erreicht, dass das Bauwerk nicht im Eigentum des Grundstückseigentümers steht, sondern in dem des Erbbauberechtigten.
[328] *Prütting*, Rn. 874.

Übersicht 20

344

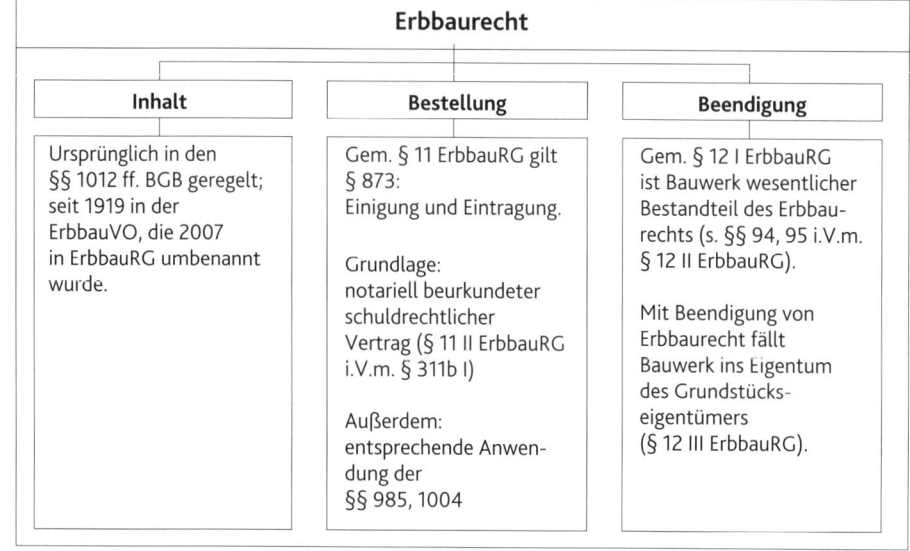

Literatur zur Vertiefung (Rn. 334–344): *Baur/Stürner*, § 29 C; *Schreiber*, Fünfter Teil, 3. Kap., G; *Prütting*, § 75; *Westermann*, § 66; *Westermann, H.P.*, § 18 II 1; *Wolf/Wellenhofer*, § 3 Rn. 48 ff.

II. Dienstbarkeiten

1. Überblick

345 Zum Einstieg eine Verständnisfrage:

- Was geschieht mit den dinglichen Verwertungsrechten (oben Rn. 334: z.B. einem Pfandrecht oder einer Grundschuld), wenn der Eigentümer der beweglichen Sache oder des Grundstücks wechselt?
- ▶ Da dingliche Verwertungsrechte die Sache oder das Grundstück unmittelbar belasten, spielt es keine Rolle, wer der jeweilige Eigentümer ist; d.h., die Rechte bleiben bestehen.

346 Wer – vergleichbar dazu - erreichen will, dass ihm nicht nur sein Vertragspartner – also der jetzige Eigentümer des Grundstücks –, sondern der *jeweilige* Eigentümer zu einer Duldung oder Unterlassung verpflichtet sein soll, darf nicht lediglich einen schuldrechtlichen Vertrag mit dem jetzigen Eigentümer schließen, sondern muss ein dingliches Recht, eine »*Dienstbarkeit*« begründen.

347
- Wenn Sie §§ 1018 und 1090 lesen, wissen Sie, was Inhalt der Dienstbarkeit ist?
- ▶ Inhalt der Dienstbarkeit ist, dem Berechtigten *einzelne Nutzungen und Vorteile* an dem Grundstück zu gewähren.
- Ein Blick in § 1030 – und der Unterschied zum Nießbrauch ist klar?
- ▶ Der Nießbrauch erfasst grundsätzlich die *gesamten Nutzungen* des belasteten Gegenstandes.

Bei den Dienstbarkeiten unterscheidet das Gesetz zwischen der »Grunddienstbarkeit« (§ 1018) und der »beschränkten persönlichen Dienstbarkeit« (§ 1090 – neben

§ 1018 notieren!). Anders als der Nießbrauch können Dienstbarkeiten nur Grundstücke oder grundstücksgleiche Rechte (z.B. das Wohnungseigentum oder das Erbbaurecht) belasten. Beide Dienstbarkeiten sind auch auf die gleichen Arten von Nutzungen gerichtet. Hinsichtlich des Berechtigten ist jedoch zu unterscheiden.

▪ Worin liegt ihr Unterschied?
▶ Der Unterschied ergibt sich daraus, wer Inhaber der Dienstbarkeit ist.

Während *Grunddienstbarkeiten* dem *jeweiligen Eigentümer* eines bestimmten Grundstückes zustehen, geben **beschränkte persönliche Dienstbarkeiten** einer *Person* Rechte unabhängig von dem Eigentum an einem Grundstück.

Will der Vertragsschließende also erreichen, dass der jeweilige Eigentümer des Grundstücks Berechtigter sein soll, so muss eine **Grunddienstbarkeit** bestellt werden (= »**subjektiv-dingliches Recht**«). Diese belastet das dienende Grundstück zugunsten eines anderen Grundstücks (= herrschendes Grundstück).

348

Beispiel: Wegerecht, um über das Nachbargrundstück eine Zufahrt zu einer öffentlichen Straße zu sichern. Der jeweilige Eigentümer des herrschenden Grundstücks ist gleichzeitig Inhaber der Grunddienstbarkeit.[329]

▪ Die Grunddienstbarkeit als subjektiv-dingliches Recht ist gem. § 96 als wesentlicher Bestandteil mit dem Eigentum am herrschenden Grundstück verbunden. Welche Rechtsfolge ergibt sich daher bei der Übereignung des herrschenden Grundstücks?
▶ Mit der Übereignung des herrschenden Grundstücks geht die Grunddienstbarkeit auf den Erwerber über.

Will hingegen der Vertragsschließende, dass nur er persönlich Berechtigter sein soll, so wird eine *beschränkte persönliche Dienstbarkeit* bestellt. Diese ist ein »**subjektiv-persönliches Recht**«, d.h. sie steht dem Berechtigten als Person zu – ohne Rücksicht darauf, ob er der Eigentümer eines Grundstücks ist.

349

Beispiel: Berechtigung für eine juristische Person (Energieversorgungsgesellschaft in der Rechtsform einer AG oder GmbH), eine Stromleitung über das Grundstück zu führen. Die beschränkte persönliche Dienstbarkeit ist an die Person des Berechtigten gebunden und nicht übertragbar (§ 1092 I 1).

Obwohl der Eigentümer aufgrund seines (Voll-)Rechts sein Grundstück uneingeschränkt nutzen kann, darf er sich an seinem eigenen Grundstück eine Grunddienstbarkeit bestellen lassen (= *Eigentümerdienstbarkeit*), sofern ein wirtschaftliches oder ideelles Bedürfnis hierfür besteht.[330]

350

Beispiel: Bauunternehmer errichtet Reihenhauszeile und lässt vor dem Verkauf der einzelnen Hausgrundstücke Wege- sowie Leitungsrechte zugunsten der nicht unmittelbar an der öffentlichen Straße gelegenen Grundstücke eintragen

351

2. Bestellung der Dienstbarkeiten

▪ Bei der Grunddienstbarkeit und der beschränkten persönlichen Dienstbarkeit handelt es sich um Rechte an Grundstücken. Welche Voraussetzungen für ihre Entstehung/Bestellung müssen daher erfüllt sein?

---

329 Ein Beispiel für eine Eintragung finden Sie bei Rn. 213 f.
330 S. dazu *Wolf/Wellenhofer*, § 29 Rn. 4.

▸ Gem. § 873 entstehen sie durch Einigung und Eintragung ins Grundbuch.

352 Außerdem muss der Bestimmtheitsgrundsatz eingehalten werden. Das heißt, aus dem Inhalt der Dienstbarkeit muss sich eindeutig ergeben, welche Handlungen oder Maßnahmen der Grundeigentümer des dienenden Grundstücks dulden bzw. welche Art der tatsächlichen Nutzung er unterlassen muss. Das Gesetz sieht keine zeitliche Beschränkung für deren Dauer vor. Ein *gutgläubiger Erwerb* ist möglich (gem. § 892).

> **Prüfungsschema Bestellung von Dienstbarkeiten**
> (1) **Einigung** (§ 873 I) über *einzelne* Nutzungsrechte/*Unterlassungsansprüche/Abwehrrechtsausschlüsse* zugunsten
>   (a) des Eigentümers eines anderen Grundstücks (*Grunddienstbarkeit*, § 1018)
>   (b) einer Person (*beschränkte persönliche Dienstbarkeit*, § 1090)
> (2) **Grundbucheintragung** (§ 873 I)
> (3) **Berechtigung/§ 892**

3. Inhalt der Dienstbarkeiten

353 Gem. § 1018 (lesen!) kann das Grundstück auf drei verschiedene Arten belastet werden. Ein möglicher Inhalt besteht darin, dass der Berechtigte das belastete Grundstück in *einzelnen Beziehungen benutzen* darf, ohne dass der Eigentümer dies verbieten kann (sog. **Nutzungsrechte**).[331]

■ Fallen Ihnen hierzu Beispiele aus dem täglichen Leben ein? Einzelne hatten wir bereits genannt.
▸ Wegerechte, Führung von Leitungen über das Grundstück, Abbaurechte (z.B. Abbau von Kies), Wohnungsrecht (§ 1093).[332]

354 Die zweite mögliche Inhaltskategorie besteht darin, dass bestimmte Handlungen nicht vorgenommen werden dürfen, die sonst der Eigentümer kraft seines Eigentums vornehmen könnte. Die normalen nachbarrechtlichen Duldungspflichten werden erweitert oder abgeschwächt (sog. **Anspruch auf Unterlassung**).[333]

■ Nennen Sie einige Beispiele hierzu!
▸ Beispiele für Unterlassungsansprüche hinsichtlich einzelner Handlungen sind: Verbot der Bebauung oder Errichtung bestimmter Betriebe auf dem Grundstück (z.B. Tankstelle), Wettbewerbsverbote (z.B. Vertrieb bestimmter Warengattungen).

355 Ferner kann als Inhalt der Dienstbarkeit auch vereinbart werden (dritte Inhaltsgruppe), dass der Eigentümer des belasteten Grundstücks ein Recht nicht ausüben darf. In erster Linie sind hier Abwehransprüche aus § 1004 gemeint (**Ausschluss von Abwehrrechten**).[334]

---

331 S. *Prütting*, Rn. 884.
332 *Wolf/Wellenhofer*, § 29 Rn. 7 f.
333 Näher dazu *Prütting*, Rn. 885, 893 ff.
334 Vgl. *Prütting*, Rn. 886.

Ein Industrieunternehmen kann z.B. den angrenzenden Anliegern ihr Recht abkaufen, nach §§ 1004, 906 Unterlassung von Immissionen zu verlangen. Die mit der Dienstbarkeit belasteten Grundstückseigentümer dürfen ihre Abwehrrechte dann nicht mehr ausüben.[335]

Lassen Sie uns das Gelernte vertiefen mit

356

Übungsfall 41[336]

E ist Eigentümer eines größeren Grundstücks. Er einigt sich mit der Schnellrestaurant-Kette Buletten-Queen-AG (B-AG) über folgende Punkte, die auch in das Grundbuch eingetragen werden sollen: »E gestattet der B-AG, auf dem Grundstück des E in Dresden, Leipziger Straße 4 (Amtsgericht Dresden, Grundbuch von Dresden-Altstadt I, Flurstück 74/1), ein Buletten-Queen-Restaurant (Fast-Food-Restaurant) zu errichten und zu betreiben. E selbst darf auf diesem Grundstück kein Fast-Food-Restaurant errichten oder anderen die Errichtung eines Fast-Food-Restaurants gestatten. Weder E noch ein anderer ist befugt, auf diesem Grundstück andere als die schnellrestaurant-spezifischen Produkte der B-AG zu lagern und zu verkaufen. Hierfür erhält E jährlich 3.000 €.«

- Welches Nutzungsrecht haben E und die B-AG im vorliegenden Fall vereinbart?
▶ Eine beschränkte persönliche Dienstbarkeit.
- Was ist Voraussetzung für die wirksame Einigung zwischen E und der B-AG?
▶ Die Einigung muss hinreichend bestimmt und inhaltlich zulässig sein.
- Trifft das zu?
▶ Da E sich zur Duldung der Errichtung und des Betreibens eines Fast-Food-Restaurants durch die B-AG und zur Unterlassung des Errichtens bzw. Betreibens eines eigenen Schnellrestaurants verpflichtet hat, liegen die Voraussetzungen der hinreichenden Bestimmtheit vor. Die Vereinbarung ist auch inhaltlich zulässig, zumal E als Grundstückseigentümer frei darüber entscheiden kann, zu welchem Zweck sein Grundstück genutzt werden soll.[337]

Bei der weiteren Verpflichtung, keine anderen schnellrestaurant-spezifischen Produkte als die der B-AG zu lagern und zu verkaufen, handelt es sich um eine sog. *Wettbewerbsklausel* und *Verkaufsbeschränkung*, die vor allem im Brauerei-, Gaststätten- und Tankstellengewerbe häufig zu finden ist. Ob diese Inhalt einer Dienstbarkeit sein kann, wird von der h.M. differenziert entschieden:

357

⇒ Sofern dem Eigentümer untersagt wird, überhaupt bestimmte Produkte zu lagern bzw. zu vertreiben, wird dieser in seiner Eigentumsberechtigung beschränkt. Eine solche Dienstbarkeit ist zulässig.[338] Fallbezogen: E muss es unterlassen, auf seinem Grundstück ein weiteres Schnellrestaurant zu betreiben bzw. anderen den Betrieb zu gestatten.

⇒ Ist es allerdings dem Eigentümer gestattet, bestimmte Produkte zu lagern und zu vertreiben, aber gewisse Produkte von Konkurrenzunternehmen nicht, so liegt keine Grundstücksbelastung vor. Denn das Recht zur freien Auswahl eines be-

---
335 *Wolf/Wellenhofer*, § 29 Rn. 13.
336 Ähnlicher Fall bei *Alpmann und Schmidt*, SachR 2, Fall 23.
337 Nach der Rspr. des BGH (BGHZ 29, 244, 246) handelt es sich hierbei um ein **einheitliches Recht**, das zwei Arten der Belastung (Einräumung eines **Benutzungsrechts** und **Verpflichtung zur Unterlassung** gewisser Handlungen) enthält.
338 So die ständige Rspr. des BGH, s. u.a. BGH NJW 1985, 2474, 2475.

stimmten Warenlieferanten ist kein Ausfluss des Eigentumsrechts am Grundstück.[339]

358 ■ Kann nach alledem die Unterlassungspflicht, keine anderen schnellrestaurantspezifischen Produkte als die der B-AG zu lagern und zu verkaufen, Inhalt der beschränkten persönlichen Dienstbarkeit sein?
▶ Da diese Wettbewerbsbeschränkung keine Grundstücksbelastung darstellt, kann sie nicht Inhalt vorgenannter Nutzungsbeschränkung sein.

Inhalt der Dienstbarkeit kann nicht eine Leistungsverpflichtung des Eigentümers sein, auch wenn das Handeln als Pflicht zur Unterlassung formuliert ist.[340]

359 Ob eine Änderung der Verhältnisse auch eine Änderung der Dienstbarkeit zur Folge hat, betrachten wir mit

> **Übungsfall 42**[341]
>
> Die Familien des E und N sind seit dem 19. Jahrhundert Nachbarn. Sie betreiben beide Landwirtschaft. 1930 wurde zugunsten des E eine Grunddienstbarkeit als Reit- und Fahrrecht begründet, damit E mit seinem Pferdewagen zu seinem Wohnhaus gelangen konnte. Inzwischen fährt E einen Pkw. Darf er auch mit diesem die Zufahrt benutzen?

360 Problematisch ist also, ob und inwieweit der Inhalt der Grunddienstbarkeit einer Veränderung der Verhältnisse angepasst werden kann. Sofern die Dienstbarkeit in ihrem Inhalt und Umfang, der sich aus dem Grundbuch ergibt, keine Änderung des ursprünglichen Nutzungszwecks erfährt, kann sie auch unter veränderten Umständen ausgeübt werden.

■ Um die Lösung für unseren Fall zu finden, müssen wir zunächst ermitteln, was der Zweck und der Umfang der Grunddienstbarkeit waren!
▶ Zweck und Umfang als Zufahrtsrecht dienten dazu, dass E mit seinem Gefährt sein Wohnhaus erreichen konnte.
■ Hat sich hiervon etwas bzw. was hat sich geändert?
▶ Eine Änderung ist nur hinsichtlich der Art des »Fahrzeugs« eingetreten, mit dem das Zufahrtsrecht ausgeübt wird. Statt vier Beine *und* vier Räder hat dieses *nur* noch vier Räder...

Nach alledem darf E auch mit seinem Pkw die Zufahrt benutzen.

361 Zu einem anderen Ergebnis käme man, wenn E sein Wohnhaus aufgeben und stattdessen in seinem Gebäude einen Getränkemarkt einrichten würde. Diese Änderung der Zweckbestimmung des herrschenden Grundstücks wird nicht mehr von Inhalt und Umfang der Dienstbarkeit erfasst. Der Nachbar N muss in diesem Fall die An- und Abfahrt der Kunden nicht dulden.

362 Aufgrund der Dienstbarkeit entsteht zwischen dem jeweiligen Dienstbarkeitsberechtigten und dem Eigentümer des belasteten Grundstücks ein *gesetzliches Schuldverhältnis*, im Rahmen dessen auch § 278[342] Anwendung finden kann. Der Berechtigte muss gem. § 1020 S. 1 und § 1090 II auf die Interessen des Eigentümers Rücksicht

---

339 BGHZ 29, 244, 249.
340 *Prütting*, Rn. 887, 894 m.w.N.
341 In Anlehnung an *Wolf/Wellenhofer*, § 29 Rn. 16 f.
342 Dazu *Wörlen/Metzler-Müller*, SchR AT, Rn. 264 ff.

nehmen und seine Dienstbarkeit möglichst schonend ausüben. Der Eigentümer des belasteten Grundstücks muss die Ausübung der Dienstbarkeit dulden. Er darf keine störenden Handlungen vornehmen.

Um das Verhältnis zwischen dem schuldrechtlichen und dem dinglichen Rechtsgeschäft zu verdeutlichen, wandeln wir obigen Fall ab: 363

> **Abwandlung zu Übungsfall 42**
>
> N veräußert das Grundstück an D. Nachdem die Schlaglöcher in der Zufahrt immer zahlreicher werden, verlangt E von D die Instandsetzung des Weges. Er beruft sich u.a. auf eine mit N getroffenen privatschriftliche Vereinbarung aus dem Jahre 1930, im Rahmen derer sich N verpflichtet hatte, den Weg instand zu halten.

- Besteht eine Verpflichtung von D gegenüber E aufgrund des schuldrechtlichen Vertrags?
▶ Eine solche Verpflichtung besteht nicht, da D sich nicht mit E über die Instandhaltungspflicht geeinigt und D auch nicht die Verpflichtung des N gegenüber E gem. § 414 übernommen hatte.
- Besteht nunmehr zwischen D und N ein gesetzliches Schuldverhältnis?
▶ Da E und N im Jahr 1930 das Wegerecht wirksam gem. §§ 873, 1018 begründeten und D von N das Grundeigentum mit dem Wegerecht belastet erworben hat, besteht zwischen D und E dieses gesetzliche Schuldverhältnis.

Im Sachenrecht ist das gesetzliche Schuldverhältnis eine sachbezogene Verpflichtung. Es begründet im gesetzlich umschriebenen Umfang die Verpflichtung zwischen dem Sachinhaber (= Grundstückseigentümer) und dem Berechtigten. Wenn diese Sachbeziehung entfällt, so entfällt auch die Verpflichtung.[343] 364

- Was ist wohl Voraussetzung dafür, dass die Instandhaltungspflicht Inhalt des zwischen E und D bestehenden gesetzlichen Schuldverhältnisses ist?
▶ Diese Nebenleistung hätte durch Einigung und Eintragung Inhalt der Dienstbarkeit werden müssen.

Lesen Sie § 1021! Da im vorliegenden Fall diese Nebenleistungspflicht nicht ins Grundbuch eingetragen wurde, kann D nicht von E zur Instandhaltung herangezogen werden.

4. Schutz der Dienstbarkeiten

Da die Dienstbarkeiten absolute dingliche Rechte sind, genießen sie Schutz gegenüber jedermann. Aus § 1027 und § 1090 II ergeben sich Unterlassungs- und Beseitigungsansprüche gem. § 1004, wenn der Berechtigte durch Dritte oder durch den Eigentümer des belasteten Grundstücks in seiner Dienstbarkeit beeinträchtigt wird. 365

Lesen Sie nun zur Wiederholung Übersicht 21, Rn. 365a.

---

343 Beim **schuldrechtlichen** Verpflichtungsgeschäft hingegen besteht die Verpflichtung – unabhängig davon, wo sich der Vertragsgegenstand befindet – fort. Eine Änderung tritt nur im Falle der Abtretung oder Schuldübernahme ein.

8. Kapitel. Andere Rechte an fremden Sachen

Literatur zur Vertiefung (Rn. 345–365a): *Alpmann* und *Schmidt*, SachR 2, 2. Teil, 3. Abschn.; *Baur/Stürner*, §§ 33, 34; *Schreiber*, Fünfter Teil, 3. Kap., E I, 1 und 2; *Prütting*, §§ 77, 81; *Westermann*, §§ 122, 123; *Westermann, H.P.*, § 18 II 3; *Wolf/Wellenhofer*, § 29.

Übersicht 21

365a

Dienstbarkeiten	
Grunddienstbarkeiten	Beschränkte persönliche Dienstbarkeiten
§§ 1018–1029	§§ 1090–1093

Gemeinsamkeit
Beziehen sich auf *einzelne* Grundstücksnutzungen (vgl. § 1018 und § 1090 I)

Unterschied	
Jeweiliger Grundstücks*eigentümer* ist Berechtigter → subjektiv-dingliches Recht (z.B. Wegerecht zugunsten des Nachbargrundstücks)	*Persönliche* Berechtigung am Grundstück *unabhängig vom Eigentum* → subjektiv-persönliches Recht (z.B. Wohnrecht)

Bestellung	
Einigung und Eintragung (§ 873)	
§ 1018	§ 1090 I

Inhalt	
Jeweiliger Eigentümer	Persönlich Berechtigter
• Duldung der Nutzung in einzelnen Beziehungen • Unterlassung bestimmter Handlungen • Ausschluss von Abwehrrechten	• Nutzung in einzelnen Beziehungen • Sonstige Befugnis → konkurrenzloser Vertrieb; Emissionsberechtigung
§ 1018	§ 1090 I

Schutz
Unterlassungs- und Beseitigungsansprüche §§ 1027 – 1004 – 1090 II

III. Nießbrauch

1. Überblick

Lesen Sie zunächst § 1030! Der Nießbrauch ist das *umfassendste* dingliche Nutzungsrecht. Dem Berechtigten werden grundsätzlich *alle Nutzungen* des belasteten Gegenstandes gewährt, sofern nicht einzelne Nutzungen ausgeschlossen sind.

- Was kann alles Gegenstand des Nießbrauchs sein (orientieren Sie sich an den folgenden Paragrafen!)?
- Gegenstand des Nießbrauchs können bewegliche und unbewegliche Sachen (§ 1030 I) sowie Rechte (§ 1068) sein. Einen Sonderfall bildet der Nießbrauch an einem Vermögen (vgl. § 1085).

Der Nießbrauch ist unveräußerlich (§ 1059)[344] und unvererblich (§ 1061). Da ein Eigentümer einem anderen selten solche weitgehenden Rechte einräumt, hat der Nießbrauch nur in Sonderfällen wirtschaftliche Bedeutung. So vor allem als *Versorgungsnießbrauch* für die Lebzeit des Berechtigten. Dieser kommt häufig als erbrechtliche Verfügung vor, durch die ein Ehegatte dem Überlebenden dieses Recht am Nachlass vermacht, um dessen soziale Existenz besser zu sichern. Denn das gesetzliche Erbrecht des Ehegatten besteht neben Kindern nur zur Hälfte am Nachlass. Häufig sind auch steuerliche Gründe für den Nießbrauch maßgebend: Dadurch werden die in den Nutzungen liegenden Einkünfte auf andere Familienangehörige verlagert und so Einkommens- bzw. Erbschaftssteuern gespart.[345]

2. Nießbrauch an Sachen

a) Bestellung des Nießbrauchs

An Grundstücken wird der Nießbrauch wie andere dingliche Grundstücksbelastungen bestellt, und zwar durch Einigung und Eintragung gem. § 873. Nach den § 1031 i.V.m. § 926 wird vermutet, dass sich die Nießbrauchsbestellung auch auf das Grundstückszubehör erstreckt.

Bei beweglichen Sachen sind gem. § 1032 S. 1 (lesen!) Einigung und Übergabe erforderlich; die Einigung muss die Entstehung des Nießbrauchs inhaltlich enthalten. Unter den gleichen Voraussetzungen wie beim Eigentumserwerb ist auch ein *gutgläubiger Erwerb* des Nießbrauchs möglich (gem. § 892 für Grundstücke, gem. § 1032 S. 2 i.V.m. § 932 für bewegliche Sachen).

Prüfungsschema Nießbrauchsbestellung

(1) **Einigung** (§ 873 I/§ 1032 S. 1) über umfassendes dingliches Nutzungsrecht (§ 1030)

(2) (a) bewegliche Sachen: **Übergabe** (§ 1032 S. 1
(b) Grundstücke: **Grundbucheintragung** (§ 873 I)

(3) **Berechtigung**/§ 892/§ 1032 S. 2

---

[344] **Ausnahme**: § 1059a beim Nießbrauch zugunsten einer **juristischen Person** (insbes. AG, GmbH) oder einer rechtsfähigen **Personengesellschaft** (§ 14 II – insbes. OHG, KG, GbR).

[345] Näheres bei *Prütting*, Rn. 896; *Wolf/Wellenhofer*, § 30 Rn. 2 f.

8. Kapitel. Andere Rechte an fremden Sachen

369 ■ Bei der Bestellung des Nießbrauchs handelt es sich um einen abstrakten, dinglichen Vertrag. Welche Verpflichtungen kommen wohl als Kausalgeschäfte in Betracht?
▶ Verpflichtung zur Bestellung des Nießbrauchs kann insbesondere ein erbrechtliches Vermächtnis (§ 1939) oder ein Schenkungsversprechen (§§ 516 I, 518) sein.

Der Nießbrauch an einer beweglichen Sache kann auch durch Ersitzung erworben werden. Gem. § 1033 (lesen!) gelten hierfür die Voraussetzungen wie bei der Ersitzung des Eigentums an beweglichen Sachen.

■ Welche Vorschrift ist also einschlägig?
▶ Antwort: Fußnote [346].

b) Rechte und Pflichten des Nießbrauchers

370 Der Nießbraucher hat eine Reihe von Befugnissen. So ist er gem. § 1036 I (lesen!) zum Besitz der Sache berechtigt.

■ Denken Sie an das zum Besitz Gelernte. Welche Arten von Besitz haben Nießbraucher und Nießbrauchbesteller inne?
▶ Der Besteller ist mittelbarer (§ 868), der Nießbraucher in der Regel unmittelbarer Besitzer.[347]

Der Nießbraucher hat ein umfassendes Nutzungsrecht, er kann also auch die »Früchte ernten«, wie z.B. die Mieten eines Hauses einnehmen oder die Erzeugnisse eines landwirtschaftlichen Grundstücks behalten. An allen Früchten erwirbt er mit der Trennung nach § 954 Eigentum (zur Erinnerung: alle zitierten Vorschriften lesen!).

371 Allerdings muss der Nießbraucher die bisherige wirtschaftliche Bestimmung der Sache aufrechterhalten (vgl. § 1036 II), er darf also nicht Garten- in Bauland verwandeln. Ebenfalls muss er nach den Grundsätzen einer ordentlichen Wirtschaft verfahren und darf weder in die Substanz der Sache eingreifen noch sie umgestalten oder wesentlich verändern (§ 1037). Rechtlich kann er nicht über die Sache verfügen.

Zwischen dem Eigentümer des Grundstücks (der nicht zwingend der Besteller des Nießbrauchs ist!) und dem Nießbraucher entsteht ein gesetzliches Schuldverhältnis.

372 Die maßgebende Verpflichtung des Nießbrauchers besteht in der Erhaltung der Sache in ihrem wirtschaftlichen Bestand; ggf. muss er dafür Ausbesserungen und Erneuerungen vornehmen (§ 1036 ganz lesen!). Er muss darüber hinaus die Sache ggf. versichern (§ 1045) und die öffentlichen Lasten (wie z.B. Grund- und Gewerbesteuer) tragen (§ 1047).

■ Gem. § 1065 hat der Nießbraucher bei einer Beeinträchtigung des Nießbrauchsrechts die gleichen Ansprüche, wie sie dem Eigentümer zustehen. Welche Ansprüche kann er somit geltend machen?
▶ Den Herausgabeanspruch nach § 985 sowie den Beseitigungs- und Unterlassungsanspruch nach § 1004. Darüber hinaus genießt er auch den Besitzschutz, sofern er – was den Regelfall darstellt – Besitzer der Sache ist.

c) Erlöschen des Nießbrauchs

373 ■ Da der Nießbrauch unvererblich ist, kommt welcher Erlöschenstatbestand in Frage?
▶ Der Tod des Nießbrauchers.

---

[346] § 937 – neben § 1033 notieren!
[347] *Er kann allerdings auch die Sache vermieten und ist dann mittelbarer Besitzer (ersten Grades).*

Dies regelt auch § 1061 (lesen!). Bei juristischen Personen oder einer rechtsfähigen Personengesellschaft erlischt der Nießbrauch mit der Auflösung der juristischen Person bzw. der Gesellschaft. Weitere Erlöschensgründe sind der Verzicht, die Vereinigung des Nießbrauchs mit dem Eigentum in einer Person bei beweglichen Sachen (§ 1063) oder Grundstücken (§ 1072 – neben § 1063 notieren!).

3. Nießbrauch an Rechten

a) Gegenstand

Sofern ein Recht Nutzungen abwirft, kann es auch Gegenstand des Nießbrauchs sein. Die Bestellung erfolgt nach den für die Übertragung des Rechts geltenden Vorschriften, § 1069 I. 374

- Ein Blick in § 1069 II sagt Ihnen, dass nur bestimmte Rechte für den Nießbrauch in Betracht kommen. Welche? Nennen Sie auch Beispiele!
- ▶ Nur *übertragbare* Rechte können Gegenstand des Nießbrauchs sein. Beispiele hierfür: Forderungen, Urheberrechte und Patente, Aktien, GmbH-Anteile.

Nach § 1068 II finden auf den Nießbrauch an Rechten die Vorschriften über den Nießbrauch an Sachen entsprechende Anwendung, sofern sich aus den Sonderregelungen der §§ 1069–1084 nichts anderes ergibt. Der Nießbraucher hat also ein Recht auf die Nutzungen, wie z.B. die Zinsen einer Forderung und die Dividende einer Aktie.

b) Nießbrauch an Forderungen

Beim Nießbrauch an Forderungen stehen drei Personen miteinander in Verbindung: Der Gläubiger und der Schuldner der belasteten Forderung sowie der Nießbraucher. 375

Bei *unverzinslichen* Forderungen hat der Nießbraucher gem. § 1074 das Recht zu deren Einziehung und kann deshalb Leistung an sich verlangen (lesen Sie § 1076 und notieren Sie die Vorschrift neben § 1074!). Allerdings erhält er an dem geleisteten Gegenstand kein Eigentum. Dieses steht dem Gläubiger zu, und der Nießbraucher erwirbt nur den Nießbrauch an ihm. Als Objekt des Nießbrauchs tritt der geleistete Gegenstand dann an die Stelle der Forderung (§ 1075 I).

Bei *verzinslichen* Forderungen stehen dem Nießbraucher die Zinsen zu. Er und der Gläubiger können nur gemeinschaftlich kündigen, eine Zahlung des Schuldners auf das Kapital kann nur an beide gemeinschaftlich erfolgen (§ 1077). Auch hier werden die geleisteten Sachen Eigentum des Gläubigers, der Nießbraucher erhält an ihnen den Nießbrauch.[348]

c) Nießbrauch an Wertpapieren und Gesellschaftsanteilen

An Orderpapieren, wie z.B. dem Wechsel, wird der Nießbrauch durch Indossament, Einigung über die Nießbrauchsbegründung und Übergabe des Papiers begründet (vgl. § 1069 I). Bei Inhaberpapieren sind Einigung und Übergabe Voraussetzung (§ 1081). 376

Sofern der Gesellschaftsvertrag Entsprechendes vorsieht (vgl. §§ 717, 1069 II) kann der Nießbrauch auch am Anteil einer Personengesellschaft oder einer GmbH bestellt

---

348 *Prütting*, Rn. 922.

werden. Der Nießbraucher hat dann Anspruch auf den Gewinn, der auf den Gesellschaftsanteil entfällt.[349]

Prägen Sie sich das Wichtigste zum Nießbrauch nun an der folgenden Übersicht 22, Rn. 377 ein.

Übersicht 22

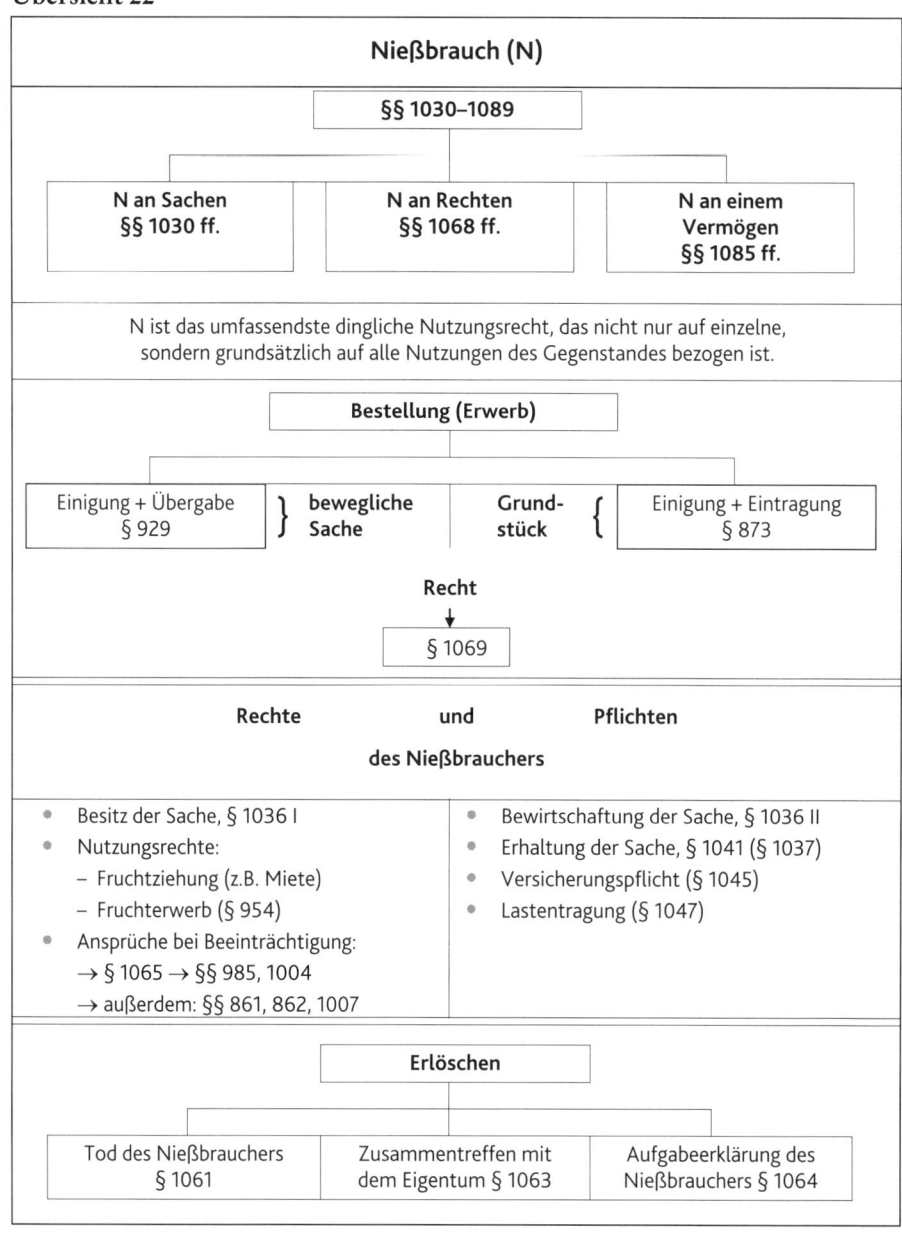

---

[349] Die **Stimmrechtsausübung** steht dem Nießbraucher aber nicht zu (str.), s. Palandt/*Bassenge*, § 1068 Rn. 3 m.w.N.

Literatur zur Vertiefung (Rn. 366–377): *Alpmann und Schmidt,* SachR 2, 2. Teil, 3. Abschn.; *Baur/ Stürner,* § 54; *Schreiber,* Fünfter Teil, 3. Kap., E I 3; *Prütting,* §§ 78–80; *Westermann,* § 121; *Wolf/ Wellenhofer,* § 30.

IV. Vorkaufsrecht und Reallast

1. Vorkaufsrecht

a) Begriff und Arten

Das Vorkaufsrecht dürfte Ihnen aus dem zweiten Buch des BGB bekannt sein. Lesen Sie – zur Wiederholung – die §§ 463 ff. 378

- Wie kann also ein Kaufinteressent (zu dessen Gunsten ein schuldrechtliches Vorkaufsrecht besteht) den Vertrag, den der Verkäufer mit einem Dritten schließt, an sich ziehen?
- Er übt gegenüber dem Verpflichteten das Vorkaufsrecht aus. Gem. § 464 II kommt dann der Kaufvertrag mit dem Verkäufer unter den Bestimmungen zustande, welche dieser mit dem Dritten vereinbart hat.

Dieses *schuldrechtliche* Vorkaufsrecht betrachten wir mit 379

> **Übungsfall 43**
>
> Der Nachbar N ist seit langem schon an dem – neben seinem Wohnhaus gelegenen – Grundstück des E interessiert. Da E zurzeit noch nicht verkaufen will, vereinbaren beide zugunsten des N ein Vorkaufsrecht.
>
> Nach zwei Monaten verkauft E das Grundstück an seinen Freund F.

- Wie kann F überhaupt Eigentümer des Grundstücks werden?
- Gem. §§ 873, 925 wird F Eigentümer durch Einigung (= Auflassung i.S.d. § 925) und Eintragung ins Grundbuch.[350]

Sobald also F im Grundbuch eingetragen ist, ist er wirksam Eigentümer des Grundstücks geworden.

- Welcher Anspruch kommt dann für N in Betracht?
- N kann lediglich einen Schadensersatzanspruch gegen E gem. §§ 435, 437 Nr. 3, 280 I und III, 283 geltend machen.

Anhand dieses kleinen Falles wird deutlich, dass ein *schuldrechtliches Vorkaufsrecht* den Berechtigten nicht genügend sichert. Denn ein wirksamer Kaufvertrag kann auch mit einem Dritten (hier: F) zustande kommen und der Dritte ungehindert das Eigentum an dem Grundstück erwerben.

- Ein weiterer Nachteil ergibt sich aus § 473 (lesen!). – Welcher?
- Das Vorkaufsrecht ist grundsätzlich nicht übertragbar und erlischt mangels anderer Vereinbarung mit dem Tod des Berechtigten.

---

350 Falls nicht mehr gewusst: **s. oben Rn. 222 f.**

Außerdem kann das Vorkaufsrecht jeweils nur für *einen* Verkaufsfall bestellt werden.[351]

380 Durch ein *dingliches Vorkaufsrecht* werden diese Nachteile vermieden. Während das persönliche Vorkaufsrecht nur schuldrechtliche Beziehungen zwischen dem Vorkaufsberechtigten und dem -verpflichteten begründet, ist das dingliche Vorkaufsrecht ein dingliches Recht[352] und wirkt deshalb auch gegenüber Dritten wie eine Vormerkung (§ 883 II 1 neben § 1098 II notieren und lesen sowie dazu ggf. nochmals oben Rn. 242!).

- Was kann Gegenstand dieser beiden Vorkaufsrechte sein? (Ein Blick ins Gesetz ... erleichtert die Rechtsfindung!)
- ▶ Gegenstand des persönlichen Vorkaufsrechts kann gem. § 463 jeder »Gegenstand« (also: Sachen oder Rechte) sein, während sich das dingliche Vorkaufsrecht nach § 1094 nur auf Grundstücke beziehen kann.

381 Einem dinglichen Vorkaufsrecht liegt nicht immer ein persönliches (= schuldrechtliches Vorkaufsrecht) zugrunde. Grundgeschäft kann auch eine Schenkung oder ein entgeltlicher Vertrag sein, demzufolge der Eigentümer gegen eine Vergütung das Vorkaufsrecht bestellt. Der Vorkaufsberechtigte hat damit auch nicht die absolute Sicherheit, später einmal das Grundstück sein Eigentum nennen zu können.

- Was ist nämlich »Bedingung« für die Ausübung dieses Rechts?
- ▶ Der *Verkauf* des Grundstücks.
- Kennen Sie Fälle, in denen das Vorkaufsrecht nicht zum Zuge kommt?
- ▶ Das ist möglich, wenn das Grundstück nicht an einen Dritten verkauft wird, sondern ihm geschenkt oder mit einem anderen Grundstück getauscht wird.[353]

382 Dingliche Vorkaufsrechte werden in der Praxis vor allem bei langjährigen Miet- und Pachtverhältnissen bestellt. So z.B., wenn ein Händler sein Ladengeschäft auf einen längeren Zeitraum verpachtet und dem Pächter das dingliche Vorkaufsrecht an seinem Grundstück einräumt. In Betracht kommen daneben auch nachbarschaftliche Vereinbarungen – wie in unserem Fall. Ferner vereinbaren die kirchlichen Organisationen üblicherweise dingliche Vorkaufsrechte im Erbbaugrundbuch (erinnern Sie sich? Lesen Sie anderenfalls nochmals Rn. 337 f.!), wenn sie Erbbaurechte bestellen. So können sie Übertragungen verhindern, die den kirchlichen Zielen zuwider laufen (z.B. an Sekten oder Bordellbetreiber).

383 Praktisch bedeutsam sind ferner v.a. die *gesetzlichen Vorkaufsrechte*. Der Staat sichert sich mit ihrer Hilfe einen Zugriff auf Grundstücke, um diese dann für bestimmte Zwecke (Landbedarf der Gemeinde soll befriedigt, bebaubarer Boden Bauwilligen zugeführt bzw. die städtebauliche Entwicklung oder Sanierung gefördert werden) zu verwenden. So gibt es das gesetzliche Vorkaufsrecht des Siedlungsunternehmens

---

351 Palandt/*Weidenkaff*, Vor § 463 Rn. 6.
352 Dies ist nicht unbestritten. Da es sich aber als Belastung des Grundstücks auswirkt und den Eigentümer in seiner rechtlichen Verfügungsmöglichkeit einschränkt, kommen einige Vorschriften über dingliche Rechte zur Anwendung, vor allem § 873 hinsichtlich seiner Begründung, *Prütting*, Rn. 938 m.w.N.
353 Palandt/*Bassenge*, § 1097 Rn. 2.

nach dem Reichssiedlungsgesetz[354] und das der Gemeinden aufgrund der §§ 24 ff. BauGB.[355]

b) Entstehung

Das dingliche Vorkaufsrecht kann durch Rechtsgeschäft oder durch Gesetz begründet werden. Die gesetzlichen Vorkaufsrechte bedürfen keiner Eintragung im Grundbuch. Das rechtsgeschäftliche Vorkaufsrecht entsteht gem. §§ 873 I, 1094 durch Einigung und Eintragung. Es kann zugunsten einer Person (§ 1094 I lesen – also: *subjektiv persönlich*) oder zugunsten des jeweiligen Eigentümers eines anderen Grundstücks (= *subjektiv-dinglich* – § 1094 II lesen) bestellt werden. Nach § 1097, 1. HS ist es in der Regel auf *einen* Verkaufsfall beschränkt. Es kann allerdings auch für *mehrere oder alle Verkaufsfälle* bestellt werden (§ 1097, 2. HS).

c) Wirkung

Die Wirkung des dinglichen Vorkaufsrechts betrachten wir anhand von

> **Übungsfall 44**
>
> Dieses Mal (siehe Fall 43) haben N und E durch schriftlichen Vertrag vereinbart, dass das Vorkaufsrecht ins Grundbuch eingetragen werden soll – was auch ordnungsgemäß geschieht. Einige Zeit später gerät E in finanzielle Schwierigkeiten. Deshalb verkauft er das Grundstück an D und erklärt die Auflassung. D wird im Grundbuch ordnungsgemäß als Eigentümer eingetragen.
>
> Als N hiervon erfährt, besteht er unverzüglich auf Übertragung des Eigentums am Grundstück an sich.

- Welche Anspruchsgrundlage kommt für das Begehren des N in Betracht?
▶ N könnte gegen E einen Anspruch auf Übertragung des Grundstückseigentums gem. § 433 I 1 haben.
- Einzige (!) Voraussetzung hierfür ist was?
▶ Voraussetzung des Grundstücksübereignungsanspruchs ist, dass zwischen N und E ein Kaufvertrag zustande gekommen ist.

Unmittelbar haben beide keinen entsprechenden Vertrag geschlossen. Durch die Ausübung des Vorkaufsrechts könnte ein solcher zwischen N und E gem. § 464 II zustande gekommen sein.

Es müsste also der E dem N ein wirksames dingliches Vorkaufsrecht bestellt haben, der Vorkaufsfall muss eingetreten sein und N müsste das Vorkaufsrecht fristgerecht ausgeübt haben.

- Was setzt die Entstehung des dinglichen Vorkaufsrechts gem. §§ 873 I, 1094 voraus?

---

354 Nach §§ 4 ff. RSG haben gemeinnützige Siedlungsunternehmen kraft Gesetzes ein Vorkaufsrecht beim Verkauf landwirtschaftlicher Grundstücke bestimmter Größe.
355 Die Ausübung dieses Vorkaufsrechts erfolgt durch **Verwaltungsakt**, § 28 II BauGB. Solange die Nichtausübung nicht feststeht, darf das Grundbuchamt **keinen Eigentumswechsel eintragen**. Nachteilige Manipulationen hinsichtlich des Kaufpreises zu Lasten der Gemeinde verhindert § 28 III 1 BauGB: Danach bestimmt sich die Höhe des von der Gemeinde zu zahlenden Kaufpreises nach dem Verkehrswert des Grundstücks, s. *Baur/Stürner*, § 21 Rn. 34.

8. Kapitel. Andere Rechte an fremden Sachen

▸ E und N müssten sich geeinigt haben, dass der Eigentümer des zu belastenden Grundstücks (= E) für den Fall des Verkaufs an einen Dritten und der Ausübung des Vorkaufsrechts durch den Berechtigten (= N) verpflichtet sein soll, das Eigentum zu den mit dem Dritten vereinbarten Bedingungen zu übertragen.

Da die dingliche Einigung zur Bestellung des Vorkaufsrechts formfrei gültig ist, N sich mit E (mit dem Inhalt des § 464 II) geeinigt hat und eine entsprechende Eintragung im Grundbuch erfolgte, ist ein Vorkaufsrecht wirksam entstanden.

387 ▪ Als weitere Voraussetzung muss der Vorkaufsfall eingetreten sein. Was ist darunter zu verstehen?
▸ Gem. §§ 1098, 463 liegt der Vorkaufsfall vor, wenn der Verpflichtete mit einem Dritten einen formgerechten Kaufvertrag über das betreffende Grundstück abgeschlossen hat.

Da der Grundstückseigentümer E (Vorkaufsverpflichteter) die Immobilie wirksam an den Dritten D verkauft hat, ist auch diese Voraussetzung gegeben.

Aus den §§ 464, 469 (lesen!) ergibt sich, dass sich der Berechtigte entscheiden kann, ob er von seinem Vorkaufsrecht Gebrauch machen will. Der Verpflichtete hat ihm nicht nur den Abschluss, sondern auch den Inhalt des von ihm mit dem Dritten geschlossenen Vertrags unverzüglich mitzuteilen.

388 Der Vorkaufsberechtigte muss das Vorkaufsrecht innerhalb einer Frist von zwei Monaten ausüben.

▪ Hat sich N an diese Frist gehalten?
▸ Da gem. § 469 II 1 der Empfang der Mitteilung für die Ausübung des Vorkaufsrechts maßgebend ist und N unverzüglich nach Kenntniserlangung seinen Anspruch gegenüber E geltend gemacht hat, wurde die Frist eingehalten.

389 Die Rechtsfolge ergibt sich aus § 464 II: mit der Ausübung des Vorkaufsrechts kommt *kraft Gesetzes* der Kaufvertrag zwischen E und N zustande, und zwar unter den Bedingungen, die E mit D vereinbart hat. (So kann N z.B. nicht geltend machen, der Kaufpreis sei ihm zu hoch.)

▪ Das Ergebnis der Fallfrage lautet deshalb?
▸ N hat gegenüber E einen Anspruch auf Übertragung des Eigentums an dem Grundstück. gem. § 433 I 1, da ein Kaufvertrag zwischen beiden unter den Voraussetzungen der §§ 873 I, 1094, 1098, 464 II zustande gekommen ist.

390 Problematisch ist, dass – aufgrund der Eintragung des D im Grundbuch – E nicht mehr Eigentümer des Grundstücks ist. Das Rechtsverhältnis zwischen dem Berechtigten und dem Käufer (D) ist durch Verweisung auf die *Vormerkung* geregelt. Lesen Sie § 1098 II i.V.m. § 888 I sowie zur Vormerkung ggf. nochmals Rn. 242 f.! Käufer D wird nicht dem Berechtigten N gegenüber zur Eigentumsübertragung verpflichtet. Allerdings ist die Eigentumsübertragung vom Verkäufer E auf den Käufer D dem Vorkaufsberechtigten N gegenüber unwirksam. Gem. § 888 I muss der Käufer D der Umschreibung des Eigentums auf den Vorkaufsberechtigten N zustimmen.

391 ▪ An welches Verhältnis werden Sie hier erinnert?
▸ Das Verhältnis entspricht dem zwischen dem vormerkungswidrig Eingetragenen und dem durch die Auflassungsvormerkung Geschützten.

Da der Käufer D bereits im Grundbuch als Eigentümer eingetragen ist, kann er den Anspruch auf Rückzahlung des bereits entrichteten Kaufpreises nur gegenüber dem Berechtigten N geltend machen (§ 1100 S. 1 lesen!). Durch die Zahlung an D wird N von seiner Verpflichtung zur Zahlung des aus dem Vorkauf dem E geschuldeten Kaufpreises frei (§ 1101).

Das Verhältnis zwischen den Beteiligten lässt sich wie folgt darstellen:

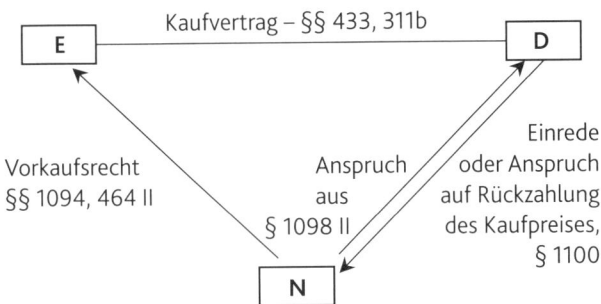

d) Rechtsnatur

Das Vorkaufsrecht ist durch den Verkauf des Grundstücks an einen Dritten bedingt. **392** Es handelt sich um ein Gestaltungsrecht. Mit seiner Ausübung wird die Rechtslage umgestaltet: Der Berechtigte tritt in den abgeschlossenen Kaufvertrag ein und wird Gläubiger und Schuldner aus einem Vertrag, den er selbst gar nicht abgeschlossen hat.[356]

(Lesen Sie nun die Zusammenfassung auf Übersicht 23, Rn. 393.)

---

356 *Prütting*, Rn. 938.

Übersicht 23

393

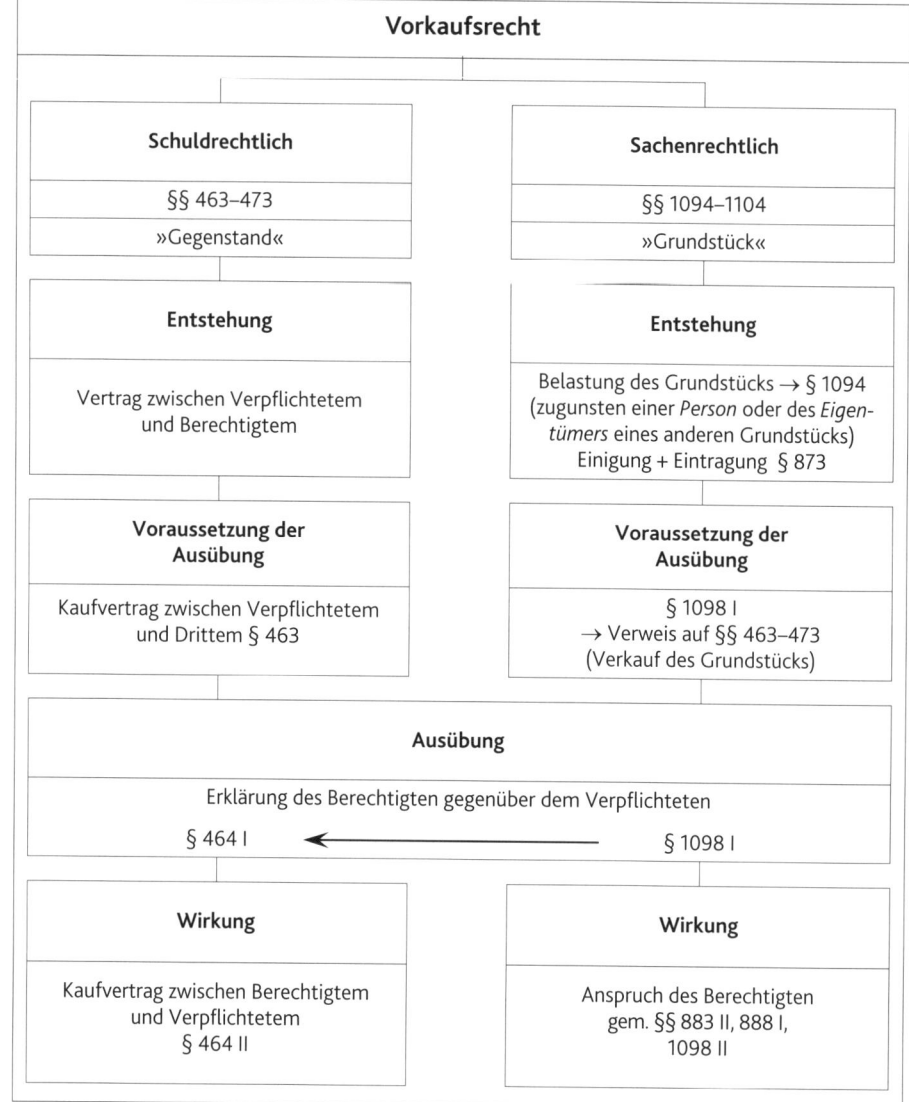

2. Reallast

394 a) Überblick

Gem. § 1105 I (wie immer: lesen!) sind kraft einer Reallast an den Berechtigten wiederkehrende Leistungen aus dem Grundstück zu entrichten.

- An welche Formulierung (Tipp: Grundpfandrechte!) erinnert Sie diese Vorschrift?
- ▶ Die Formulierung erinnert an die Rentenschuld i.S.d. § 1199, denn dort ist für das Grundpfandrecht eine ähnliche Verpflichtung des Grundstückeigentümers vorgesehen.

- Worin besteht zwischen beiden Rechten der Unterschied? (§ 1105 und § 1199 zur Wiederholung lesen!)?
▷ Bei der Rentenschuld lautet die Pflicht auf Zahlung. Bei einer Reallast schuldet der Eigentümer des belasteten Grundstücks wiederkehrende Leistungen aller Art.

Hierzu gehören neben Geld- auch Dienst- und Sachleistungen, wie z.B. die Unterhaltung einer Grabstätte, Erhaltung einer Turmuhr, Unterhaltungs- und Baulasten, Lieferung von Erzeugnissen des Grundstücks.

Auch wenn der Wortlaut des § 1105 dahingehend zu verstehen ist, dass die Leistungen *aus dem Grundstück* zu erbringen sind, heißt das nicht, dass diese aus dem Grundstück gewonnen werden müssen. Vielmehr haftet das Grundstück für die Erbringung der Leistungen, d.h. wenn die Leistungen nicht erbracht werden, darf der Reallastberechtigte das Grundstück im Wege der Zwangsvollstreckung verwerten (§§ 1107, 1118 i.V.m. § 1147). Der jeweilige Eigentümer des Grundstücks muss dann die Zwangsverwaltung oder Zwangsvollstreckung in seine Immobilie dulden.

b) Entstehung

Reallasten werden in der Praxis vor allem zur Sicherung von privaten Rentenansprüchen bestellt: So kann der Eigentümer sein Grundstück gegen eine private Altersrente auf einen anderen übertragen.[357] Häufig kommt auch eine Hofübergabe vor – wie in

---

Übungsfall 45

Der 70jährige Bauer B übergibt seinen landwirtschaftlichen Betrieb an seinen Sohn S. Dieser wird im Grundbuch als Eigentümer eingetragen. B und S vereinbaren, dass dem B das sog. Altenteil zustehen soll. Dieses umfasst eine monatliche Rente in Höhe von 500 €, weitere 600 € für den Lebensunterhalt, jährlich 3 Zentner Kartoffeln sowie die Pflege des B im Krankheitsfall. Was müssen B und S zur Absicherung des B veranlassen?

- Wie Sie sicher gemerkt haben, geht es darum, die Voraussetzungen für die Bestellung einer Reallast aufzuzeigen!
▷ Gem. §§ 873, 1105 müssen sich S und B dahingehend einigen, dass der jeweilige Eigentümer des Grundstücks verpflichtet sein soll, bestimmte wiederkehrende Leistungen für B zu erbringen.

Die Reallast entsteht mit der Eintragung ins Grundbuch, Abteilung 2.

- Welche Rechtsfolgen ergeben sich hieraus?
▷ Der jeweilige Eigentümer des Grundstücks ist verpflichtet, die in der Vereinbarung genannten Einzelleisten zu erbringen.
- Was passiert, wenn S die Verpflichtung zur monatlichen Rentenzahlung nicht erfüllt? Lesen Sie auch § 1108!
▷ Zum einen haftet hierfür das Grundstück, zum anderen der Eigentümer persönlich mit seinem gesamten Vermögen.

Diese beiden Ansprüche stammen aus der Reallast. Auch wenn S das Grundstück an einen Dritten D veräußern und übereignen würde, müsste D aus der Reallast an B zahlen.

Unabhängig davon ist aus dem Übergabevertrag zwischen B und S ein *schuldrechtlicher* Anspruch auf Zahlung der Beträge und Erbringung der Leistung entstanden.

---

357 S. *Wolf/Wellenhofer*, § 26 Rn. 41 m.w. Beispielen.

■ Kann B hieraus Ansprüche auch gegen den Erwerber D des Grundstücks geltend machen?
▶ Grundsätzlich besteht dieser Anspruch nur zwischen S und B (= Parteien des Schuldverhältnisses). Ein Erwerber tritt nur aufgrund einer Schuldübernahme ein.

400 Aus den §§ 1110 und 1111 (wie immer: lesen!) ergibt sich, dass die Reallast als subjektiv-dingliches Recht oder als beschränktes persönliches Recht bestellt werden kann.

c) Rechte und Pflichten der Beteiligten

401 Da der jeweilige Eigentümer des Grundstücks haftet, kann der Reallastberechtigte von diesem die Duldung der Zwangsvollstreckung in das Grundstück verlangen. Für die während der Dauer seines Eigentums fällig werdenden Leistungen haftet der Grundstückseigentümer daneben auch persönlich, § 1108 I.

Eine Inhaltsänderung der Reallast ist nach §§ 877, 873 möglich; es kann der Umfang der Leistungsverpflichtung erhöht oder ermäßigt werden. Die Aufgabe dieses dinglichen Rechts bestimmt sich nach §§ 875, 876.

(Lesen Sie zur Wiederholung nun Übersicht 24.)

Übersicht 24

402

Reallast
§§ 1105–1112

Voraussetzungen – Entstehung
Einigung + Eintragung § 1105 I → § 873 I

Rechtsfolge
Grundstückseigentümer ist verpflichtet, die vereinbarten wiederkehrenden Leistungen zu erbringen → § 1105 I.

Haftung
§ 1108

Literatur zur Vertiefung (Rn. 378–402): *Alpmann und Schmidt*, SachR 2, 2. Teil, 4. und 5. Abschn.; 5. Teil, 2. Abschn.; *Baur/Stürner*, §§ 21, 35; *Schreiber*, Fünfter Teil, 3. Kap., F, E III; *ders.*, Vorkaufsrechte, Jura 2001, 196; *Prütting*, §§ 82, 83; *Westermann*, §§ 124, 125; *Wolf/Wellenhofer*, § 18 Rn. 31 ff.; § 26 Rn. 40 ff.

Sachverzeichnis

(Die Zahlen beziehen sich auf die Randnummern.)

A

Abhandenkommen von Sachen 123
Abstraktionsprinzip 15, 21, 240
Abtretung
– des Herausgabeanspruchs 111 ff.
Akzessorietät
– von Hypothek und Forderung 316 ff.
– von Pfandrecht und Forderung 272 ff.
Akzessorietätsprinzip 272 f., 281, 316 ff., 332
Alleineigentum 56, 67
Aneignung 143 f.
Anspruchskonkurrenz 76
Antragsberechtigung 224, 231
Antragsgrundsatz 223, 231
Anwartschaftsrecht 291a f., 311
Auflassung 9 f., 186 ff., 191, 211, 227 ff., 242
Ausgleichsansprüche
– bei Immission 167, 173
– bei Verbindung etc. 135 ff., 140

B

Bedingung
– auflösende 285 f.
– aufschiebende 285 f.
Beeinträchtigung des Eigentums 154 ff., 161
– Duldungspflichten 159, 161
– Widerrechtlichkeit 158 f., 161
Bereicherung
– aufgedrängte 138
Bereicherungsanspruch 135 ff., 151, 160 f.
Bergrecht 148
beschränkte dingliche Rechte 11, 17
Beseitigungsanspruch 154 ff., 161, 178, 185
Besitz 5 f., 16, 27 ff.
– Begriff 5 f., 27
– bösgläubiger 82 ff., 91
– fehlerhafter 45
– gutgläubiger 82, 91
– mittelbarer 28 ff., 44, 108 f., 112
– redlicher 97
– rechtmäßiger 45
– Schutz 31 ff.
– unmittelbarer 28 ff., 44, 112
– unrechtmäßiger 45, 69, 112
– unredlicher 97
Besitzdiener 43 f.
Besitzkonstitut 108 ff.
Besitzmittlungsverhältnis 6, 108
Besitzrecht 69, 71
Besitzschutzansprüche 35 ff., 44
Besitzstörungsanspruch 35 ff.
Bestandsverzeichnis 8, 201a ff.

Bestandteil
– wesentlicher 8, 93, 128, 136
Bestimmtheitsgrundsatz 14, 20, 265
Bewilligungsgrundsatz 225
Bienenrecht 144, 148
Bienenschwarm 144
Bösgläubigkeit 82 ff., 91
Briefhypothek 320 f., 332
Bruchteilsgemeinschaft 60, 67
Buchhypothek 321 f., 332
Bürgschaft 317

D

DDR-Recht 22 ff.
Depotgesetz 58
Dereliktion 143
Dienstbarkeiten 52, 193, 345 ff.
– beschränkte persönliche 334, 337, 339
– Bestellung 351
– Inhalt 353 ff.
– Schutz 365

E

Eigenbesitz 45
Eigenbesitzwille 29
Eigentum 2 ff., 6, 16, 46 ff.
– genossenschaftliches 23
– öffentlich-rechtliche Schranken 54 f.
– persönliches 23
– privatrechtliche Schranken 49 ff., 55
– sozialistisches 23
– Wesen 46 ff., 55
Eigentümer-Besitzer-Verhältnis 82 ff., 91
Eigentümergrundschuld 329
Eigentümerhypothek 325
Eigentumsaufgabe 143 f.
Eigentumserwerb
– an beweglichen Sachen 102 ff., 123
– an Grundstücken 186 ff., 238
– an Schuldurkunden 141 f.
– durch Aneignung 143 ff.
– durch Ersitzung 127
– durch Fund 149 ff.
– durch Verarbeitung 133 f.
– durch Verbindung und Vermischung 128 ff.
Eigentumsgarantie 3
Eigentumsstörungen
– Schutz gegen 153 ff., 161
Eigentumsübertragung
– von beweglichen Sachen 9, 16, 21
– von unbeweglichen Sachen 9, 16
Eigentumsvermutung 13, 19, 72 ff., 81, 116

Sachverzeichnis

Eigentumsvorbehalt 6, 119, 134, 285, 291a
Eingriffskondiktion 37, 77
Einigung 102 ff., 123 f., 223 ff.
– ohne Übergabe 107, 123 f.
– und Abtretung des Herausgabeanspruchs 101 ff., 123 f.
– und Besitzkonstitut 108 ff., 123 f.
– und Übergabe 102 ff., 123 f.
Einigungsvertrag 24
Eintragung von Rechten in das Grundbuch 212 ff.
– Antragsberechtigung 214, 221
– Antragsgrundsatz 213, 221
– Bewilligungsgrundsatz 225
– Einigungsnachweis 227 f.
– Eintragungsantrag 223
– Eintragungsbewilligung 225, 246
– formelles Konsensprinzip 225, 231
– materielles Konsensprinzip 227, 229, 231
– Voreintragung des Betroffenen 230
Eintragungsantrag 223
Eintragungsbewilligung 225, 246
elektronischer Rechtsverkehr 198
elektronisches Grundbuch 198
Enteignung 54 f., 69
Erbbaurecht 17, 25, 334 ff., 344
– Beendigung 340 ff., 344
– Bestellung 337 ff., 344
– Erbbaugrundbuch 337 f.
– Heimfall 342
– Inhalt 334 ff., 344
– Kündigungsrecht 341
Erbengemeinschaft 64, 67
Erbrecht 3
Ersitzung 127, 140

F
Factoring 308 ff.
– echtes 309 f.
– unechtes 309 f.
Finanzierungsleasing 311
Finderlohn 149, 151
Fischereirecht 146 ff.
Forfaitierung 308
Fremdbesitzwille 29, 44
Fund 149 ff.

G
Gebäude 8, 10
Gesamthandseigentum 62 ff., 67
Gesamthypothek 326
Gesellschaft des bürgerlichen Rechts 62
Gesetzliches Pfandrecht 256 f., 274
Gewaltrechte des unmittelbaren Besitzers 31 ff.
Grenzbaum 58
Grundbuch 9, 188, 194 ff., 199 ff.
– Aufschrift 201, 221
– Bestandsverzeichnis 8, 201a ff.
– Dritte Abteilung 217 ff.
– Einsicht 197
– elektronisches 198
– elektronischer Rechtsverkehr 198
– Erste Abteilung 210 ff.
– Grundbuchfähigkeit (einer Gesellschaft) 212
– Inhalt und Aufbau 199 ff.
– Löschung von Rechten 203, 216, 219, 221
– Richtigkeit von Eintragungen 234
– Voreintragung 230
– Zweite Abteilung 213 ff.
Grundbuchamt 196 f.
Grundbuchberichtigungsanspruch 235 f.
Grundbuchblatt 8, 193, 221
Grunddienstbarkeiten 17, 347 f.
Grunderwerbssteuer 229
Grundpfandrecht 312 ff.
Grundschuld 17, 327 ff., 332
Grundstück 8
– Begriff 8
– Lasten und Beschränkungen 214
Grundstücksrecht
– beschränktes 401
– formelles 196 ff.
– materielles 186 ff., 196
Guter Glaube 114 ff.
Gütergemeinschaft
– eheliche 62, 67
– fortgesetzte 62
Gutgläubiger Erwerb 114 ff., 124
– bei Abtretung des Herausgabeanspruchs 119 ff., 124
– bei Besitzkonstitut 118
– des Eigentums an beweglichen Sachen 114 ff., 124
– des Eigentums an Grundstücken 232 ff., 238
– des Pfandrechts 270 f.
– durch Einigung und Übergabe 114 ff., 124

H
Heimfallanspruch 342 f.
Herausgabeanspruch
– des Besitzers 39 ff., 44, 81
– des Eigentümers 48, 68 ff., 81
– des mittelbaren Besitzers 44
Herausgabeanspruch des Eigentümers
– Abwicklung 75, 81
– Eigentumsvermutung 72 ff., 81
– Konkurrenzen 76, 81
– Voraussetzungen 69 ff., 81
Herausgabeansprüche aus Vertrag 78 ff.
Höchstbetragshypothek 324
Hypothek 12, 315 ff., 332 f.
– Akzessorietät von Forderung 316 ff., 332

– Begriff 315, 332
– Bestellung 319 ff., 332
– Rechtsstellung der Beteiligten 333

I
Immissionen 164 ff., 355
– Duldungspflicht 169 ff.
– ortsübliche 166 ff.
– unwesentliche 165 ff.
– wesentliche 165 ff.
Immissionsschutz 164 ff.
Immobilien 8, 251
Indossament 293

J
Jagdrecht 146 ff.
Junktimklausel 54

K
Kommanditgesellschaft 62
Konsensprinzip
– formelles 225, 231
– materielles 227, 229, 231
Kontokorrentkredit 328 f.
Kraftfahrzeugbrief 141 f., 270
Kreditsicherheiten
– an beweglichen Sachen 255 ff.
– an Grundstücken 312 ff.
Kreditsicherungsrechte 251 ff.

L
Lärmbelästigungen 154, 168 ff.
Leasing 257, 311
Leistungskondiktion 90
Leitungsrecht 353
Liegenschaften 8
Luxusaufwendungen 97

M
Mehrheit von Eigentümern 56 ff., 67
Mitbesitz 44
Miteigentum nach Bruchteilen 57 ff., 67
– an Grundstücken 57 f.
Miterbe 64
Mobilien 251

N
Nachbarrecht 162 ff.
– Anwendungsbereich 162 f.
– privates und öffentliches 183 ff.
Nichtberechtigter 114
– Eigentumserwerb vom 114 ff.
Nießbrauch 17, 345, 369 ff., 377
– an einem Vermögen 366, 377
– an Forderungen 375
– an Rechten 374 ff.
– an Sachen 368 ff., 377

– an Wertpapieren und Gesellschaftsanteilen 376
– Bestellung 368 f., 377
– Erlöschen 373, 377
– Rechte und Pflichten des Nießbrauchers 370 ff., 377
Notstand 50 ff., 55
– aggressiver 52, 55
– defensiver 52, 55
Notweg 55, 180 f.
Nutzung 82 ff., 91
Nutzungsersatz 82 ff., 91
Nutzungsherausgabe 85 f.
Nutzungsrechte 334, 353, 377

O
Offene Handelsgesellschaft 62
Offenkundigkeitsprinzip 13, 19
öffentlicher Glaube
– des Grundbuches 233 ff., 238
öffentliches Nachbarrecht 183 ff.
Operating-Leasing 311

P
Personalfolium 200
Personalkredit 251
petitorischer Anspruch 68
Pfandrecht 11, 17
– an beweglichen Sachen 255 ff.
– an Rechten 292 ff.
– des Frachtführers 256, 274
– des Gastwirts 257, 274
– des Kommissionärs 256, 274
– des Pächters 256
– des Unternehmers 256, 274
– des Vermieters 257, 274
– des Verpächters 257, 274
– gesetzliches 256 f., 274
– vertragliches 259 ff., 274
Pfandrecht an Rechten 292 ff.
– Bestellung und Übertragung 293 ff.
– Pfandreife 295 ff.
Pfandreife 275, 295
Pfändungspfandrecht 258, 270, 274
Pfandverkauf 275
Possessorischer Anspruch 68
Prioritätsgrundsatz
– bei Grundbucheintragungen 246
Publizitätsgrundsatz 13, 19, 269

R
Rangverhältnis
– von Grundstücksrechten 245 ff.
Rangvermerk 247 f.
Rangvorbehalt 249
Realfolium 199
Realkredit 251

Sachverzeichnis

Reallast 17, 394 ff., 402
- Entstehung 397
- Rechte und Pflichten der Beteiligten 401
Rechtfertigungsgründe 159, 173
Rechtsfolgeverweisung 136
Rechtsgrundverweisung 136
Rechtshängigkeit 82 ff., 91
Rechtsschein(sprinzip) 116, 234
Rentenschuld 331 f., 393, 401
Rötung 203

S
Sachen
- abhanden gekommene 123
- bewegliche 8 f., 16, 68
- herrenlose 143 f.
- unbewegliche 8 f., 16
Sachenrechtsbereinigung 25
Sachenrechtsänderungsgesetz 25
Sachgesamtheit 14, 20
Schadensersatz 37, 41 f., 81, 82 ff., 87 ff., 111, 117, 138 f., 160
Schikaneverbot 49, 55
Schuldurkunden 141 f.
Selbsthilfe(recht) 32, 43
Sicherungsabrede 290
Sicherungsglobalzession 306 f.
Sicherungsgrundschuld 329
Sicherungshypothek 323
Sicherungsübereignung 110, 134, 282 ff.
Sicherungsübereignungsvertrag 291 ff.
Sicherungszession 300 ff.
- Globalzession 306
- Rechtsform 302 ff.
- Singularzession 306
- Verwertungsrecht 305
Sozialbindung des Eigentums 3, 54
Spezialitätsgrundsatz 14, 20
Stellvertretung 104
Störer 157, 174 f.

T
Teilbesitz 44
Tiere
- wilde 143, 171
Tierschutz 48
Treuhandeigentum 65
Typenzwang 12, 18

U
Überbau 55, 176 ff.
- Duldungspflicht 178 f.
Überfall 55
Übergabe 102 ff., 123 f.
Überhang 55
unerlaubte Handlung 39 ff., 81
Unterlassungsanspruch 171, 185
- des Besitzers 34, 44

V
Verarbeitung 133 f., 140
Verarbeitungsklausel 134
Verbindung 58, 128 ff., 140
- einer beweglichen Sache mit Grundstück 128 f., 140
- mehrerer beweglicher Sachen 130 f., 140
Verbotene Eigenmacht 34
Verein
- nicht rechtsfähiger 67
Verfügungsbefugnis 116
Verfügungsgeschäft 21, 241
Verkehrsfund 151
Vermengung 58, 132, 140
Vermischung 58, 132, 140
Vermutung
- gesetzliche 19, 234
Verpfändung 262, 268 f.
Verpfändungsklausel 262
Verpflichtungsgeschäft 21, 241
Vertragliches Pfandrecht 259 ff., 274
- Anwendungsbereich 259 f., 274
- Bestellung 261 ff.
- Entstehung 261 ff., 274
- Erlöschen 281
- gutgläubiger Erwerb 270 f., 274
- Verwertung 275 ff.
Verwendung
- Begriff 93
- des Besitzers 93 ff.
- Ersatzansprüche 95 ff.
- notwendige 95
- nützliche 96
Verwendungsersatzansprüche 95 ff.
- Geltendmachung 98 f.
- Konkurrenz 101
Volkseigentum 23
Vollmacht 104
Voreintragung des Betroffenen 230
Vorkaufsrecht 378 ff., 393
- dingliches 380 ff., 393
- Entstehung 384
- Rechtsnatur 392
- schuldrechtliches 379, 393
- Wirkung 385 ff.
Vormerkung 239 ff.
- Wirkung 242 f.
- Zweck 240 f.
Vormerkungsanspruch 243 f.

W
Wegerecht 215 f., 353, 363
Wegnahmerecht 100
Wertpapier 58
Widerspruch
- gegen Grundbucheintragung 237 f.
Wiedereinräumung des Besitzes 34

Z
Zubehör 33
Zulassungsbescheinigung Teil II 141 f., 270
Zurückbehaltungsrecht 71
Zustandsstörer 157
Zwangsvollstreckung 258